Zu diesem Buch

Während uns Meldungen über den Treibhauseffekt oder das Aussterben einzelner Tierarten beinahe täglich in Atem halten, vollzieht sich eine verheerende Umweltkatastrophe nahezu unbemerkt: der immense Verlust an genetischem Material in der Landwirtschaft. Die einst unermeßliche Vielfalt an Gemüse- und Getreidearten, die in Jahrtausenden von unseren Vorfahren «kultiviert» und an die unterschiedlichsten Umweltbedingungen angepaßt worden waren, ist durch eine kleine Handvoll neuer, ertragreicher, aber wegen ihrer Gleichförmigkeit extrem anfälliger Sorten ersetzt worden. Rund 95 Prozent unserer pflanzlichen Nahrungsmittel werden inzwischen aus gerade einmal 30 Pflanzensorten gewonnen; ganze drei davon – Weizen, Reis und Mais – befriedigen 75 Prozent des Getreidebedarfs der Menschheit.

Nun ist aber jene genetische Vielfalt, die den Monopolisierungsstrategien der Saat-Multis entgegenstand und die daher auf dem Altar industrieller Produktionsmethoden allzu leichtfertig geopfert wurde, das biologische Fundament der Landwirtschaft. Dieses Fundament, das heißt das Reservoir an genetischen Ressourcen, dessen wir für jede künftige Pflanzenzucht bedürfen, läßt sich auch mit den Mitteln der Genmanipulation nicht wieder restaurieren; ein Großteil der einstigen Vielfalt ist auf immer verloren.

Dieser Verlust bedroht die biologischen Grundlagen der Welternährung nicht erst seit heute. Schon die 1979 erschienene und vielbeachtete Studie «Seeds of the Earth» des Kanadiers Pat Mooney (unter dem Titel «Saat-Multis und Welthunger» 1981 bei rororo aktuell veröffentlicht) legte die Konsequenzen einer Monopolisierung des Saatgutmarktes und der damit einhergehenden Reduzierung der genetischen Vielfalt offen. Die damals geäußerten Befürchtungen, so zeigt sich inzwischen, waren mehr als berechtigt; die *Saat des Hungers* droht «aufzugehen».

In dem hier vorliegenden Band beschreiben die Autoren, zwei der heute angesehensten Agrarforscher, sowohl die Entstehungsbedingungen als auch die politischen und ökonomischen Zusammenhänge einer Entwicklung, die sich zu einem der schwerwiegendsten Probleme des ausgehenden Jahrhunderts auszuweiten droht. Wenn der Schaden nicht schleunigst begrenzt wird, und eine solche Begrenzung ist möglich, dann steht auch dem reichen «Norden» eine unvorstellbare Hungersnot bevor, dann wird sich das Artensterben schließlich auf die Spezies «Mensch» ausdehnen.

Die Kanadier **Pat Mooney** und **Cary Fowler**, beides Mitarbeiter des Rural Advancement Fund International, haben während der vergangenen fünfzehn Jahre sechs Kontinente bereist, um jeweils vor Ort mit Regierungsvertretern, Wissenschaftlern und Bürgerinitiativen zusammenzuarbeiten. Für diese Arbeit erhielten sie im Jahre 1985 den alternativen Nobelpreis.

Bücher zum Thema bei rororo aktuell:
Henk Hobbelink: Bio-Industrie gegen die Hungernden (12381)

Pat Mooney / Cary Fowler

Die Saat des Hungers

Wie wir die Grundlagen unserer Ernährung vernichten

Aus dem Englischen
von Brigitte Stein

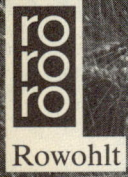

ro
ro
ro

Rowohlt

**rororo aktuell – Herausgegeben von
Ingke Brodersen und Hubertus Knabe**

Deutsche Erstausgabe

Redaktion Rüdiger Dammann

Veröffentlicht im Rowohlt Taschenbuch Verlag GmbH,
Reinbek bei Hamburg, Juli 1991
Copyright © 1991 by Rowohlt Taschenbuch Verlag GmbH,
Reinbek bei Hamburg
Der vorliegenden deutschen Ausgabe liegt die bei
The University of Arizona Press, Tucson, erschienene Originalausgabe
«Shattering: Food, Politics, and the Loss of Genetic Diversity» zugrunde
Copyright © 1990 by Cary Fowler
Alle Rechte vorbehalten
Umschlaggestaltung Büro Hamburg – Jürgen Kaffer/Peter Wippermann
(Foto: Kaz Mori / The Image Bank)
Satz Times (Linotronic 500)
Gesamtherstellung Clausen & Bosse, Leck
Printed in Germany
1680-ISBN 3 499 12987 6

Für die nächste Generation:
Robin, Kate, Sarah, Jeff, Nick,
Morgan und Joel

Inhalt

Vorbemerkung:
Ein Wort über Varietäten

Ob es sich um populärwissenschaftliche Texte oder um Fachbücher handelt, die meisten Veröffentlichungen über genetische Vielfalt haben mit dem Problem der Mehrdeutigkeit des Begriffs «Varietät» zu kämpfen. Laut Wörterbuch kommt das Wort vom lateinischen *varietas* = Vielfalt; in der Biologie bedeutet es Abart, Spielart, die kleinste Unterabteilung innerhalb einer Art. In der botanischen Fachsprache wiederum ist eine Kulturpflanzen-Varietät eine unterscheidbare, definierte, weitgehend einheitliche moderne Schöpfung, die auch als Kulturrasse oder Kultursorte bezeichnet wird. Wissenschaftler sprechen selten von «unveredelten» oder «vor 5000 Jahren existierenden» Sorten; diese bezeichnen sie als «Landsorten». Landsorten sind gewöhnlich variabler und weniger deutlich voneinander abzugrenzen als die gleichförmigen Kultursorten. Dieselbe Landsorte kann regional verschieden bezeichnet werden; und sie kann in ein und demselben Feld unerhörte Unterschiede in bezug auf Wachstum, Reifezeit, ja sogar Schädlingsresistenz aufweisen.

Ein Botaniker, der Wildpflanzen studiert, versteht unter «Varietät» eine geographische Sorte oder die regional vorherrschende, einer Tierrasse vergleichbare Variante einer Pflanzenart oder -spezies.

Da sich dieses Buch an den interessierten Laien wendet, schließen wir uns darin dem üblichen Sprachgebrauch an, der mit dem wissenschaftlichen, wie gesehen, nicht übereinstimmt. Wissenschaftler werden um entsprechende Nachsicht gebeten. (In der deutschen Übersetzung habe ich *«variety»* überwiegend durch das gebräuchlichere «Sorte» bzw. «Rasse» wiedergegeben – A. d. Ü.) Wir hoffen, die beabsichtigte Bedeutung des Wortes «Varietät» wird aus dem Kontext hervorgehen, in dem es gebraucht ist. Wenn wir von primitiven Varietäten sprechen, dann meinen wir offenkundig nicht das Produkt eines neuzeitlichen Pflanzenzüchters. Das Wort «primitiv» impliziert jedoch keinerlei Wertung. Gemeint sind vielmehr Landsorten, deren Bedeutung für den Erhalt der genetischen Vielfalt gar nicht überschätzt werden kann.

Einführung

Während sich viele Menschen über die Konsequenzen der globalen Erwärmung den Kopf zerbrechen, bahnt sich in unseren Gärten die vielleicht größte einzelne Umweltkatastrophe in der Geschichte der Menschheit an. Während wir uns alle zu Recht über die Möglichkeit eines Atomkriegs Sorgen machen, tickt eine ebenso verheerende Zeitbombe auf den Feldern von Landwirten in allen Teilen der Welt. Der Verlust an genetischer Vielfalt in der Landwirtschaft – lautlos, rapide und unaufhaltsam – führt uns an den Rand der Auslöschung, an die Schwelle von Hungersnöten in Dimensionen, vor denen unsere Phantasie versagt.

Die Umwelt so zu vereinfachen, wie wir das mit der Landwirtschaft getan haben, bedeutet, die komplexen Wechselbeziehungen zu zerstören, die die Natur zusammenhalten. Durch die Reduzierung der Mannigfaltigkeit des Lebens schränken wir unsere Optionen für die Zukunft ein und gefährden unsere eigene Existenz. Wir sind dabei, unsere Lebensgrundlagen zu zerstören. Hiervon soll dieses Buch handeln.

Agronomen auf den Philippinen warnten schon 1961 vor einer Epidemie, die später als mexikanischer Maisbrand bekannt wurde. Kurze Zeit später schlug die Krankheit in Mexiko zu. Im Sommer 1968 kamen von Saatgutzüchtern im Mittelwesten der USA die ersten schwachen Signale, daß die Epidemie auf die Vereinigten Staaten übergegriffen hatte. Die Gefahr wurde ignoriert. Im Frühjahr 1970 hatte sich der Pilz auf den Maisfeldern Floridas eingenistet. Doch erst als die Maispreise an der Chicagoer Börse um dreißig Cents pro Scheffel (35,24 Liter) stiegen, nahm die Welt davon Notiz; da war es August – und es war bereits zu spät.

Am Jahresende hatten die Amerikaner fünfzehn Prozent ihrer wichtigsten Anbaupflanze eingebüßt – mehr als eine Milliarde Scheffel. Einige Südstaaten verloren die Hälfte der erwarteten Ernte, und viele ihrer Farmer gaben auf. Insgesamt erlitten die Produzenten einen Schaden von einer Milliarde Dollar an entgangenen Einkünften. Und das Desaster beschränkte sich nicht auf die Vereinigten

Staaten. Amerikanische Saatgutexporte haben die Seuche wahrscheinlich auch nach Afrika, Lateinamerika und Asien verschleppt.[1]

Der wahre Schuldige war nicht die Krankheit, sondern die Gleichförmigkeit der Pflanzenkulturen. «Von Maine bis Miami, von Mobile bis Moline» waren praktisch alle im Handel befindlichen Maissorten zumindest in einer Hinsicht genetisch identisch, wie dies eine Veröffentlichung der amerikanischen Akademie der Wissenschaften später konzedierte.[2] Sobald eine den meisten Maissorten gemeinsame genetische Komponente anfällig für die neue Krankheit wurde, war die gesamte amerikanische Ernte bedroht.

Im Herbst 1971 richteten sich die Landwirte der Ukraine in dem zufriedenen Bewußtsein auf den russischen Winter ein, daß ihre Felder mit *Besostaja* bestellt waren, dem Weizen mit den höchsten Erträgen, die dieses Land je erlebt hatte. Als die Temperaturen im Januar tiefer sanken als erwartet und die dringend benötigte Schneedecke ausblieb, breitete sich Furcht vor Frostschäden aus. Als auch der Frühlingsregen ausblieb, wußten die Bauern ebenso wie die Politiker, daß die Juli-Ernte mager sein würde.

Im April 1972, etwa um die Zeit, als die amerikanische Akademie der Wissenschaften eine wegweisende Studie über den südlichen Maisbrand und die genetische Anfälligkeit anderer Kulturarten abschloß, war der amerikanische Landwirtschaftsminister Earl Butz in der Ukraine und inspizierte die dortigen Weizenfelder. Obwohl sich die Mitglieder seiner Delegation des Mangels an Niederschlägen bewußt waren, richteten sie ihr Augenmerk nicht auf den Winterweizen, sondern auf die ertragreiche Frühlingsaussaat. Aufgrund dieser Eindrücke kamen die amerikanischen Regierungsvertreter deshalb zu dem kurzsichtigen Schluß, daß die Sowjets in diesem Jahr keine großen Getreidemengen kaufen würden.

Georgina Vitonova teilte diese Einschätzung nicht. Schon im Januar hatte die in Ottawa lebende Wirtschaftswissenschaftlerin einen Bericht für die Kanadische Weizenkommission geschrieben und prognostiziert, daß den Russen eine Katastrophe bevorstehe. Sie hatte die sowjetische Presse verfolgt – insbesondere die Wetterberichte –, und sie wußte, daß der stark klimaabhängige *Besostaja* vierzig Millionen Hektar von Kuban bis zur Ukraine bedeckte, daß dieser Weizen aber niemals einen so harten Winter überleben würde. Vitonova folgerte, daß zwischen 30 und 40 Prozent der Winterweizenernte[3] – mindestens zwanzig Millionen Tonnen – verlorengehen würden.[4]

Da solche Einbußen auch den Erhalt der riesigen Rinder- und Schweinebestände bedrohten, entschieden sich die sowjetischen Politiker, die Mißernte durch Weizenkäufe wettzumachen. Im Februar schloß die Kanadische Weizenkommission ein Geheimabkommen über Getreideexporte ab.[5] Bis zum Juli hatten die russischen Händler im Manhattan Hilton bereits nahezu 27 Millionen Tonnen Getreide gekauft. Die Welt ist seither eine andere geworden.[6] Getreide- und Brotpreise schossen in die Höhe. Zwischen dem April-Besuch von Minister Butz in der Ukraine und dem Oktober desselben Jahres stieg der Preis für eine Tonne Weizen in Rotterdam von unter 65 auf 90 Dollar.[7] Für die nordamerikanischen Farmer war dies zunächst ein unverhoffter Glücksfall. In großem Maßstab griffen sie Butz' Herausforderung auf, «sich zu vergrößern oder aufzugeben». Begeistert stürzten sie sich in Schulden, um mehr Land und größere Mähdrescher zu kaufen und um den Einsatz von Dünger, Bewässerungspumpen und Pestiziden bis an die Belastungsgrenze der Ackerböden zu steigern.

War die Entwicklung für die amerikanischen Farmer zunächst einmal positiv, so war sie verheerend für die Hungrigen der Welt, die nicht in der Lage waren, ihre Dürreschäden mit Geldmitteln auszugleichen. Im Gegenteil. Sie konnten nicht mit sowjetischen Kühen um den verteuerten Weizen konkurrieren. Zwischen 1972 und 1973 stiegen die Weizenimporte der Dritten Welt um 25 Prozent, während sich ihre Kosten auf sechs Milliarden Dollar verdoppelten.[8] Der dreifache Schlag: die russische Mißernte, die Dürre in der Sahelzone und die internationale Ölkrise – noch verstärkt durch das amerikanische Säbelrasseln mit der «Lebensmittelwaffe» (wie Butz die amerikanischen Agrarüberschüsse in einer Welt des Nahrungsmangels bezeichnete) – veranlaßten die führenden Politiker der Welt, sich ernsthaft mit der Ernährungspolitik zu befassen.

Die Nachwirkungen der katastrophalen *Besostaja*-Ernte – der Hunger in der Dritten Welt und die manipulierte Hochkonjunktur in den Industrieländern – sind in der Weltlandwirtschaft noch heute zu spüren. Warum hatte der russische Weizen versagt? Genau wie bei der amerikanischen Maisernte zwei Jahre zuvor, war das eigentliche Problem die genetische Gleichförmigkeit. Vierzig Millionen Hektar sowjetischen Bodens waren mit einer einzigen Weizensorte bestellt worden. Hatte sie in den milden Wintern von Kuban hohe Erträge gebracht, so war sie außerstande, die manchmal bitterkalten Winter der Ukraine zu überstehen.[9] Der amerikanische Mais war im Gegensatz dazu für eine andere Art von Streß anfällig – den Maisbeulenbrand.

Die Epidemien der frühen siebziger Jahre unterstrichen ein simples, aber ernüchterndes Faktum: der «Norden» (gemeint sind die meisten nördlichen Industrieländer) ist zwar reich an Getreide, aber arm an Genen. Wo auch immer der Garten Eden einst gewesen sein mag, das Füllhorn dieser Welt, das Maximum an genetischer Vielfalt, ist ohne Zweifel in den tropischen Breiten zu finden. Während die vegetativen Naturschätze der gemäßigten Zonen in den Eiszeiten buchstäblich erfroren sind, florierte in den warmen Tropen die botanische Vielfalt. Als die Menschen später aus den Tropen fortzogen, nahmen sie ihr Saatgut mit. Die ersten Überquerer der Ozeane versorgten sich mit Proviant. Die genetische «Heimat» der dreißig wichtigsten Nahrungspflanzen, die zusammen genommen etwa 95 Prozent des Nahrungsbedarfs der Menschheit decken, findet sich ausnahmslos in Asien, Afrika und Lateinamerika. Würde man die fünf wichtigsten Nutzpflanzen jedes Landes auflisten, dann kämen nur hundertdreißig Pflanzenarten zusammen, die praktisch alle aus der Dritten Welt stammen.

Obwohl dies weithin unbekannt ist, hat der Mais seinen Ursprung nicht in den Vereinigten Staaten, sondern in Mexiko. Einen Schutz gegen den südlichen Maisbrand – abgesehen von einem insgesamt breiter gestreuten Zuchtprogramm – fand man schließlich in dem dagegen resistenten Mayorbala-Mais aus Afrika (obwohl auch dieser ursprünglich aus Mittelamerika stammen muß). Und die Suche der Russen nach winterhartem Weizen führte sie schließlich aus dem «fruchtbaren Halbmond» in den Himalaya.

Saatgut ist insofern einzigartig, als die Produktionsmittel – die Samenkörner – oft auch das Endprodukt für den Konsum sind. Die rapide Verdrängung alter «Bauernsorten» durch neue «wissenschaftliche» Varietäten kann den Untergang der alten Gene beschleunigen. So waren am Ende des Zweiten Weltkriegs fast alle der unendlich vielen Weizensorten, die einst in Griechenland angebaut wurden, von einer Handvoll neuer Sorten verdrängt worden. Mitte der siebziger Jahre waren bereits drei Viertel der traditionellen europäischen Gemüsesorten vom Aussterben bedroht. Zu dieser Zeit begannen Wissenschaftler, auf der Suche nach genetischer Resistenz gegenüber einer immer länger werdenden Liste akuter Krankheiten und drohender Schädlinge, die letzten verfügbaren Reste am Boden des Fasses – in diesem Fall des Gen-Pools – zusammenzukratzen. Obwohl die im 20. Jahrhundert einsetzende moderne Pflanzenzucht eine «grüne Revolution» und massive Ertragssteigerungen auf der Nordhalbkugel bewirkt hatte, erodierte sie gleichzeitig die genetische Basis für die künftige Zucht. Wir hatten, wie es Garrison Wilkes von der Universität Massachusetts formulierte, unser Dach mit Steinen aus dem Fundament gedeckt.

In diesem Buch benutzen wir häufig die geopolitischen Begriffe «Norden», «Süden» oder «Dritte Welt». Wenn wir vom Norden sprechen, dann beziehen wir dies in der Regel auf die industrialisierten Länder Europas und Nordamerikas. Wir würden auch Australien, die UdSSR und die osteuropäischen Länder zu dieser Kategorie zählen, obwohl sie für die Themen, um die es hier geht, oft nur von geringerer Bedeutung sind. Jedenfalls beabsichtigen wir nicht, den Begriff Norden in irgendeiner strikten Weise zu gebrauchen; eine lose Verwendung dieser ohnehin ungenauen Bezeichnung ist besser als umständlich jedes Land aufzuführen, sooft wir den Begriff gebrauchen müssen. Zum «Süden» zählen wir demgemäß die Länder Asiens, Afrikas und Lateinamerikas. China zieht es von sich aus vor, in diese Kategorie eingereiht zu werden; wer wollte ihm dies verweigern.

Die genetische Abhängigkeit des Nordens vom Süden (den tropischen Gebieten der Dritten Welt) nimmt bei vielen Nutzpflanzen rapide zu. Ende 1970 trug der direkte Input von Keimplasma aus der Dritten Welt zu etwa einem Viertel nordamerikanischen Sommerweizenanbau bei. 1983 bezog der Kontinent bereits die Hälfte seines gesamten Weizensaatguts – einschließlich des sehr bedeutenden Winterweizens – aus dem Süden.[10] Die in Paris ansässige Organisation für Wirtschaftliche Zusammenarbeit und Entwicklung (OECD) hat den Wert der aus dem Süden kommenden Weizengene für die US-amerikanische Landwirtschaft auf 500 Millionen Dollar jährlich geschätzt. Im Vergleich dazu war der US-amerikanische Maisanbau noch bis 1970 relativ unabhängig; damals machte das «exotische» Keimplasma wahrscheinlich weniger als ein Prozent aus. Erst infolge des Maisbrands sind die tropischen Gen-Importe derart gestiegen. Aus Berechnungen der US-amerikanischen Saatgutindustrie geht hervor, daß ein potentiell brauchbares Gen aus der Dritten Welt der Landwirtschaft bis zu einer Milliarde Dollar einbringen kann. Keimplasma aus der Dritten Welt ist inzwischen mit über zwei Milliarden Dollar jährlich an den Erlösen der US-amerikanischen Weizen-, Reis- und Maisproduzenten beteiligt.[11]

Es war somit kein Zufall, daß im Frühjahr 1972 – als den beiden Supermächten der Welt die Anfälligkeit ihrer Lebensmittelversorgung dämmerte – am Stadtrand von Washington eine internationale Konferenz stattfand, um ein der UNO angeschlossenes Netzwerk zur globalen Sammlung von Nutzpflanzen-Keimplasma aus der Dritten Welt zu schaffen. Und gleichzeitig führten Wissenschaftler an der anderen Küste der USA, in der Bucht von San Franzisko, die ersten Versuche der Manipulation von Genen durch.[12] Diese Experimente sollten die Gene von Nutzpflanzen schließlich zum Rohstoff einer der mächtigsten Industrien machen, die die Welt je gekannt hat. Die Vereinigung dieser beiden Ströme bestimmt heute die Politik des internationalen Gen-Pools und verleiht dem Begriff «genetische Ressourcen» eine neue Bedeutung.

Bei ihren Sammlungsbemühungen werden die Regierungen des Nordens von Saatgutfirmen unterstützt. Patent-Monopole und globale Zugriffsmöglichkeiten haben die alten Saatgutfirmen in übernationale Anbieter auf dem Genetik-Markt verwandelt. Die Bausteine der neuen Bio-Wissenschaften sind Gene, deren Manipulation noch weit höhere Profite verspricht. Je mehr Gene, desto größere Chancen, neue Sorten, neue Nutzpflanzen und damit neue Möglichkeiten der Kontrolle über den Nahrungsmittelsektor zu entwickeln. Unsere Nachforschungen haben ergeben, daß innerhalb von zwei Jahrzehnten nahezu eintausend herkömmliche Saatgutfirmen von einer neuen Generation internationaler biochemischer Konzerne aufgekauft wurden oder mit diesen fusionierten.

Ende der achtziger Jahre hat sich der Kampf um die Kontrolle des Zuchtmaterials – das Saatgut und die in ihm enthaltenen Gene – in ökonomischer und politischer Hinsicht verschärft. Sowohl Nationen wie auch Unternehmen konkurrieren jetzt um Zugang zum Keimplasma der Welt und zu dessen Nutzung.

Den Hintergrund gegenwärtiger Politik und gegenwärtigen Profitstrebens bildet eine Geschichte, die vor zwölftausend Jahren bei den Jägern und Sammlern beginnt und sich bis zu den Gen-Spaltern von heute fortsetzt. Es ist lange her, als die Frauen lernten, das verfrühte

Abfallen der Samenkörner vom Halm zu verhindern. Ursprünglich blieben die Samenkörner nicht an der Pflanze haften, sondern wurden einfach «vom Winde verweht». Doch gab es von Beginn an Unterschiede. Infolge geringfügiger genetischer Abweichungen hielten manche Wildgetreidesorten ihre Samenkörner länger fest. Normalerweise war das für die Pflanze ungünstig. Aber für die ersten «Bäuerinnen» war es ein Vorteil, der die Arbeit des Sammelns erheblich erleichterte. Weil sie nun vermehrt jene Körner sammelten und später wieder aussäten, die am Halm haften geblieben waren, wurde dieses Merkmal gefördert mit der Folge, daß immer weniger Körner vor der Ernte vom Halm sprangen und zu Boden fielen. Die Ernte und die Aussaat von «nichtstreuendem» Korn führte so zur Kultivierung unserer Getreidearten und zu der ungeheuren Vielfalt, die wir bei ihnen antreffen.

Mit dem Aufkommen der modernen Genetik vor ein paar Jahrzehnten allerdings wurde unsere Nahrungsmittelversorgung einem nachhaltigen Wandel unterzogen. Im Gefolge der grünen Revolution ist das Nahrungsangebot der Welt einer neuen Welle genetischer Erosion ausgesetzt gewesen. Und mit der Möglichkeit der Pflanzen- und Gen-Patentierung sowie der damit verbundenen Chance zur Monopolisierung haben internationale Unternehmen versucht, den Markt für die verschwindenden Gene an sich zu reißen. Auf diese Weise könnten der Landwirtschaft insgesamt ihre Grundlagen entzogen werden.

Was auf dem Spiel steht ist die Integrität, die Zukunft und die Kontrolle des ersten Gliedes in der Nahrungskette. Wie die anstehenden Probleme geregelt werden, wird darüber entscheiden, zu wem wir um unser täglich Brot beten.

Das Erbe der genetischen Vielfalt

Die Anfänge
der Landwirtschaft

*Die Geschichtsschreibung feiert die Schlachtfelder,
auf denen wir unserem Tod begegnen, aber sie ver-
schmäht es, von den gepflügten Feldern zu sprechen, denen wir unser Leben verdanken; sie kennt
die Namen der Bastarde des Königs, kann uns aber
nicht die Herkunft des Weizens sagen. Das ist be-
zeichnend für die menschliche Torheit.*

Jean Henri Fabre

Trotz all unserer technologischen Gewitztheit verdanken wir Menschen unsere Existenz immer noch einer dünnen Schicht von Mutterboden, einem gelegentlichen Gewitter und einigen wenigen Nahrungspflanzen.

Nur wenige von uns stellen sich je die Frage, wie die Landwirtschaft
entstanden ist. Warum gaben die Menschen das Jagen wilder Tiere
und das Sammeln wilder Pflanzen auf, um das Land zu bestellen, Samen auszusäen und Ernten einzubringen? Die Völker der Antike waren weniger ignorant in bezug auf ihre Nahrung als wir. Sie wußten
damals, wie wir heute wissen sollten, daß das Leben keine Selbstver-
ständlichkeit, sondern ein Geschenk ist, für dessen Erhalt es keine
Garantie gibt. Unsere Vorfahren schufen eine reiche Mythenwelt, um
die Anfänge der Landwirtschaft zu erklären. Jede Kultur hatte eine
eigene, einzigartige Geschichte zu erzählen.

Vorspiel: Jagen und Sammeln

Vor Jahren, als Studenten, saßen wir in einem großen Lehrsaal und
warteten auf den Beginn der ersten Vorlesung des Kurses «Einführung in die Anthropologie». Der ältere, bärtige Professor kam herein,

nahm schweigend ein Stück Kreide in die Hand und zog eine waage-
rechte Linie über die ganze Breite der Tafel. Dann trat er einen Schritt
zurück und machte ein paar Zentimeter vom rechten Rand entfernt
einen senkrechten Strich durch diese Linie. «Die lange Linie repräsentiert die Geschichte der Menschheit auf dieser Erde», sagte er.
«Der winzige Abschnitt am rechten Rand stellt die menschliche Geschichte seit den Anfängen der Landwirtschaft dar.»

Das war eine Perspektive, die uns fremd war. Wir sollten lernen,
daß in dem großen Wurf der gesamten Menschheitsgeschichte nur
etwa sechs Prozent der Menschen, die auf dieser Erde gelebt und gearbeitet haben, die lachten, sich liebten und starben – ganze sechs
Prozent –, von der Landwirtschaft gelebt haben. Und nicht mehr als
vier Prozent haben in Industriegesellschaften gelebt. Die vorherrschende und dauerhafteste Form des menschlichen Überlebens war
hingegen das Jagen und Sammeln. Etwa 90 Prozent der schätzungsweise achtzig Milliarden Menschen, die je gelebt haben, verbrachten
ihre Tage auf der Erde als Jäger und Sammler.[1]

Wie aber läßt sich das Leben vor der Landwirtschaft, das Leben,
das neun von zehn unserer Vorfahren führten, beschreiben? War es
durch Roheit und Grausamkeit, durch ständigen Hunger und durch
Not gekennzeichnet? Vor mehreren Jahren wagten wir eine Antwort
auf diese Frage, als wir einen Zeitschriften-Artikel mit der Feststel-
lung eröffneten: «Die menschliche Zivilisation begann mit der Aussaat von Samen.» Das war eine wirkungsvolle Einleitung, fanden wir.
Aber sie war falsch.

Bevor das erste Samenkorn absichtlich gesät wurde, hatten jagende
und sammelnde Völkerschaften Religionen, Gebräuche und Rituale,
soziale Organisationen, Kunst, Medizin und Sprache entwickelt. Sie
lebten in Hütten und Dörfern und stellten Waffen, Werkzeuge und
Gebrauchsgegenstände aller Art her.[2] Wer könnte sagen, sie hätten
keine Zivilisation gehabt?

Ein relativ neues Beispiel mag zeigen, wie irreführend der äußere
Schein – und unsere eigenen vorgefaßten Meinungen über primitive
jagende und sammelnde Stämme – sein kann. Charles Darwin begeg-
nete in Tierra del Fuego Stämmen, deren Sprache ihm kaum menschlich erschien. Außerdem hatten sie fast nichts an «materieller Kultur». Sie trugen Tierhäute als Kleidung und kannten den Gebrauch
von Feuer. Viel mehr, so schien es, war über diese elenden Geschöpfe
nicht zu sagen. Als dann in den sechziger Jahren des 18. Jahrhunderts

ein englischer Geistlicher längere Zeit mit einem dieser Stämme, den Yahgan, zusammenlebte, zeichnete er ein Vokabular von dreißigtausend Wörtern auf.[3] Im Gegensatz dazu besteht unser heutiger Alltagswortschatz aus weniger als achthundertfünfzig Wörtern.

Professor Jack Harlan von der Universität Illinois machte einmal einen Selbstversuch im Sammeln von Nahrung. In der Türkei watete er buchstäblich in ein Feld mit wildem Weizen und stellte fest, daß er «ohne vorherige Schulung» ein Kilo sauberen Weizens pro Stunde ernten konnte. Eine Familie könne die nötigen Vorräte für ein Jahr mithin in drei Wochen sammeln, «ohne besonders schwer zu arbeiten».[4] In Mexiko erntete Professor Harlan wilden Mais, wiederum mit eindrucksvollen Ergebnissen. Er errechnete, daß ein erfahrener Sammler in bloß dreieinhalb Stunden Vorräte für elf Tage ernten könne.

Wildwachsende Nahrung war in den Zeiten der Jäger und Sammler nicht so knapp, wie wir uns das vielleicht vorstellen. Als etwa der Staat Israel gegründet wurde, ging die neue Regierung daran, die Weiderechte einzuschränken. Schon bald trat wieder wilder Weizen auf, er bedeckte große Flächen von vermeintlich «nichtbebaubarem» Land, und zwar ebenso dicht wie auf kultivierten Weizenfeldern.[5]

Im alten China, so ein Beobachter des zweiten Jahrhunderts v. Chr., habe niemand gehungert oder Angst vor Hungersnöten gehabt, noch sei es erforderlich gewesen, große Nahrungsvorräte anzuhäufen. Wildwachsende Nahrungspflanzen und Schalentiere waren vielmehr stets reichlich vorhanden.[6]

Ein Jäger- und Sammler-Stamm, der auch heute noch in traditioneller Weise lebt, sind die !Kung des kargen und unfruchtbaren Inneren von Südafrika. (Diese Menschen wurden bisher als !Kung-Buschmänner bezeichnet; «Buschmänner» gilt jedoch inzwischen als abwertende Bezeichnung, die den !Kung von Ausländern verliehen wurde.) Ihr typischer Arbeitstag dauert etwa sechs Stunden. Die reichlich vorhandene und nahrhafte Mongongo-Nuß ist ihre wichtigste Nahrungsquelle. Trotz der scheinbar unwirtlichen Umgebung verbringen die !Kung nur zwölf bis neunzehn Stunden in der Woche mit der Nahrungsbeschaffung – eine Tätigkeit, an der sich weder Kinder noch Alte beteiligen.[7] Ein Arbeiter in den USA wendet wöchentlich ebensoviel Zeit auf, um genügend Geld für den Erwerb von Lebensmitteln zu verdienen.

Die Kost der Jäger und Sammler war äußerst abwechslungsreich. Elias Yanovsky vom US-Landwirtschaftsministerium zählte 1936 insgesamt 1112 Pflanzen, die den nordamerikanischen Indianern als Nahrung dienten.[8] Richard Felger und Gary Nabhan, Experten im Bereich einheimischer amerikanischer Nahrungsmittel, schätzen sogar, daß die Indianer selbst im trockensten Teil des Südwestens der USA bereits 375 Pflanzen nutzten,[9] daß in Nordamerika dagegen an die 3000 bis 5000 Wildpflanzen als Nahrung dienten.[10] Diese Vielfalt erlaubte unseren Vorfahren sehr wahrscheinlich eine ausgewogenere Ernährung als uns heute. Noch wichtiger ist, daß Menschen, die überwiegend vom Jagen und Sammeln lebten, verständlicherweise nicht von einer einzigen Nahrungsquelle abhängig waren, und daß ihre vielfältige Nahrung aus stabilen (wenn auch nicht immer besonders produktiven) ökologischen Systemen stammte. Das bedeutete, daß ihnen ein zuverlässigeres Nahrungsangebot zur Verfügung stand, als es die heutige Landwirtschaft erzeugen kann.[11]

Hungersnöte waren unter Jägern und Sammlern jedenfalls selten. In praktisch jedem Fall, der uns bekannt ist, entstand die Nahrungsknappheit nur durch die Einmischung Außenstehender. Den Angehörigen von Agrargesellschaften droht Hunger, wenn es Mißernten gibt, und wenn das soziale und ökonomische System die Armen nicht schützt. Professor Harlan zufolge kam es hingegen «bei Sammlern nur dann zu Hungersnöten, wenn von außen massiv störend eingegriffen wurde».[12]

Die ersten Botaniker

Die Notwendigkeit der Versorgung und Erziehung von Kindern trug zur Entstehung einer Arbeitsteilung unter den Jägern und Sammlern bei. Die Männer jagten, die Frauen sammelten. Von diesen beiden Tätigkeiten war das Sammeln eindeutig wichtiger. Obwohl das Erlegen eines einzigen großen Tieres einen Clan von vierzig Personen auf zwei Wochen mit Fleisch versorgt haben mag,[13] war es das Sammeln, was unseren Ahnen eine verläßliche Ernährung garantierte – es deckte wahrscheinlich etwa 70 Prozent ihres Kalorienbedarfs in den tropischen Dürregebieten. Und selbst in den nördlichen Gegenden (ab dem 40. Breitengrad), wo es genügend Wildtiere gibt und die Pflanzenwelt schon karger ist, haben die sammelnden Frauen circa 70 Prozent der erforderlichen Nahrung beschafft.[14]

Das Leben war allerdings mitnichten so einfach wie das Pflücken von Äpfeln. Die Menschen mußten erst einmal durch Experimentieren lernen, ob die Früchte, Wurzeln, Körner oder Blätter eßbar waren. Häufig genug, so müssen wir annehmen, dürfte das Ende solcher Experimente auch das Ende des Experimentierenden gewesen sein. Keine Regierungsbehörde war vorhanden, die einen davor warnte, Schierling zu trinken.

Sobald sie die eßbaren Teile der Pflanzen identifiziert hatten, mußten die Menschen das Rösten und Filtern erfinden, um viele Nahrungsmittel essen zu können. Getreide mußte mit Steinen gemahlen werden, die vermutlich ursprünglich genutzt wurden, um Ocker zur Farbgewinnung zu zerstampfen.[15]

In Asien und Afrika wurde etwa die höchst giftige Yamswurzel zunächst nicht als Nahrungsmittel verwendet. Statt dessen lieferte sie Pfeilgift, oder man benutzte sie zum Erlegen von Fischen, Vögeln und Affen. Lange vor dem Entstehen der modernen Botanik identifizierten Naturvölker alle fünf natürlichen Quellen von Koffein (Schwarzer Tee, Kaffee, die Cola-Pflanze, Kakao und Mate-Tee), und sie wußten, daß diese Pflanzen die Eigenschaft hatten, die Müdigkeit zu vertreiben.[16] Diese intime Kenntnis von Pflanzen, über die unsere Ahnen verfügten, ermöglichte es den Jägern und Sammlern, von der Arktis bis zu den Wüsten Südafrikas, zu überleben und zu gedeihen. Bei genauer Betrachtung stellt sich also heraus, daß die Jäger und Sammler in vieler Hinsicht den heutigen Bauern, die aus ihnen hervorgingen, in nichts nachstanden. Sie hatten reiche Kulturen. Sie ernteten wildwachsende Körner, und sie wußten, was weiterverarbeitet werden konnte; sie benutzten die Pflanzen als Gifte und Arzneien; sie rodeten Land, um für bestimmte Pflanzen Platz zu schaffen, indem sie die Vegetation abbrannten;[17] sie schützten andere Pflanzen und hofften auf Regen, wie viele unserer Landwirtschaft treibenden Nachbarn.

Ihre Kenntnis von Pflanzen und ihre sich oft in Ritualen und Mythen manifestierende Beziehung zu ihnen führte sie an die Schwelle der Landwirtschaft. Aber dieser letzte Schritt, vom Sammeln der Körner und Früchte zu ihrer bewußten Auswahl und Aussaat und schließlich zum systematischen Anbau von Pflanzen, erfolgte erst zwei Millionen Jahre später.

Warum Landwirtschaft?

Warum begannen die Menschen vor zwölftausend Jahren (bei einer globalen Bevölkerung von etwa zehn Millionen im Gegensatz zu den heutigen Milliarden), Landwirtschaft zu betreiben? Was könnte dort, wo Überfluß herrschte, die Umstellung von einem leichten Leben des Sammelns zu der schwierigen und unsicheren Tätigkeit einer Bearbeitung des Bodens veranlaßt haben? Warum Landwirtschaft?

Als Richard Lee die !Kung studierte, ging er unter dem noch lebenden Sammlervolk auch dieser Frage nach. Die Antwort einer Sammlerin war ebenso schlicht wie erwartbar: «Warum sollten wir etwas anpflanzen, wenn es so viele Mongongo-Nüsse auf der Welt gibt?» [18] Allerdings!

Bei genauer Betrachtung bietet die Landwirtschaft nur wenige Vorzüge gegenüber dem Jagen und Sammeln. Sie ermöglicht es, mehr Nahrung auf geringerem Raum zu erzeugen, und gestattet dadurch eine größere Bevölkerungskonzentration. Sie begünstigt ein seßhafteres Leben. Und sie ermöglicht menschliche Ansiedlungen in Gebieten, die nicht viele Sammler ernähren würden. Zu diesen Schlüssen kommen wir allerdings aus der Perspektive des 20. Jahrhunderts. Die genannten «Vorteile» mögen den Männern und Frauen, die vor fünfzehntausend Jahren lebten, nichts bedeutet haben. Was also könnte *diese Menschen* veranlaßt haben, Landwirtschaft zu betreiben?

Wir haben das Vorurteil angesprochen, das uns bis vor kurzem veranlaßte, Jäger und Sammler als primitiv und barbarisch anzusehen. Ähnlich diesem unzutreffenden Klischee gilt die Entstehung der Landwirtschaft als ein so radikaler Bruch mit der Erfahrung des typischen Jägers bzw. Sammlers, daß es nur eine Erklärung dafür geben kann: Sie wurde von einem besonders klugen Wilden entdeckt oder erfunden. Diese Sichtweise nötigte uns, den außerordentlichen Scharfsinn zu würdigen, der vor zwölftausend Jahren nötig war, um den Zusammenhang zwischen Samenkorn und Pflanze zu begreifen. Wir sollten uns die Weitsicht dieses ersten Aussäens von Samen vorstellen, und wir sollten uns ausmalen, wie sich die Landwirtschaft durchgesetzt haben muß, als der erste Bauer diesen Gedanken verbreitete und damit einen wahrhaft evolutionären Sprung vollbrachte.

Heute halten es die meisten Fachleute für unwahrscheinlich, daß die Landwirtschaft als Entdeckung oder Erfindung an einem bestimmten Ort begonnen und von dort aus ihren Siegeszug angetreten hat. Untersuchungen haben ergeben, daß einheimische Feldfrüchte oft schon gesät und geerntet wurden, bevor Fruchtarten aus anderen Gebieten hinzukamen.[19] Die Landwirtschaft hat also nicht bloß *einen* Geburtsort, sondern viele. Manche Menschen erlernten sie von Lehrern aus fremden Ländern; andere brachten sie sich selbst bei.

In vielen Teilen der Welt vollzogen sich die Anfänge der Landwirtschaft vermutlich in so kleinen Schritten, daß sie fast unmerklich waren. Die verfeinerten Techniken der jagenden und sammelnden Völker gingen nahtlos in eine Lebensform über, die wir als Agrarkultur bezeichnen können. Selektives Ernten, das Abbrennen der Deckvegetation und der Schutz bevorzugter oder besonders wertvoller Pflanzen erreichten schrittweise eine Entwicklungsstufe, die der Kultivierung bereits sehr nahe kam. Es bedurfte keines Genies, um zu bemerken, daß bestimmte Teile der Yamswurzel und des Manioks, die bei der Ernte von der Hauptknolle abgeschlagen wurden, sprossen und neue Pflanzen hervorbrachten. Der Übergang von der Ernte zur Pflege oder «Kultivierung» dieser Knollenfrüchte war mithin ein fließender.[20]

Aus irgendeinem Grund jedoch setzten solche und ähnliche simple Experimente erst nach zwei Millionen Jahren menschlicher Geschichte ein und wurden um etwa dieselbe Zeit von Tausenden von Menschen in allen Teilen der Welt wiederholt. Weshalb?

Viele Wissenschaftler glauben, die Antwort läge im Bevölkerungswachstum. Jagende und sammelnde Stämme wandten sich angesichts zunehmender Populationen verstärkt den Pflanzen zu, die sie so gut kannten, und begannen, sie zu kultivieren. Diese Theorie klingt logisch; sie klingt sogar vertraut. Bekommen wir nicht täglich die Aufrufe an unsere heutigen Landwirte zu hören, mehr Nahrung zu produzieren, um die ständig wachsende Weltbevölkerung zu sättigen?

Nun läßt aber die Theorie, daß das Bevölkerungswachstum zur Landwirtschaft führte, gewisse Fragen offen. Zunächst einmal ist die Kultivierung des Bodens kein sehr rasches Mittel, um das Nahrungsangebot zu erhöhen. Jeder, der mehr Nahrung möchte, hätte Zeit, sich eine Menge anderer Optionen für eine Mahlzeit zu überlegen, während er darauf wartet, daß die Aussaat sprießt und reift. Im Tehuacan-Tal von Mexiko, wo einige der ältesten landwirtschaftlichen Zentren ausgegraben wurden, bestand die ortsübliche Ernährung vor etwa sechs- bis achttausend Jahren zu höchstens sechs Prozent aus Kulturpflanzen. Ein so kleiner Anteil hätte nichts gegen Hungersnöte ausrichten können. Es ist daher höchst zweifelhaft, daß der Populationsdruck um einer so bescheidenen Ernte willen die Hinwendung zur Landwirtschaft erzwungen hätte.[21] Ein ganzes Feld mit Samen zu bestellen – zumal unerprobt und mit ungewissem Ausgang – erscheint in kritischen Situationen vielmehr als riskantes Unternehmen. Besser ist es, die Körner zu essen, wenn man Hunger hat, statt sie anzupflanzen; erst recht, wenn man der erste Bauer der Welt ist.

Das Bevölkerungswachstum hat jedoch wahrscheinlich insofern eine Rolle gespielt, als es die jagenden und sammelnden Stämme zwang, sich zu teilen. Die neu entstehenden Gruppen mögen genötigt gewesen sein, in unwirtlichere Regionen abzuwandern. Zwar werden solche Splittergruppen ihre intime Kenntnis der Pflanzen mitgenommen haben, doch fanden sie ihre neue Heimat häufig weniger gut ausgestattet mit den dichten Beständen an Wildgetreide, an die sie gewöhnt waren. Es ist nicht schwierig, sich vorzustellen, daß sie daher jedes noch so karge Vorkommen an vertrautem Getreide, das sie vorfanden, hegten und pflegten. Tatsächlich stammen einige der ältesten Proben von kultiviertem Getreide, die bis heute gefunden wurden, aus diesen «marginalen» Lebensräumen am Rande des natürlichen Verbreitungsgebiets einer Pflanze.[22]

Wir halten es für unwahrscheinlich, daß die Anfänge der Landwirtschaft ausschließlich dem Zweck dienten, mehr Nahrung zu erzeugen. Ein paar Körner auszusäen wird von jemandem, der nie zuvor ein Feld bestellt hat, sicher nicht als die Lösung einer ernsten Lebensmittelknappheit angesehen worden sein. Vielmehr dürften die ersten intensiv kultivierten Pflanzen häufig solche gewesen sein, die sehr begehrt, also nur in geringer Anzahl vorhanden waren. Es dürften Pflanzen gewesen sein, die ein besonderes Bedürfnis befriedigten, etwa solche, die Arzneistoffe enthielten oder die Färbemittel, Pigmente und Utensilien lieferten, welche in Ritualen und zur Zauberei benötigt wurden, sowie Pflanzen, aus denen man Gift zur Tötung von Fischen und Wildtieren gewann. Sie müssen von großem Wert gewesen sein, obwohl die benötigte Quantität vielleicht recht gering war. Der Amarant oder Fuchsschwanz zum Beispiel lieferte einen leuchtend roten Farbstoff, der von den Anden bis zur Pueblo-Region im Südwesten der Vereinigten Staaten bei Zeremonien benutzt wurde. Diese Verwendung des Amarants war in der Antike verbreiteter als seine Nutzung als Getreide, die auch heute noch gefördert wird.[23]

In Çatal Hüyük, einem alten Zentrum sowohl der Jäger und Sammler wie auch der primitiven Landwirtschaft in Kleinasien, gibt es Belege dafür, daß vor neuntausend Jahren ein Rinderkult florierte.[24] Aus Gips geformte Stierköpfe schmücken die Wände eines Heiligtums.[25] Mächtige religiöse Motive – und nicht das Bedürfnis nach Steaks – dürften die Menschen veranlaßt haben, den wilden, zwei Meter großen Auerochsen zu domestizieren, den Urahn des heutigen Rindes. Ähnliche Einflüsse sowohl praktischer wie abergläubischer Art wirkten sich wahrscheinlich auch auf die Beziehung der Menschen zu den Pflanzen aus und trugen zu ihrer Kultivierung bei.

In manchen Gegenden mag eine Abnahme des Wildes durch klimatische Veränderungen oder Überjagung dazu geführt haben, daß die Menschen abhängiger von Pflanzen und dadurch zugleich seßhafter wurden. Wenn die Männer öfter zu Hause waren, stiegen die Geburtenraten an. Diese Kombination von Seßhaftigkeit, Bevölkerungswachstum und Abnahme des jagdbaren Wildbestandes könnte zu vermehrten landwirtschaftlichen Experimenten geführt haben. Nahrungspflanzen sind anfangs vielleicht unsystematisch angebaut worden, um für mehr Abwechslung auf dem Speisezettel zu sorgen. Andere Nahrungsmittel mögen als zufälliges Nebenprodukt erzeugt worden sein. Die traditionelle brasilianische Methode der Zubereitung von Maniok-Mehl etwa erfordert die Entfernung der in der Maniok-Knolle enthaltenen Giftstoffe. Ein Schritt des Entgiftungsvorgangs besteht darin, sie ins Wasser zu tauchen – ebendies machten die Ureinwohner, um Fische zu betäuben und zu fangen. Die Verwendbarkeit des Manioks als Nahrungsmittel ist also möglicherweise durch seine Benutzung als Gift entdeckt worden.[26]

Die Seßhaftigkeit veranlaßte unsere Vorfahren zugleich, ihren Besitzstand zu vergrößern und mit der systematischen Herstellung von Gebrauchsgegenständen zu beginnen. Viele der Werkzeuge, die zur Jagd und zum Sammeln wildwachsender Pflanzen verwendet wurden, erwiesen sich auch in den Frühstadien der Landwirtschaft als nützlich; das Ernten von Getreide förderte die Anfertigung zusätzlicher Mahlsteine; eine gute Ernte bewirkte einen Bedarf an Trockengestellen und Speichermöglichkeiten.[27] Je mehr Schweiß und Mühe sie in diese Projekte investiert hatten, desto weniger neigten die Menschen wahrscheinlich dazu, ihr altes Nomadenleben als Jäger und Sammler wiederaufzunehmen.

Aber ebenso wie alle anderen Vorstellungen über die Entstehung der Landwirtschaft enthält auch unsere Auffassung Leerstellen. Seßhaftigkeit hat nicht immer in die Agrikultur geführt; ebensowenig hat die Landwirtschaft die Menschen sofort veranlaßt, sich niederzulassen. In manchen Gegenden hat die seßhafte Lebensweise die Betroffenen zu geschickten Fischern gemacht, wie das auch heute noch zu beobachten ist! Noch lange nachdem die Bewohner Zentralamerikas mit dem gezielten Pflanzenanbau begannen, setzten sie ihr Nomadenleben fort.[28] Keine einzelne Theorie über die Entstehung der Landwirtschaft erklärt somit alle Fakten.

Wenn die Männer und Frauen der Steinzeit einen Landstrich als Fischer, Sammler und Quasi-Landwirte besiedelten, dann gingen sie daran, ihre Umgebung in substantieller Weise zu verändern: Sie rodeten das Land; sie zertrampelten die vorhandene Vegetation und rissen sie mit den Wurzeln aus; sie errichteten Misthaufen, wo sie ihre «Küchen»-Abfälle und menschlichen Fäkalien entsorgten. Kurz, sie schufen Nischen für Pflanzen, die von Natur aus an gestörte Biotope angepaßt sind: Sie boten den Unkräutern eine Heimat.

Die Ansichten darüber, was ein Unkraut ist, gehen auseinander. Es mag eine «unerwünschte Pflanze» sein, die «nicht dort wächst, wo sie soll» – aber was dem einen ein Unkraut, ist dem anderen ein Blume. Man halte sich zum Beispiel vor Augen, daß das Fingergras, die Plage der amerikanischen Stadtrandsiedlungen, bis ins 19. Jh. in Mitteleuropa als Getreide angebaut wurde.[29] Von einem wissenschaftlichen Standpunkt aus sind Unkräuter wie die Fingerhirse Pflanzen, die an gestörte Habitate angepaßt sind, wie man sie um Siedlungen herum findet oder dort, wo der Boden bearbeitet wurde. Sie sind eine notwendige Folge unserer Eingriffe in die Natur. Aus der Perspektive unserer Vorfahren betrachtet waren sie «Mitläufer».

Vor zehntausend Jahren eröffnete sich für die Unkräuter eine neue Welt. Sie fanden plötzlich Bedingungen vor, die ihnen behagten, und schlugen in Böden Wurzeln, die nicht selten auch noch gedüngt waren. Der verstorbene Botaniker und Genetiker Dr. Edgar Anderson hat die Theorie aufgestellt, daß Frauen die um die Hütte herum wachsenden Unkräuter aufmerksam beobachteten und die brauchbaren unter ihnen besonders pflegten. Sicherlich galten viele unserer wichtigsten Nutzpflanzen einst als Unkraut. Andere Kulturpflanzen haben unkrautähnliche Verwandte. Aber hat die Landwirtschaft wirklich auf dem Misthaufen begonnen? Wie die anderen erwähnten Theorien steckt auch in dieser ein Körnchen Wahrheit, aber auch für sie gelten Ausnahmen – Nutzpflanzen nämlich, die unter den geschilderten Bedingungen nicht gediehen wären. Statt eines tragfähigen Ansatzes liefert uns auch die «Abfallhaufentheorie» bloß einen weiteren Puzzle-Stein.

Beim Studium gelehrter Abhandlungen über die Entstehung der Landwirtschaft springen die starken Meinungsunterschiede sofort ins Auge. Die Ansichten darüber, warum die Menschen mit der Kultivierung des Landes begonnen hatten, differieren von Kontinent zu Kontinent und von einer Region zur anderen, je nachdem, aus welchem Fachgebiet der betreffende Autor oder die Autorin stammt: Anthropologie, Archäologie, Pflanzengenetik, Botanik, Zytologie, Geschichtswissenschaft, Linguistik oder Meterologie. Jede Theorie enthält eine spezifische Antwort, aber keine bietet uns eine Gesamtsicht. Nur in ihrer Kombination fügen sich die Steinchen zum Bild. Eine Agrikultur begann vor zehn- bis fünfzehntausend Jahren durch die Bemühungen von Hunderttausenden von Menschen auf mehreren Kontinenten und in vielen verschiedenen sozialen und ökologischen Situationen. Die Landwirtschaft, die sie, ihren eigenen Bedürfnissen entsprechend, begründeten, entwickelte sich im Laufe von mehreren tausend Jahren. Wäre es sinnvoll anzunehmen, daß es hierfür eine einzige Ursache, einen einzigen, stets gleichen Weg gab?

Ursprünglich entwickelte sich die Landwirtschaft in Einklang mit den Erfordernissen und Kreisläufen des Jagens und Sammelns, als Ergänzung dieser Nahrungsquellen. Erst als die landwirtschaftlichen Tätigkeiten produktiver und anspruchsvoller wurden, entstanden Konflikte. In Mittel- und Südamerika konkurrierte der Anbau von Mais und Bohnen in Frühling und Herbst mit den Erfordernissen des Sammelns und in der Regenzeit mit denen der Jagd.[30] Allmählich trat das Jagen und Sammeln gegenüber der Landwirtschaft in den Hintergrund. Und je mehr sich die Landwirtschaft entwickelte und die Abhängigkeit davon zunahm, desto geringer wurde die Möglichkeit, zu einer Gesellschaft der Jäger und Sammler zurückzukehren.

Der Übergang vom Jagen und Sammeln zur Landwirtschaft vollzog sich rapide, wenn man die gesamte Spanne der menschlichen Geschichte betrachtet, und er forderte seinen Preis. Die Bibel ist voll von Anspielungen auf Überschwemmungen, Dürreperioden und Seuchen. Einer Theorie zufolge waren die ersten landwirtschaftlichen Praktiken schuld an der Zerstörung der Wasserscheide des Tigris, was die große Flut der biblischen Zeit, Noahs Sintflut, ausgelöst haben soll.[31] Eine Inschrift auf einem ägyptischen Grabstein aus dem Jahr

2000 v. Chr. weist deutlich auf den Preis hin, den die relativ stabilen Jäger- und Sammler-Gesellschaften für ihre neue Abhängigkeit von der Landwirtschaft bezahlten:

«Ich erhielt Hefat und Hormer am Leben... zu einer Zeit als... das Land vom Wind verweht wurde und alle auf dieser Sandbank der Hölle Hungers starben... Ganz Oberägypten war dem Verhungern so nahe, daß alle gezwungen waren, ihre Kinder aufzuessen. Das gesamte Land war wie eine ausgehungerte Heuschrecke geworden...» [32]

Und ein Augenzeuge der Hungersnöte dieser Zeit berichtet über das allgemeine Elend: «Die Herzen sind gewalttätig, Seuchen herrschen im ganzen Land, überall ist Blut... viele Tote werden im Fluß bestattet... Ja der Fluß selbst besteht aus Blut, und dennoch trinken die Menschen daraus... Die Krokodile sinken von der Last ihrer Beute auf den Grund, denn die Menschen werfen sich ihnen aus eigenem Antrieb zum Fraße vor.» [33]

Aus der Perspektive der Pflanzen

Bevor es die Landwirtschaft gab, begegneten die Naturvölker in ihrer Umwelt einem überwältigenden Angebot potentieller Nahrungsquellen. Es gab über 200 000 Arten blühender Pflanzen, unter denen sie wählen konnten: Tausende von frischen Früchten, Nüssen, von Gemüse- und Getreidearten – auch wenn wir manches davon kaum erkennen würden. So etwas wie Blumenkohl existierte nicht. Bohnen gab es zwar, aber die Schoten waren nicht größer als ein Daumen und hatten winzige Samenkörner. Die Tomaten waren kirschgroß. Die meisten der Nahrungsmittel, die wir heute schätzen, haben wenig äußerliche Ähnlichkeit mit ihren Vorfahren, die vor Jahrtausenden gegessen wurden.

Die Landwirtschaft begann nicht ohne eine gewisse und entscheidende Hilfe: die Anpassungsfähigkeit seitens der Pflanzen. Jene ersten tastenden Schritte, die die Menschen unternahmen – indem sie bestimmte Pflanzen zuerst duldeten, dann pflegten und schließlich kultivierten –, riefen auffallende Veränderungen an den Pflanzen selbst hervor. Die Reaktion der Pflanzen auf Zuwendung und Pflege gab den Menschen guten Grund, ihre Bemühungen zu verstärken.

Der Prozeß der Kultivierung kam in Gang – ein Prozeß, der bis heute anhält.

Die Kultivierung – nicht die Zivilisation – hat mit der Aussaat von Samenkörnern begonnen. Das bloße Ernten, das Jäger und Sammler seit Jahrtausenden praktiziert hatten, konnte bei den betroffenen Pflanzen, falls überhaupt, nur wenige Veränderungen bewirkt haben, denn die nicht abgeernteten Samen fielen zu Boden und produzierten die nächste Generation. Erst als Jäger und Sammler die Erntetechniken intensivierten und ausgewählte Pflanzen hegten und pflegten, begann der Prozeß der eigentlichen Kultivierung. Mit dem Beginn des Aussäens wurde nun der geerntete Samen zur Grundlage der nächsten Pflanzengeneration. Und dieses Saatgut veränderte die Geschichte.

Der simple Akt des Erntens von Samen unkultivierter Pflanzen und deren spätere Aussaat rief bemerkenswerte Veränderungen hervor, die von großem Vorteil für die Menschen waren. Unkräuter und Gräser sind, wie jedermann weiß, wahre Meister darin, sich auszubreiten. Wenn man im Frühherbst über eine Wiese geht, setzt man Hunderte von Samenkörnern frei, die in alle Richtungen fliegen. Wenn man den Hund losläßt, kommt er oft mit Samenkörnern bedeckt zurück. Wildwachsende Unkräuter und Gräser halten ihren Samen nicht fest, sondern streuen ihn beim leichtesten Windhauch aus. Das Überleben dieser Pflanzen hängt von ihrer Fähigkeit ab, ihren Samen zu verbreiten.

Als die Jäger und Sammler durch wildwachsende Bestände von Weizen und Gerste streiften, konnten sie nicht mehr als die Hälfte der vorhandenen Samen ernten.[34] Ein großer Teil muß zu Boden gefallen sein. Ihre Samen, die am Halm blieben und sich ernten ließen, wiesen zumeist geringfügige physische Unterschiede auf – Unterschiede, die zwar dem Überleben einer Wildpflanze nicht dienlich waren, dafür aber äußerst hilfreich für jemanden, der die Samen einsammeln wollte. Das zwangsläufig vermehrte «Abernten» nichtstreuender Arten bewirkte, daß die ersten Felder, die von den frühesten Bauern angepflanzt wurden, überwiegend aus Exemplaren bestanden, die sich signifikant von den wildwachsenden Arten unterschieden. Wiederholte Aussaaten dieser Samen brachten nichtstreuende Formen hervor – Pflanzen, deren Samen auch dann am Halm haften blieben, wenn sie von späteren Bauern mit einer Sichel aus Feuerstein gemäht wurden. Genetisch war die Veränderung einfach. Der Unterschied zwischen streuenden und nichtstreuenden Formen wird oft von bloß ein oder zwei Genen, den biologischen Trägern des Erbguts, verursacht. Dank der nichtstreuenden Getreidearten konnten die Menschen einen größeren Prozentsatz Samenkörner auf dem Feld abernten. Die Ernteerträge erhöhten sich und belohnten damit diese ersten Landwirte für ihre Anstrengungen.

In Nordamerika blieben viele Getreidearten interessanterweise unkultiviert – entsprechend entwickelten sie auch den Vorzug des Nichtstreuens nicht –, und zwar aufgrund der Art und Weise, wie die meisten Indianer die Wildgräser abernteten. In der Regel schlugen sie das Korn mit Hilfe kleiner hölzerner Paddel von den Halmen in ihre Körbe. Das mit dieser raffinierten Methode geerntete Getreide besaß leicht abfallende Körner und behielt seine Unkrautmerkmale bei. Das aber war weder die Methode, die zu kultivierten Getreidearten führen konnte, noch die hierfür geeigneten Samen.

Für den Erforscher der Landwirtschaftsgeschichte ist die Streufestigkeit das auffallendste und am leichtesten erkennbare Merkmal der kultivierten Pflanze. Kultivierte Pflanzen können ohne Hege nicht überleben, weil sie viele Überlebensmechanismen, insbesondere die effiziente Samenverteilung, eingebüßt haben. Aber es gibt auch noch andere Unterschiede zwischen Kultur- und Wildpflanzen. Als die «Landwirtschaft» begann – schon bei den frühesten und bescheidensten Formen der Pflanzenmanipulation durch jagende und sammelnde Völkerschaften – und der Prozeß der Kultivierung in Gang kam, vollzogen sich bei den Pflanzen wie zufällig auch andere Modifizierungen.

Der Samen von Wildpflanzen reift oft im Laufe langer Zeitspannen. Die ist gut für die wilde Pflanze, weil so das Risiko vermindert wird, daß irgendein Ereignis alle Samen auf einmal vernichtet. Die von den ersten Bauern geernteten und dann ausgesäten Samen waren diejenigen, die zur gleichen Zeit – dem Tag der Ernte – reif geworden waren. Die nächste Generation auf den Äckern der Bauern bestand somit aus Pflanzen mit einheitlicher Reifezeit. Primitive Sorghum- und Sonnenblumenarten beispielsweise hatten zahlreiche Fruchtstände, was die Reifung über größere Zeiträume hinweg erleichterte. Der Kultivierungsdruck arbeitete dem jedoch entgegen, so daß die heutigen kommerziellen Sorten ihren Samen in der Regel in einem einzigen Fruchtstand tragen. Auch haben viele Wildpflanzen Samen, die unregelmäßig keimen. Manche Körner schlummern im Boden, während andere derselben Pflanze sprießen und wachsen. Die Natur neigt nicht dazu, alle ihre Eier in einen Korb zu tun, d. h. alles auf eine Karte zu setzen. Für Kulturpflanzen gelten andere Regeln. Vor Jahrtausenden reiften jene Samen, die im Boden schlummerten und nicht mit den anderen auf den Feldern der Farmer sprossen, nicht rechtzeitig, um ihre Nachkommenschaft als Saatgut weiterzugeben. Dieses Merkmal des langen Ruhezustands pflanzte sich also nicht mit den im folgenden Jahr ausgesäten Samen fort. Außerdem gediehen die Samen, die als erste sprossen, gewöhnlich am besten und waren den anderen Pflanzen somit überlegen.[35] Sie produzierten viele Samen, die geerntet und erneut ausgesät wurden, so daß sich dieses Merkmal fortpflanzte.

Die Kultivierung brachte und bringt wahrscheinlich immer noch weitere Veränderungen mit sich. Große Samenkörner bieten der künftigen Pflanze mehr Nährstoffe. Das bedeutet, daß Pflanzen aus großen Samen unter gedrängten Bedingungen einen Wettbewerbsvorteil haben. Letzten Endes bringen sie verhältnismäßig mehr gesunde Triebe und mehr Samenkörner hervor als Pflanzen, die sich aus kleineren Samenkörnern entwickeln. Jahr für Jahr machen sie deshalb einen größeren Prozentsatz der Anbaukulturen aus.

In Mittelamerika entwickelte der Mais aufgrund dieses Vorgangs größere Kolben und größere Körner, und er begann einheitlicher zu reifen. Diese Veränderungen ebenso wie die Entwicklung von Bohnen, deren Schoten nicht aufspringen, sobald sie reif sind, ermöglichte die sogenannte Mais-und-Bohnen-Kombination, die in Mittel- und Südamerika auch heute noch die Grundlage der Ernährung ist.

Auch der Verlust ehemals schützender Merkmale – etwa Dornen, Gift oder extrem faserige Knollen – ist ein natürliches Ergebnis der Kultivierung. Insofern die Menschen nun den Schutz und die Hege der Pflanzen übernahmen, verloren solche Abwehrmechanismen ihre Funktion und wurden überflüssig.[36] Kohl, Auberginen und Kürbisarten etwa büßten auf diese Weise ihre Bitterkeit ein und wurden damit für den Menschen noch attraktiver.

Viele andere Anpassungsleistungen der Pflanzen gingen mit der Kultivierung einher. Die erwähnten Veränderungen – die verbesserte Haltbarkeit, die vergrößerten Samenkörner, die einheitliche Reifezeit, die frühe Keimbereitschaft und der Verlust an Abwehrmechanismen – waren die zwangsläufige Folge des Kultivierungsprozesses; sie waren durchaus nicht beabsichtigt, kein Ergebnis einer gezielten Manipulation, sondern «ereigneten» sich quasi natürlich, als die Menschen Landwirtschaft zu praktizieren begannen, indem sie einen Teil der von ihnen geernteten Samenkörner wieder aussäten.

Je mehr sich die Pflanzen in einer für die Menschheit günstigen Weise veränderten, desto abhängiger wurden die Menschen von den Erfordernissen und Kreisläufen der Landwirtschaft. Mit den Fortschritten der Kultivierung verlor schließlich auch das Jagen und Sammeln zunehmend an Bedeutung. Gleichzeitig intensivierte sich die Beziehung der Menschen zu den wenigen Pflanzen, die sich für die Kultivierung eigneten. Von den Tausenden von Nahrungspflanzen, die einst von den Jägern und Sammlern genutzt wurden, wird heute nur eine kleine Handvoll angebaut. Und von diesen decken ganze neun (Weizen, Reis, Mais, Gerste, Sorghum bzw. Hirse, Kartoffeln, Süßkartoffeln bzw. Yams, Zuckerrohr und Sojabohnen) mehr als drei Viertel des menschlichen Nahrungsbedarfs.[37] Insgesamt ernähren wir uns im großen und ganzen von nur etwa 130 Pflanzenarten. Erstaunlicherweise haben bereits unsere Steinzeit-Vorfahren praktisch alle unsere heutigen Nahrungslieferanten kultiviert.

Von mehr als einer Viertelmillion blühender Pflanzen, die insgesamt existieren, wurden (abgesehen von den Zier-, Futter- und Waldarten) schon früh etwa 200 bis 250 kultiviert.[38] Das war eine einmalige Leistung, die wir kaum je angemessen würdigen.

Trotz unglaublicher Fortschritte in Genetik und Pflanzenzucht hat der moderne Mensch nur wenige – manche Wissenschaftler würden sagen: gar keine – der bedeutenden Nahrungspflanzen kultiviert. Was wir heute essen, verdanken wir weitgehend unseren namenlosen Vorfahren und einem Prozeß, der in der Jungsteinzeit, lange bevor es schriftliche Zeugnisse gab, begonnen hat. Es ist ein Prozeß, an dem auch heute noch viele ungenannte Naturvölker mitwirken – der lange Prozeß der Kultivierung von Pflanzen.

Unsere heutigen Ernährungsgewohnheiten lassen kaum noch erkennen, wie abhängig wir noch vor relativ kurzer Zeit von Wildpflanzen waren. Selbst in zehntausend Jahre alten Zentren der Landwirtschaft, etwa in Mittelamerika, deckten Kulturpflanzen erst im 2. Jahrhundert v. Chr. mehr als die Hälfte des damaligen Nahrungsbedarfs.[39] Heute wird zwar wilder Reis in vielen Supermärkten als Delikatesse geführt; ansonsten trifft man bei uns aber kaum noch auf andere nichtkultivierte Getreide- oder Gemüsearten.

In Ländern der Dritten Welt hingegen wird wildwachsende Nahrung auch heute noch häufiger genutzt. In Äthiopien haben Krieg, Stammeskämpfe und Naturkatastrophen die Abhängigkeit der Bevölkerung von Wildpflanzen erneuert. In Mexiko wird der Versuch unternommen, nahrhafte Wildpflanzen wieder verstärkt in den Speisezettel einzubeziehen. Auch in den entwickelten Ländern werden wieder zunehmend eßbare Wildpflanzen gesammelt, wenn auch zumeist als «Hobby».

Insgesamt betrachtet sind dies jedoch Ausnahmen, Ausnahmen, deren Bedeutung aufgrund der Einseitigkeit unserer internationalen Landwirtschaftsstatistiken zwar unterschätzt wird, die aber nicht verhindern können, daß wir heute, falls es weder zu einer Renaissance noch zu einer Katastrophe kommt, zu Zeugen der endgültigen Verdrängung der Jäger- und Sammler-Sozietäten und der von ihnen genutzten Pflanzen durch die moderne Landwirtschaft werden.

Die Entstehung von Vielfalt

*Blumenkohl ist nichts anderes
als akademisch gebildeter Kohl.*
Mark Twain

«Schweineschiet», rief Don Maximo laut lachend. «Wir nennen es Schweineschiet. Schauen Sie sich's an.» Robert Rhoades vom Internationalen Kartoffel-Zentrum musterte etwas verduzt die würstchenförmige, schwärzliche Knolle, die er eben aus Don Maximos Kartoffelacker hoch oben in den Anden ausgegraben hatte. «Was ist los Amigo, kennt ihr Amerikaner keine Kartoffeln?»

Unter einer Kartoffel stellt sich ein New Yorker etwas ganz anderes vor als ein peruanischer Bauer. Von den fünftausend Kartoffel-Varietäten (moderne kommerzielle Sorten und Landsorten), die heute in allen Teilen der Welt kultiviert werden, pflanzen die Anden-Bauern etwa dreitausend an. Manchmal kann man in einem einzigen Feld 45 unterscheidbare Sorten wachsen sehen. Sie haben die verschiedensten Formen, Größen und Farben, darunter Schwarz, Rot, Blau, Violett, Gelb und Weiß. Und jede Sorte hat ihren eigenen, sehr bezeichnenden Namen, wie Rhoades entdeckte.[1]

Der zwölftausendjährige Prozeß der Pflanzenkultivierung brachte eine Explosion von Farben und viele neue, bis dahin unbekannte Verwendungsarten, zu denen sich die Pflanzen eigneten, hervor. Die einsetzende Landwirtschaft hatte dabei zunächst keinen Plan; die ersten Bauern verfolgten nicht die Absicht, nichtstreuende Fruchtstände zu züchten oder große Samenkörner, die rasch keimten. Diese Eigenschaften waren vielmehr bloß zwangsläufige Nebenprodukte ihres Erntens und Säens. Das Interesse der Menschen an der Landwirtschaft bestand darin, einzelne Pflanzensorten mit bestimmten wertvollen Eigenschaften anzubauen, selbst wenn sie sie am Ende «Schweineschiet» nannten.

Unsere Vorfahren nutzten Sorghum (eine Hirseart) zwar als Getreide, verwendeten es aber auch für die Zubereitung von Sirup und zur Herstellung von Besen.[2] Es gab viele Kürbisarten, die sowohl als Nahrung wie auch als Material für Musikinstrumente, Gebrauchsgegenstände und sogar Penis-Futterale geschätzt wurden. Verschiedene Arten von Mais dienten unterschiedlichen Zwecken, etwa um Mehl, Polenta und Popcorn zu erzeugen, zum Kochen, zur Herstellung eines roten Getränks und um die Körner frisch vom Kolben zu knabbern. Rotkörniger Mais blieb dem rituellen Gebrauch vorbehalten. Wenn erwünschte Eigenschaften auftraten, sorgten die ersten Bauern dafür, daß sie nicht verlorengingen, indem sie sie hegten und pflegten, erhielten und weitergaben. Und die Nachfahren dieser Bauern bis hin in unsere Zeit haben es erreicht, daß diese Merkmale zu integralen Bestandteilen der jeweiligen Fruchtart wurden. Mais ist nicht durch Zufall, sondern durch Auswahl so farbenfroh. Blaue und rote Pigmente in den Maisstengeln mancher Sorten helfen den Pflanzen, sich an kalten Morgen rasch zu erwärmen. Deshalb werden blaue und rote Maisarten oft früher gepflanzt als andere Sorten; die verschiedenen Farben «symbolisieren» in diesem Fall andere, damit einhergehende Eigenschaften.

Der Prozeß der Kultivierung, der menschlichen Selektion und der Förderung diverser Pflanzeneigenschaften dauert auch heute noch an. Jack Harlan von der Universität Illinois beobachtete jüngst einen afrikanischen Bauern, der auf seinem Feld hakenförmige Sorghum-Pflanzen auswählte, um ihren Samen für die nächste Aussaat zu verwenden. Auf die Frage Harlans, warum er diese krummen Exemplare schätze, antwortete er, weil man sie leichter am Dach aufhängen könne.[3]

Andere Bauern vor ihm wählten «süßes Sorghum (= Zuckerhirse) zum Kauen, weißkörnige Arten zum Brotbacken, Abarten mit dunkelrotem Samen zum Bierbrauen und faserreiche Formen mit starken Stengeln zum Hausbau und Korbflechten.»[4] Die Stengel und Blätter anderer Arten wurden als Färbemittel verwendet.[5]

Dieser Vorgang, bestimmte Pflanzen auszuwählen und ihre Samen zu säen, kann, wenn er Jahrtausende hindurch alljährlich wiederholt wird, erstaunliche Wirkungen zeigen. Die Rübe etwa, eine Pflanze, die ursprünglich dem Mangold glich, wurde in verschiedene Richtungen entwickelt: manche Unterarten dienen heute als Blattgemüse oder Salatpflanzen, andere sind Wurzelgemüse, die als Nahrung oder Tierfutter taugen. Die Zuckerrübe, die vor etwa zweihundert Jahren aus Futterrüben entwickelt wurde, deckt heute einen Großteil des Zuckerbedarfs der Welt.[6]

Primitive Baumwollarten weisen unterschiedliche Faserfarben auf: Weiß, Braun, Grün und Graulila. Peruanische Kleinbauern pflanzen mehrere verschiedene Landsorten in bescheidenem Umfang an, um diese natürlichen Pigmentierungen zur Herstellung von Kleidern zu nutzen.[7]

Heute lieben wir die Zinnie wegen ihres Farbspektrums, das an einen Regenbogen erinnert: Violett, Rot, Gelb, Orange, Rosa, Weiß und Grün. Aber das war nicht immer so. Als die Konquistadoren 1519 durch Mexiko marschierten, traten sie die kleinen violetten und gelben Blumen achtlos nieder. Der aztekische Name für Zinnie bedeutete «Augenweh», da sie sich bei der Heilung von Augenleiden als hilfreich erwiesen hatte. Die Spanier schlossen sich der einheimischen Bezeichnung an und nannten sie *mal de ojos*. Bis schließlich ein Deutscher, Dr. Zinn, und spätere französische Gartenbauexperten anderer Qualitäten in dem Unkraut gewahr wurden und der Welt damit eine ihrer heutigen Lieblingsblumen bescherten.[8]

Und erst die Bohnen! Der Variationen in Größe, Form oder Farbe sind hier keine Grenzen gesetzt. In Panama scheint man die großen, roten Kidney-Bohnen zu bevorzugen; Venezolaner halten es mit den schwarzen Bohnen; Ostafrikaner haben eine Schwäche für gefleckte Sorten.[9] John Withee, ein pensionierter Fotograf aus Lynnfield, Massachusetts, mag sie alle. Er hat weit über tausend Varietäten gesammelt, von denen nur wenige je in einem Samenkatalog aufgenommen wurden. Diese Mannigfaltigkeit verdanken wir unseren Vorfahren, die die Vielfalt noch zu schätzen wußten (und den Bemühungen von Menschen wie Withee, diese zu erhalten).

Auch aus der Spezies Kohl hat der Mensch eine Fülle von Unterarten hervorgebracht, indem er bestimmte Teile der Pflanze favorisierte und deren Entwicklung gezielt förderte. Rosenkohl, Kohlrabi, Blumenkohl, Brokkoli, Grünkohl, Wirsing und andere Gemüsesorten entstammen alle ein und derselben Spezies.[10]

Mit der Entwicklung jeder einzelnen Nahrungspflanze nahm der Drang, weitere wilde Arten zu kultivieren, beständig ab. Die Experimente wurden und werden allerdings fortgesetzt, und Versuche der Kultivierung gibt es auch heute noch – in diesem Jahrhundert sind unzählige Zierpflanzen kultiviert worden. Allein die Eingeborenenvölker in aller Welt fahren auch gegenwärtig mit der Kultivierung neuer Nutzpflanzen fort, während moderne Pflanzenzüchter ihr Augenmerk vor allem auf die Futterpflanzen und die Waldbäume richten. Auf die Menschheitsgeschichte bezogen war der Impuls zur Kultivierung dessen, was heute unsere wichtigsten Nahrungspflanzen sind, kurzlebig. Nachdem mehrere hundert Pflanzen unter Kontrolle gebracht worden waren, war diese Epoche zu Ende.

Der Prozeß der Domestizierung zwang die Pflanzen, sich an eine andere – eine menschlich bearbeitete – Umgebung anzupassen. In der Wildnis gediehen die Pflanzen in unzähligen ökologischen Nischen, von denen keine ein ähnliches Umfeld bereitstellte wie die Anbauflächen der ersten Bauern. In jenen ältesten Gärten wurde der Boden vermutlich bereits bearbeitet und von Unkraut freigehalten. Die Pflanzen wurden wahrscheinlich mit menschlichen und anderen Ausscheidungen gedüngt. Manchmal wurden Be- und Entwässerungssysteme angelegt. Mit Hilfe von Bewässerungskanälen sorgte man im östlichen Irak schon vor mehr als siebentausend Jahren für eine ausreichende Feuchtigkeitszufuhr, während die frühen Bauern im Hochland von Papua-Neuguinea bereits vor fünftausend Jahren sogar Sümpfe trockenlegten, um ihre Nutzpflanzen anzubauen.[11] Diese Praktiken reduzierten und vereinfachten zwar die Vielfalt der natürlichen Welt, sie schufen aber keineswegs ein Paradies für die jungen Fruchtarten. Die neuen Feldfrüchte waren gezwungen, sich an künstlich vereinfachte Lebensbedingungen anzupassen. Und es gelang ihnen, trotz geringerer Fruchtbarkeit, wechselnder Standorte und wechselnder Bodenarten sowie der Einwirkung neuer Schädlinge und Krankheiten zu überleben. Unterschiedliche Gegebenheiten zwischen einem Dorf und dem nächsten hatten zur Folge, daß sich genetisch unterschiedliche Arten entwickelten.

Von Vögeln und Bienen...

Form und Farbe der Blätter, Art und Ausmaß von Krankheits- und Schädlingsresistenz, die Fähigkeit, in der Steppe ebenso zu gedeihen wie in tropischen Regenwäldern – diese und zahllose andere Attribute werden durch die genetische Ausstattung der Pflanze bestimmt. Eine Pflanzenzelle kann mehr als hunderttausend Gene enthalten. Manchmal ist es ein einzelnes Gen, das ein bestimmtes Merkmal hervorbringt. Das Nichtstreuen unserer kultivierten Getreidearten ist oft durch nur ein oder zwei Gene bedingt, die sie von ihren wildwachsenden Verwandten unterscheiden. Andere Eigenschaften wie Schädlingsresistenz sind häufiger die Folge von vielen Genen, die «koordiniert» zusammenarbeiten.

Wenn zwei Pflanzen miteinander «gekreuzt» werden, erhalten ihre Nachkommen in der Regel eine Kombination von Genen beider Ursprungspflanzen. Mit dieser neuen Anordnung von Genen ist zu erwarten, daß die Nachkommen unter denselben Bedingungen überleben können, an die sich ihre Eltern angepaßt haben. Die Gene und deren Anordnung in einer Zelle steuern letzten Endes die Produktion der chemischen Substanzen, welche die Merkmale der jeweiligen Pflanze bestimmen.

In der Regel kreuzen sich zwei ähnliche Pflanzen aus demselben Lebensraum und bringen Nachkommen hervor, die sich nur geringfügig von ihnen unterscheiden. Gerade die Nachkommen, die ihren Eltern am stärksten gleichen, haben die größte Überlebenschance, weil sie an die vorhandenen Bedingungen angepaßt sind.

Bis vor kurzem wurde die Evolution im allgemeinen als ein langer, langsamer und kaum wahrnehmbarer Prozeß betrachtet, bei dem die natürliche Auslese hin und wieder Mutationen bewirkte. Inzwischen wissen wir hingegen, daß Pflanzenpopulationen die Fähigkeit haben, durch zahlreiche genetische Mechanismen, mittels deren sie sich an unzählige und wechselnde Kombinationen von Böden, Klimata, Schädlingen und anderen Faktoren anpassen, rapide Veränderungen durchlaufen zu können. Diese Mechanismen erklären auch die Existenz vieler Unkräuter, von denen manche lediglich Kreuzungen zwischen Wild- und Kulturpflanzen sind. Das leuchtet auch ein: Unkräuter weisen manche Eigenschaften von beiden auf. Sie sind an (gestörte) kultivierte Standorte angepaßt und könnten ebenso wie Kulturpflanzen nur selten ohne menschlichen Einfluß gedeihen; dennoch sind es «wilde» Arten! Alle kultivierten Getreidesorten existieren auch in «Unkraut»-Form. Es gibt wilde Karotten, Wassermelonen, Pfeffersträucher, Kartoffeln, Sonnenblumen und andere wilde Arten[12], die jedoch nicht notwendig aus Kreuzungen von Kultur- und Wildpflanzen entstanden, sondern ebenso häufig Vorläufer der Kulturarten sind.

Pflanzen haben eingebaute genetische Schranken gegen bestimmte Kreuzungen. Zwei sich gegenseitig befruchtende Pflanzen müssen in grundlegenden Punkten kompatibel sein. Man wird (hoffentlich) nie eine Kreuzung zwischen Bananen und Auberginen erleben, wohl aber zwischen kultiviertem und wildem Kopfsalat. Von den Uranfängen pflanzlichen Lebens auf der Erde an hat die Zahl blühender Pflanzen stetig zugenommen.[13] Der Wind und Insekten sind die wichtigsten Bestäuber dieser Pflanzen. Insekten wie Bienen gelangen auch zu isoliert stehenden Blumen, so daß die auf freiem Feld stehenden Pflanzen oft auch mit den im Wald wachsenden gekreuzt werden. Die 343 Insektenarten, die einer Studie in Utah zufolge blühende Karotten bestäuben, geben diesen sicherlich reichlich Gelegenheit, sich mit anderen Karotten oder mit verwandten Wildarten zu kreuzen.[14] Vielleicht waren blühende Pflanzen gerade deshalb so fruchtbar, weil sie ein Fortpflanzungssystem hatten, das die Entstehung von Nachkommen förderte, die an so viele verschiedene Umgebungen angepaßt sind.[15]

Mit dem Aufkommen der Landwirtschaft wurden neue Biotope geschaffen. Die Menschen rissen den Boden auf. Sie düngten und bewässerten ihn bzw. legten ihn trocken. Sie fällten Bäume und brannten das Gras ab. Und wenn sie weiterzogen, dann nahmen die ersten Bauern das Saatgut in die neuen Lebensräume mit, wo sich die importierten mit den einheimischen Pflanzen vermischten und neue genetische Kombinationen – neue Pflanzenarten – hervorbrachten. Das größte Pflanzenzuchtexperiment in der Geschichte nahm vor zwölftausend Jahren seinen Anfang. «In dem jahrtausendealten Schmelztiegel der auf diese Weise geschaffenen Pflanzensorten fand ein genetischer Austausch zwischen Pflanzenvarietäten und -arten in einer Dimension statt, die nie zuvor – oder seither – möglich war», so die Pflanzengenetikerin Erna Bennett, die die daraus resultierende Entstehung neuer Pflanzenformen als eine «Explosion... eine Springflut der Evolution» bezeichnet.[16] Die auf diese Weise entstandene Vielfalt befähigte die Pflanzen, sich auch an die leisesten Veränderungen der Umwelt anzupassen.

Ebenso wie sich Kultur- und Wildpflanzen an Bodenbedingungen, Niederschläge, die Dauer des Tageslichts und andere Umweltfaktoren adaptierten, veränderten sie sich auch im Wechselspiel mit Insekten und Krankheiten. So wird etwa die Kartoffel von über 260 Krankheiten und Schädlingen bedroht,[17] hat aber im Laufe der Zeit zahlreiche Abwehrmechanismen entwickelt. Hätte sie das nicht, würden wir dann überhaupt wissen, was eine Kartoffel ist? Eine Karoffelart ist beispielsweise auf den einmaligen Trick verfallen, Insekten durch ein klebriges Sekret, das ihre haarigen Blätter absondern, buchstäblich zu leimen.[18] Der Schlüssel zum Verständnis der Schädlings- und Krankheitsresistenz von Pflanzen ist die Erkenntnis, daß sich Pflanzen und Schädlinge *gemeinsam* gebildet haben. Sobald die Pflanze eine Abwehr entwickelt hatte, schlug der Parasit oder Krankheitserreger mit neuen Angriffsmethoden zurück. Ein Baumwollkapselkäfer, der, eingeschlossen in einer Kapsel aus dem Jahr 700 v. Chr., gefunden wurde, bezeugt das ewige Wechselspiel von Wachstum und Zerstörung.[19] Aber das Weiterbestehen uralter Baumwollsorten belegt, daß die Baumwolle ihre Abwehrmechanismen entwickelt haben muß.

In den Fällen, wo sich Pflanzen nicht in Gegenwart eines bestimmten Krankheitserregers entwickelten, war man gezwungen, diese Widerstandsfähigkeit später durch Introgression (Übertragung eines Gens von einem Genkomplex auf einen anderen, z. B. durch Kreuzung) oder durch andere Mittel von außen zu bewirken, sobald die Pflanze von der Krankheit befallen wurde.

Die Vielfalt in der Vielfalt

Im Laufe der Jahrtausende, in denen die meisten Nutzpflanzen kultiviert wurden, sind sie mit fast jeder vorstellbaren Gegebenheit konfrontiert und somit zu erstaunlichen Anpassungsleistungen gezwungen gewesen. Man stelle sich vor, daß die Aprikose, eine aus warmen Regionen stammende Frucht, sogar im Himalaya angepflanzt wird, wo die Nachttemperaturen ständig unter den Gefrierpunkt sinken.[20] Sorghum findet man sowohl in den tropischen Gebieten Westafrikas als auch in den Trockengebieten Asiens.[21] In Indien gedeiht Reis in bis zu 2100 Meter Höhe. Manche Sorten wachsen in vier bis sechs Meter tiefem Wasser; andere sind an Gegenden angepaßt, die jährlich nur 63 bis 76 cm Niederschläge haben.[22] Kartoffeln gedeihen von unter Meereshöhe bis zu 4200 Metern, von der Arktis bis Südafrika.[23]

Nicht alle Sorghum-, Reis- und Kartoffelsorten wachsen freilich in so unterschiedlichen Klimazonen. Aber viele Kulturpflanzen haben genetisch unterscheidbare Varietäten entwickelt, die an ein so breites Spektrum angepaßt sind. Und bei jeder Station auf diesem Wege standen die Kulturarten stets vor der Alternative, sich an die vorhandenen Bedingungen anzupassen oder einzugehen. Die Feldfrüchte, die heute von den Landwirten angebaut werden – unmittelbare Abkommen der Fruchtarten, die unsere Vorfahren vor zwölftausend Jahren zu kultivieren begannen –, existieren somit aus gutem Grund. Sie sind bestens angepaßt und mit genetischer Variabilität ausgestattet. Dank diesen Eigenschaften, die das Ergebnis jahrtausendelanger Kontakte mit Schädlingen, Krankheiten und wechselnden Umweltbedingungen sind, gelingt es ihnen, sich weiterzuentwickeln und an neue Gegebenheiten anzupassen.

Niemand weiß genau, wie viele genetisch verschiedene Sorten einer Nutzpflanze durch natürliche und wie viele durch menschliche Selektion entstanden sind. Niemand kann mit Sicherheit angeben, wie viele überhaupt existieren, und nur wenige Forscher haben auch nur eine Vermutung gewagt. Es mag der Hinweis genügen, daß es Zehntausende genetisch unterscheidbare Sorten von Kulturpflanzen wie Weizen, Mais und Reis gibt.

Vielfalt zeigt sich an den verschiedenen Farben von Blumen, Bohnen und Baumwollflocken. Ihr verdanken es die Kulturpflanzen, in so verschiedenen Lebensräumen gedeihen zu können. Sie verschafft ihnen Resistenz gegenüber Schädlingen und Krankheiten. Wir begegnen ihr, wenn wir die Höhe verschiedener Maispflanzen untersuchen. Vielfalt kann man auch schmecken: Tomaten, Paprika, Mais und andere Fruchtarten offerieren je nach Sorte eine breite Palette von Geschmacksvarianten.

Die Existenz dieser Vielfalt ist seit Jahrtausenden bekannt. Schon Platos Schüler Theophrastus beschrieb im dritten Jahrhundert v. Chr. die vielen Weizenarten, die sich in bezug auf «Farbe, Größe, Form und individuellem Charakter sowie hinsichtlich ihrer allgemeinen Eigenschaften und insbesondere ihres Nährwerts unterscheiden».[24]

Die Mannigfaltigkeit, die schon Theophrastus auffiel und an der wir uns heute noch erfreuen, ist nicht über Nacht entstanden, und sie hat auch nicht immer existiert. Ein paar Kulturpflanzen sind erst vor relativ kurzer Zeit entwickelt worden. Rosenkohl beispielsweise ist erst im 18. Jahrhundert in Belgien aus einer Kohlart hervorgegangen.[25] Pyrethrum, eine Blume, die heute als aktiver Bestandteil mancher «natürlichen» Pestizide dient, ist in der ersten Hälfte des 20. Jahrhunderts an der dalmatinischen Küste Jugoslawiens als Nutzpflanze eingeführt worden.[26]

Aber die große Mehrzahl unserer Anbaupflanzen sind ältesten Ursprungs, und die verschiedenen Sorten jeder Fruchtart verdanken ihre Existenz einer jahrtausendelangen Evolution im Zuge der Kultivierung. Das Resultat dieser langen Evolution und der Einfluß des

Menschen auf diesen Prozeß haben Darwin beschäftigt. Bezeichnenderweise betitelte er das erste Kapitel seiner *Entstehung der Arten*: «Variation Under Domestication.»

Darwin konnte über die Entstehung neuerer Nutzpflanzen wie Pyrethrum nichts wissen. Aber er erkannte, daß der Mensch bei der Hervorbringung von Vielfalt seine Hand im Spiel hatte – sie fiel ihm nicht in den Schoß. An Bewässerung angepaßte, mithin von Bewässerung abhängige Sorten werden schwerlich ohne menschliche Hilfe entstanden sein. So einfach diese Beobachtungen erscheinen mögen, so notwendig waren sie, um zum nächsten großen Durchbruch in unserem Wissen über die Pflanzenvielfalt zu gelangen. Dieser Durchbruch erfolgte in der Sowjetunion.

Geographie der Vielfalt

Im Jahre 1929 befand sich Nikolaj Iwanowitsch Wawilow auf dem Höhepunkt seiner Karriere als einer der hervorragendsten Biologen, Genetiker und Pflanzenforscher unseres Jahrhunderts. Er bereiste gerade Japan, um Weizenproben zu sammeln. Voller Begeisterung erklomm er in der Bahnstation von Kyoto die steilen kleinen Stufen seines Waggons und rief seinen Freunden zum Abschied zu: «Sakurajima-Daikon, Sakurajima-Daikon!» Sakurajima Daikon ist nicht das japanische Wort für Auf Wiedersehen. Es ist der Name eines außergewöhnlich großen Rettichs.[27]

Elf Jahre später endete Wawilows erstaunliche Karriere auf tragische Weise. In den folgenden Abschnitten wollen wir uns mit einem Teil seines Lebens und seines Werkes beschäftigen.

Wawilow wurde in eine reiche Kaufmannsfamilie hineingeboren, der es vom Schicksal bestimmt zu sein schien, mehrere bedeutende Wissenschaftler hervorzubringen. Allen Berichten zufolge wuchs Nikolaj zu einem liebenswürdigen und sanften Mann heran – einem Mann von immensen Talenten, motiviert von seiner Wissenschaft.

Wawilows Gedächtnis war legendär. Er konnte Bücher von Puschkin Wort für Wort aus dem Gedächtnis rezitieren. Er sprach Englisch, Deutsch, Latein, Französisch, Spanisch, Farsi und Türkisch. Er fand wenig Zeit zur Muße. Das einzige Mal, daß man ihn in der Öffentlichkeit schlafen sah, war auf einem besonders turbulenten Flug mit einer

Gruppe von Wissenschaftlern nach Baku am Kaspischen Meer. Einige der Passagiere waren damit beschäftigt, ihr Testament zu schreiben, während andere selbst dazu zu verängstigt waren. Da er keinen Gesprächspartner fand und keine Möglichkeit sah, die Wissenschaft voranzubringen, schlief Wawilow ein.[28]

«Das Leben ist kurz, also müssen wir uns beeilen», sagte er oft. Und er hat sich daran gehalten. Seine erste botanische Expedition ins Ausland machte er 1916 in den Iran. Auf dieser Reise wurde er von Räubern überfallen und von seinen Führern verlassen. Als er mit seinen deutschen Lehrbüchern und englischen Aufzeichnungen nach Rußland zurückkehrte, wurde er an der Grenze prompt als Spion verhaftet. Drei Tage später ließ man ihn mit seinen Proben frei. Diese Proben sollten den Grundstock zur größten Saatgutsammlung der Welt bilden.

Auf seinen Sammelexpeditionen bekam er es in Syrien mit der Malaria zu tun, in Äthiopien mit Typhus und mit Banditen, im Kaukasus mit einem Erdrutsch und in der Sahara mit einem Flugzeugabsturz, gefolgt von einer schlaflosen Nacht neben einem Löwenrudel. Er schmuggelte sogar amerikanische Guayule (eine gummierzeugende Pflanze) in die Sowjetunion zurück. Seine Reisen brachten ihn mit größerer pflanzlicher Vielfalt in Kontakt, als irgend jemand je zuvor gesehen hatte. Bis die Geschichte Wawilows schließlich auf einer Sammelexpedition in die westliche Ukraine eine dramatische Wendung nahm: Er wurde verhaftet.

Am 6. August 1940 entführten ihn in Czernowitz, nahe der rumänischen Grenze, Agenten in einem schwarzen Auto. Wawilows Kollegen gegenüber behauptete man, er werde in Moskau für dringende Konsultationen gebraucht. Diese Konsultationen waren Verhöre, wie sich herausstellte. Er war in Haft. Im Laufe von elf Monaten wurde er vierhundert Verhören unterzogen, die insgesamt 1700 Stunden dauerten, und er gestand schließlich schwere Verbrechen. In einem fünf Minuten dauernden Prozeß ohne Rechtsanwälte widerrief er seine Geständnisse, wurde aber dennoch für schuldig befunden, «einer rechtsgerichteten Verschwörung anzugehören, für England spioniert zu haben und die Landwirtschaft zu sabotieren».[29]

Er wurde in Moskau ins Gefängnis geworfen und später in ein Gefangenenlager in Saratow verlegt, wo er einst seine Laufbahn als Universitätslehrer begonnen hatte. Zwei Jahre lang wartete er auf seine Hinrichtung. Es wird angenommen, daß er in dieser Zeit ein ausführliches Werk mit dem Titel «Eine Geschichte der Entwicklung der Landwirtschaft» schrieb. Das Manuskript wurde jedoch niemals gefunden. Inzwischen setzten sich seine Freunde und Verwandten für seine Freilassung ein (mehrere verloren wegen ihrer Bemühungen den Arbeitsplatz oder wurden eingesperrt), obwohl sie keinerlei Kenntnis hatten, ob er überhaupt noch am Leben war. Sein Todesurteil wurde im Sommer 1942 zwar aufgehoben, doch sollte er nicht in den Genuß der Freiheit kommen. Am 26. Januar 1943 starb er in einem Gefängniskrankenhaus in Saratow. Ein sowjetischer Journalist, der in den sechziger Jahren die Erlaubnis erhielt, dem Tod Wawilows nachzugehen, stieß offenbar auf einen Obduktionsbefund, aus dem hervorging, daß Wawilow an Unterernährung gestorben war.[30]

Wawilows Fehler bestand darin, ein zu guter Wissenschaftler zu sein in einer Zeit, in der dies politisch nicht ratsam war. In den dreißiger Jahren sah sich die Genetik schärfsten Angriffen seitens der Mitschurinistischen Bewegung unter Führung von T. D. Lysenko ausgesetzt, einem sowjetischen Biologen, der die Stelle Wawilows als Direktor des Instituts für Genetik einnehmen sollte. Auch in den USA wird die Genetik inzwischen ironischerweise von der «Moralischen Mehrheit» und anderen rechtsgerichteten Gruppierungen angegriffen. Sie werfen ihr vor, «weltlicher Humanismus» und antichristlich zu sein. Unterstützt von Stalin und der Moskauer Führung, behauptete Lysenko, die Genetik sei faschistisch und antikommunistisch.[31]

Lysenko glaubte an die Erblichkeit erworbener Eigenschaften. Er glaubte, daß Gene «geschult» werden könnten. Er glaubte und behauptete, bewiesen zu haben, daß man Sommerweizensorten in Winterweizen und *vice versa* verwandeln könne, einfach, indem man das Saatgut in Wasser verschiedener Temperaturen einweicht. Wawilow war dagegen ein echter Wissenschaftler. Seine eigenen Kenntnisse und sein Studium der Genetik überzeugten ihn, daß Lysenko auf dem Holzweg war.

Wawilow war der Direktor des Allunions-Instituts für Angewandte Botanik und Neue Nutzpflanzen, ein Zusammenschluß von vierhundert Forschungsinstituten mit zwanzigtausend Mitarbeitern. Er war Mitglied des sowjetischen Zentralkomitees, ehemaliger Präsident der Akademie der Wissenschaften der UdSSR und designierter Präsident der Internationalen Konferenz der Genetik. Er zählte zu den ersten Empfängern des renommierten Lenin-Preises. Kurz, Wawilows Einfluß war beträchtlich und wohlverdient.

Lysenko und seine Anhänger agitierten mit dem Ziel, die Genetik von den Universitäten zu verbannen. Die politischen Spannungen, die sich um das Studium der Genetik aufgebaut hatten, erreichten einen kritischen Punkt. Auch in den USA blieben die Schwierigkeiten Wawilows nicht unbemerkt. Als Jack Harlan seinen Vater, einen bekannten Agrarwissenschaftler und Freund Wawilows, 1938 veranlaßt hatte, Wawilow zu schreiben und sich nach der Möglichkeit eines Studienplatzes für den jungen Harlan zu erkundigen, kam dessen Antwort schnell. Vater Harlan öffnete den Brief, in dem sich der Absender über die Landwirtschaft in China verbreitete. Das war ein ausgetüftelter Code, den die beiden alten Freunde 1932 auf dem Internationalen Genetik-Kongreß in Ithaca vereinbart hatten. Harlan senior übersetzte seinem Sohn die verschlüsselte Botschaft: «Wawilow schreibt, du sollst nicht kommen. Du könntest keine sinnvolle Arbeit leisten. Du wärst sogar selbst in Gefahr. Er schreibt, daß er mit dem Rücken gegen die Wand kämpft. Und weiter, daß er nie kapitulieren wird.»

Die von Lysenko vertretene Form von Wissenschaft hatte den Beifall Stalins gefunden. Sie ging davon aus, daß im Laufe des Lebens erworbene Eigenschaften an die nächste Generation weitergegeben werden können. Lysenkos Theorien schienen mit Stalins Auffassung des historischen Materialismus übereinzustimmen, und sie versprachen darüber hinaus rasche Gewinne für die sowjetische Landwirtschaft. Wawilow stand solchen Ideen im Weg; er mußte gehen. Seine Verhaftung war der Schlußpunkt einer Periode zunehmenden Widerstands gegen seine Theorien der Genetik innerhalb der Sowjetunion bei gleichzeitig wachsender Akzeptanz dieser Theorien in der übrigen Welt. Lysenkos Auffassungen dagegen waren politisch akzeptabel.

Wawilows Verhaftung kam nicht ohne Vorwarnung. Mindestens achtzehn Mitarbeiter seines Instituts waren bereits festgenommen und verschleppt worden. Obwohl aus Wawilows «Arbeitsplan für 1940–41», der in seinem Notizbuch gefunden wurde, hervorging, daß er vorhatte, in diesem Zeitraum zwölf Bücher und fünf größere Artikel zu schreiben, muß er gewußt haben, was auf ihn zukam. Vielleicht entschloß er sich, einfach zu arbeiten, bis sie kamen und ihn holten.

Inzwischen ist der Lysenkoismus längst erledigt, Lysenkos «Wissenschaft» als Betrug entlarvt[32] und die Genetik rehabilitiert. Im Jahre 1968 wurde das Allunions-Institut, am 57. Jahrestag seiner Gründung, nach seinem ehemaligen Direktor Wawilow benannt.[33] Sogar durch die Ausgabe einer Briefmarke ehrte man ihn.

47

Es ist eine schmerzliche Geschichte. Jahre zuvor, als Wawilows Zug an jenem Tag des Jahres 1929 den Bahnhof von Kyoto verließ, muß er noch euphorisch und voller Hoffnung gewesen sein. Auf seinen Reisen sah er Dinge, die noch kein anderer Genetiker oder Biologe je zuvor erblickt hatte – die fabelhafte Vielfalt, nicht bloß von japanischen Rettichen, sondern auch von Weizen im Nahen Osten und Kartoffeln in den Anden. Zu seiner Zeit war Wawilow der weitestgereiste Biologe.[34] In den zwei Jahrzehnten, in denen Wawilow viele Landschaften durchkämmte, bereicherten seine Teams die sowjetischen Samensammlungen um eine Viertelmillion Proben. Keinem Land der Erde ist es seither gelungen, dieser Leistung nahezukommen. Er suchte den Nahen Osten, Afghanistan und Äthiopien nach wilden Weizensorten ab. Er reiste nach Nord- und Südamerika und in den Fernen Osten. Aber noch wichtiger als seine umfangreiche Reise- und Sammeltätigkeit war, daß er bestimmte Regelmäßigkeiten, daß er ein Muster zu bemerken begann.

Ausmaß und Umfang der genetischen Variation – der Vielfalt, die das Ergebnis jahrtausendealter Landwirtschaft ist – weisen regional bemerkenswerte Unterschiede auf. In einem kleinen, abgeschiedenen Winkel des äthiopischen Hochplateaus etwa fand Wawilow Hunderte von alten einheimischen Weizenarten. Beim Studium anderer Nutzpflanzen stellte er fest, daß manche Regionen mit einer erstaunlichen Vielfalt gesegnet, andere dagegen relativ verarmt sind. In den folgenden Jahren bestätigten die Untersuchungen anderer Wissenschaftler Wawilows Beobachtungen. Bei einem Aufenthalt in einem Vorort des mexikanischen Städtchens Guadalajara fand Edgar Anderson «in dieser einen, kleinen Ortschaft mehr Maisvarianten als in den gesamten Vereinigten Staaten».[35]

Wawilow kartographierte die Verteilung dieser Vielfalt für jede Anbausorte, die er studierte. Er kam zu der Auffassung, daß der Grad an Vielfalt ein Indiz dafür sei, wie lange eine Fruchtart in der betreffenden Gegend kultiviert worden war: Je länger sie angebaut wurde, desto größer ihre Vielfalt. Die Entwicklung von immer mehr Verwendungsmöglichkeiten einer Pflanze würde sich in der Mannigfaltigkeit der Formen niederschlagen: Mais für Popcorn, Mais zu rituellen und medizinischen Zwecken, Mais zum Rösten, usw. Die Verwendungsart wird die Auswahl von Farbe und Beschaffenheit der Pflanzen beeinflußt haben; mehr Mechanismen der Schädlings- und Krankheitsresistenz konnten sich entwickeln.

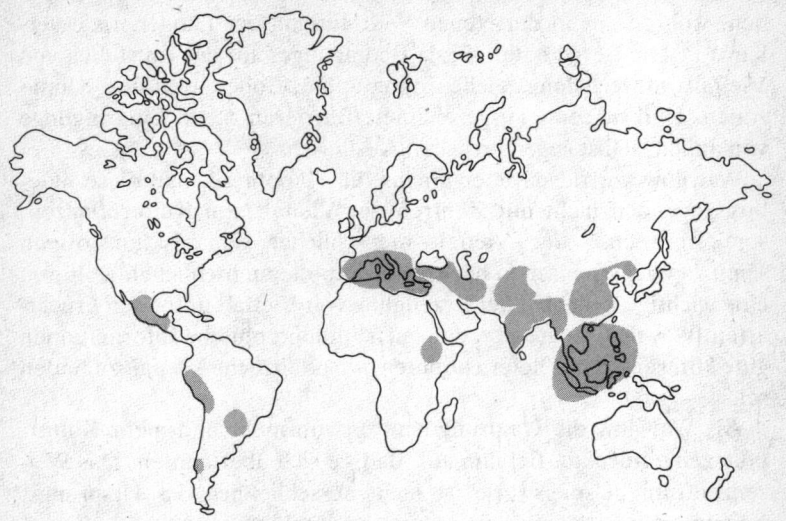

Karte I   Die Ursprungszentren der Kulturpflanzen nach Wawilow.

Indem man das Zentrum der genetischen Vielfalt für eine Fruchtart lokalisiert, bestimmt man ihren Ursprung, argumentierte Wawilow. Dort sei die Pflanzenart entstanden und habe Zeit und Gelegenheit gehabt, vielfältige Formen zu entwickeln. Das «Zentrum der Vielfalt» einer Art sei daher ihr «Ursprungszentrum», so Wawilow. (Wawilows «Ursprungszentren» sind auf Karte I abgebildet.) So habe man etwa die Wildpflanzen-Verwandten des Weizens und die größte Vielfalt an primitiven Weizensorten im Mittleren Osten gefunden. Von da stamme also der Weizen und nicht etwa aus den Vereinigten Staaten, wo keine vergleichbaren «Zentren» auszumachen waren.

Mit dieser Erkenntnis konnte Wawilow Licht in das Dunkel der Vorgeschichte bringen. Bisher hatte man angenommen, daß sich die Landwirtschaft an den Flüssen Euphrat und Tigris entwickelt habe. Wawilow entdeckte etwas anderes. Die größte Artenvielfalt konzentriert sich vielmehr «in einem Streifen zwischen dem 20. und dem 45. Grad nördlicher Breite, am Fuße der höheren Gebirgszüge wie des Himalayas, des Hindukusch, des Nahen Ostens, des Balkans und des Apennins. In der Alten Welt folgt dieser Streifen den Breitengraden, während er in der Neuen Welt entlang der Längengrade verläuft».[36] Die Berge böten ideale Bedingungen für das Entstehen von Vielfalt: abwechslungsreiche Topographie, Bodenarten und Klimazonen. Und sie seien ausgezeichnete Barrieren gegen Eindringlinge von außen, selbst gegen örtlichen Austausch.

Wawilow vertrat darüber hinaus die Hypothese, daß diese «Gebirgsgegenden nicht nur Zentren der Vielfalt von Kulturpflanzen, sondern ebenso der Vielfalt menschlicher Organisationsformen seien.[37] Wie wir gesehen haben, spielten die menschlichen Kulturen eine wichtige Rolle bei der Erzeugung von Vielfalt unter den Fruchtarten. Wawilow stellte fest, daß auch ethnographische Informationen gute Hinweise dafür liefern konnten, wo pflanzliche Vielfalt zu finden sei.

Als Wawilow die Ursprungszentren von mehr und mehr Kulturpflanzen entdeckte, fiel ihm auf, daß sie sich überlappten. Das Weizenzentrum beispielsweise ist nicht ausschließlich das Ursprungszentrum des Weizens; dort findet sich auch eine große Vielfalt an Gerste, Roggen, Linsen, Feigen, Erbsen, Flachs und anderen Fruchtarten.[38] All diese Kulturpflanzen haben also vielmehr ein gemeinsames Ursprungszentrum.

Wawilow stellte daraufhin die Theorie auf, daß sämtliche Nutzpflanzen der Welt in acht bestimmbaren Ursprungszentren entstanden seien. In diesen Zentren – die alle in Ländern der Dritten Welt liegen – habe sich die Landwirtschaft entwickelt, und dort sei die größte genetische Vielfalt zu finden. Die acht Zentren (Karte I) wurden folgendermaßen lokalisiert: China; Indien, mit einem verwandten Zentrum in Malaysia; Zentralasien; der Nahe Osten; das Mittelmeer; Abessinien (Äthiopien); Südmexiko und Mittelamerika; Südamerika (Peru, Ecuador und Bolivien) mit zwei kleineren Zentren – der Insel Chiloe vor der Küste von Südchile und einem östlichen, sekundären Zentrum in Brasilien und Paraguay.[39] Für jedes Zentrum führte Wawilow die Nutzpflanzen an, die nach seiner Auffassung dort entsprungen waren: 136 Fruchtarten im chinesischen Zentrum, 84 im Mittelmeerraum und so weiter. In jedem der Zentren entwickelten sich sowohl Getreidearten wie auch Hülsenfrüchte, so daß die Nahrung einen ausgewogenen Proteingehalt aufwies.[40]

Die nachfolgende Forschergeneration hat Wawilows acht Ur-

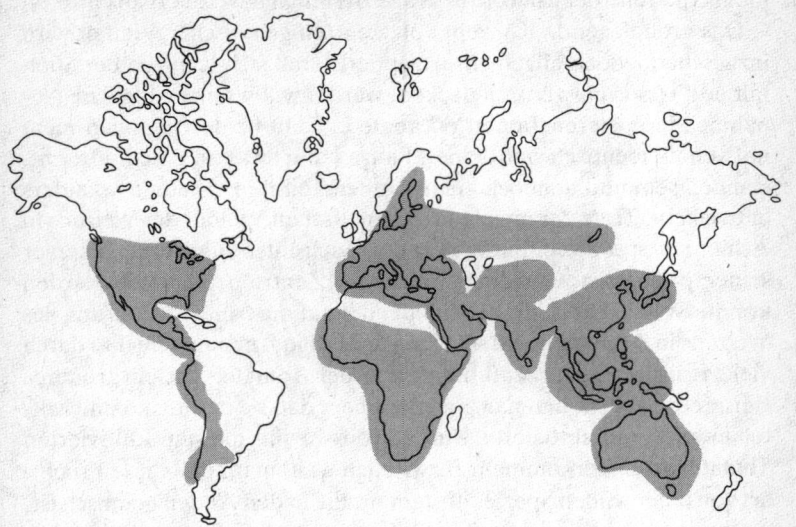

Karte II Die erweiterten Zentren der Vielfalt von Schukowskij, ausgehend von der ursprünglichen Theorie Wawilows.

sprungszentren später etwas abgeändert und deren Grenzen auf der Grundlage verbesserter Erkenntnisse über die Entwicklung der Bodenkultur und der pflanzlichen Vielfalt neu gezogen. Inzwischen haben sich auch die Anzahl und die Größe der Zentren verändert (Karte II zeigt eine solche neuere Version). Einige Wissenschaftler scheinen sich nun auf zwölf Vielfalts- bzw. Ursprungszentren geeinigt zu haben, von denen nicht alle vollständig in der Dritten Welt liegen.

In den letzten vierzig Jahren haben neue Techniken und ganze wissenschaftliche Fachrichtungen unsere Kenntnisse über die Pflanzenherkunft weiter verbessert und komplettiert. Geschichte, Religion, Anthropologie, Zytologie (Zellenlehre), Archäologie und selbst Linguistik haben das Studium der Pflanzenherkunft bereichert. Weitere Studien der Verteilung genetischer Vielfalt und des Vorkommens wildwachsender Verwandter, die Radiokarbonmethode zur Datierung von Funden und die Ergebnisse verschiedener archäologischer

Ausgrabungen haben es den zeitgenössischen Wissenschaftlern er-möglicht, Teile der Theorie in Frage zu stellen bzw. zu ergänzen.

Das grundlegende Konzept von Zentren genetischer Vielfalt wird inzwischen jedoch allgemein akzeptiert. Daß sich Zentren der Viel-falt und Ursprungszentren decken, war Wawilows ursprüngliche An-nahme. In späteren Jahren erkannte er, daß beide Regionen nicht notwendig identisch sind; eine Pflanze kann zwar an einem Ort ent-standen sein und dennoch einen großen Teil ihrer Vielfalt woanders entwickeln. Trotz der ungeheuren genetischen Vielfalt des Weizens in Äthiopien ist es zweifelhaft, ob er dort auch entsprungen ist, da keiner seiner primitiven Vorfahren in diesem Zentrum gefunden werden konnte. Vielleicht ist diese Vielfalt eher auf die frühe Einführung des Weizens in Äthiopien und seine lange dortige Anbaugeschichte durch viele Kulturen zurückzuführen. Von der Tomate, um ein weiteres Beispiel zu geben, hat man angenommen, daß sie in Mexiko und Mit-telamerika «domestiziert» wurde, von wo die meisten kultivierten Tomatenarten herkommen. Inzwischen weiß man, daß diese Frucht-art von einer wilden Spezies abstammt, die in den Anden heimisch ist, wo auch eindeutig mehr wilde Tomatensorten zu finden sind.[41] An-dere Nutzpflanzen wie Sorghum wurden in einem sehr weitläufigen Gebiet kultiviert. Und Bohnen sind wahrscheinlich zuerst sowohl in Mexiko als auch – unabhängig davon – weiter südlich angebaut wor-den. Ein einzelnes, klar zu umreißendes Zentrum läßt sich hier nicht ausmachen.

Dennoch wurde in den achtziger Jahren folgendes deutlich: be-stimmte festumrissene Zentren im Wawilowschen Sinne existieren tatsächlich – im Nahen Osten, in Nordchina und in Mittelamerika (Karte III). Hier haben wir ein einigermaßen klares Bild der sich un-abhängig voneinander entwickelnden Bodenkulturen, ein ganzer Komplex primitiver Fruchtarten wurde in diesen Regionen kultiviert. Diese Arten verbreiteten sich dann auch außerhalb der Zentren, und manche begründeten «sekundäre Zentren der Vielfalt». Viele der nahöstlichen Kulturpflanzen – Gerste, Flachs, Hafer, Erbsen und die verschiedenen Weizensorten – haben ein solches sekundäres Zentrum in Äthiopien.

Dr. Harlan spricht von «Non-Zentren» in Afrika, Südostasien, dem Südpazifik und in Südamerika, die mit den Ursprungszentren lose verbunden seien.[42] Auch in diesen Non-Zentren hat Kultivierung stattgefunden, und es ist eine große Vielfalt vorhanden. Es fällt je-

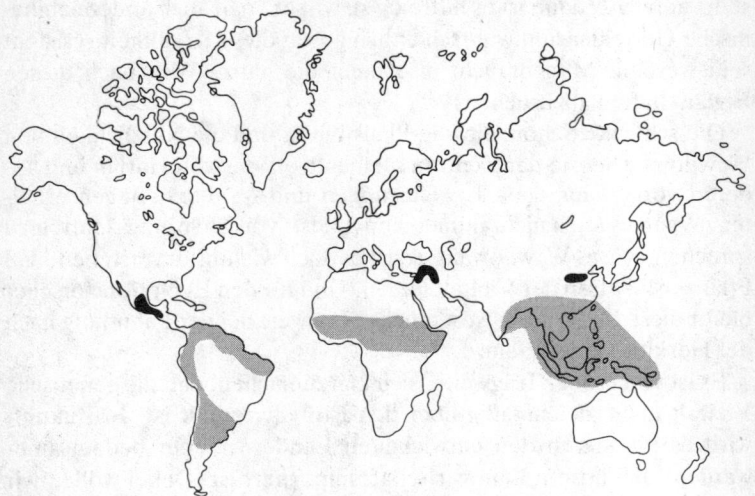

Karte III   Die Zentren und Non-Zentren des Ursprungs von Jack Harlan. Die Zentren sind dunkel, die größeren Non-Zentren heller schattiert.

doch schwerer, die Existenz eines klar umrissenen «Zentrums» im eigentlichen Sinn des Wortes zu behaupten. Harlans Theorie läßt viele Fragen offen, aber sie stimmt besser mit der Realität überein. Obwohl es möglich ist, für die Landwirtschaft insgesamt von Zentren des Ursprungs und solchen der Vielfalt zu sprechen, lassen sich die Zentren der Vielfalt für einzelne Fruchtarten gewöhnlich mit größerer Präzision bestimmen.

Wawilow nahm zu Recht an, daß in diesen Zentren auch die Gene für Krankheits- und Schädlingsresistenz zu finden seien, weil sich dort die Pflanze und ihre natürlichen Feinde am längsten miteinander entwickelt haben. Wawilow beobachtete sogar, daß verschiedene Pflanzen in derselben Umgebung ähnliche Eigenschaften hervorbrachten, und baute auf dieser Beobachtung eine Theorie von unerhörter praktischer Bedeutung auf. Wenn ein Pflanzenzüchter Gene sucht, um die Krankheitsresistenz von Kartoffeln zu verbessern, dann ist es gut zu

53

wissen, daß er sie aller Wahrscheinlichkeit nach in den Anden finden wird. Wenn eine Getreideart in Afghanistan eine bestimmte Resistenz aufweist, dann ist es hilfreich zu wissen, daß auch andere afghanische Getreidearten wahrscheinlich gegen diese Krankheit resistent sein werden. Man braucht also nicht die ganze Welt nach diesen Eigenschaften abzusuchen.

Die schlichte Schönheit, die Plausibilität und die Nützlichkeit von Wawilows Theorie der Zentren bleiben trotz der von Harlan und anderen vorgenommenen Erweiterungen und Modifizierungen erhalten. Wenn es auch nicht immer sinnvoll ist, von Ursprungszentren zu sprechen, wie es Wawilow tat, so ist es doch wichtig zu verstehen, daß Pflanzen Zentren der Vielfalt haben. Und für den Evolutionsforscher bleibt diese Vielfalt ein wesentlicher Hinweis bei der Fahndung nach der Herkunft einer Pflanze.

Es ist von großer Tragweite, sich klarzumachen, daß die genetische Vielfalt nicht gleichmäßig über den Erdball verteilt ist. In Zukunft wird es für uns in den entwickelten Ländern immer bedeutsamer werden, daß unsere Landwirtschaft importiert ist. Dabei wollen wir keineswegs die Wichtigkeit sekundärer Zentren der Vielfalt leugnen. Die USA sind ein solches Zentrum für Limabohnen, Mais und Kürbisarten – Anbausorten, die einst von den Indianern kultiviert wurden. Wir sollten jedoch nicht vergessen, welchen anderen Regionen gegenüber wir zu Dank verpflichtet sind: Alle unsere wichtigsten Feldfrüchte, die wir anbauen und von denen wir uns hauptsächlich ernähren, haben ihren Ursprung und ihre primären Vielfaltszentren in der Dritten Welt. Amerikaner, die sich zu einem Erntedank-Essen aus heute noch kommerziell angebauten *einheimischen* Fruchtarten hinsetzen wollten, hätten nur einen Teller mit Brombeeren, Preiselbeeren, Sonnenblumenkernen und Erdartischocken vor sich. (Ach ja, und Truthahn!) Und die armen Australier wären noch schlechter dran: ihre einzige einheimische eßbare Pflanze, die landwirtschaftlich genutzt wird, die Macadamia-Nuß, wurde in Hawaii kultiviert.[43]

Pflanzen als blinde Passagiere

Solange die pflanzliche Vielfalt von Völkerstämmen und ethnischen Gruppen hervorgebracht und bewahrt wurde, breiteten sich die Fruchtarten nur langsam auch außerhalb ihres ursprünglichen Kultivierungsgebietes aus. Ironischerweise könnte gerade das Scheitern der ersten landwirtschaftlichen Versuche zu ihrer überregionalen Ausbreitung geführt haben. David Rindos und andere vertreten die Auffassung, daß die frühesten ackerbautreibenden Stämme zwei Optionen hatten, wenn sie mit einer Anbausorte Fehlschläge erlebten. Sie konnten auf der Suche nach besseren Bedingungen wegziehen und ihre landwirtschaftlichen Techniken und ihr Saatgut mitnehmen, oder aber sie blieben am Ort und mußten ihre Anstrengungen verstärken. Sobald dies zum Erfolg führte, nahm jedoch die Bevölkerung zu und stellte das ohnehin prekäre Agro-Ökosystem auf eine erneute Belastungsprobe. Das System wiederum, das sich am effizientesten ausbreitete, war darüber hinaus häufigen, aber nicht verheerenden Rückschlägen ausgesetzt. Zunehmende Abhängigkeit von der Landwirtschaft führte zu Zusammenbrüchen des Agrarsektors, die ihrerseits dessen erneute Expansion und damit die Verbreitung seiner Fruchtarten bewirkte.[44]

Dennoch gelangte zum Beispiel der Weizen erst im 7. Jahrhundert über China nach Japan.[45] Und Sojabohnen aus China trafen erst im 18. Jahrhundert in Europa und in den USA ein.[46] Stammesgrenzen, topographische Faktoren und der Mangel an Transportmitteln wirkten sich hemmend auf die Verbreitung einer Fruchtart und ihrer Spielarten aus. Erst mit der Überwindung dieser Barrieren, überwiegend durch Krieg und Handel, erlangten die Pflanzen eine nie gekannte Mobilität.[47]

Die Fruchtarten breiteten sich aus, bis sie entweder auf ihre landwirtschaftlichen bzw. physischen Nutzungsgrenzen oder auf die Konkurrenz rivalisierender Nutzpflanzen stießen, deren Anbau rentabler war. Im allgemeinen stießen die Kulturpflanzen auf ihrem Vormarsch von Osten nach Westen allerdings mehr auf kulturelle als auf botanische Barrieren, obwohl sie von den meisten Kulturen stets begeistert aufgegriffen wurden.

Das Vordringen der Nutzpflanzen von Norden nach Süden und umgekehrt folgte etwas anderen Gesetzen. Obwohl es schwerfällt, hier zu verallgemeinern, waren die Nordgrenzen in der nördlichen Hemisphäre (insbesondere in der Alten Welt) und die Südgrenzen in der südlichen Hemisphäre oft landwirtschaftlich bedingt. In den hohen Breitengraden entwickelten sich nur wenige Fruchtarten, für die andere, in diese Richtung vordringende Sorten eine Konkurrenz hätten darstellen können. Die Verbreitung einer Nutzpflanze kam zum Stillstand, wenn sie auf ein zu kühles Klima stieß oder auf eine Tageslichtdauer, die entweder zu kurz oder zu lang war. Die engen breitenmäßigen Grenzen waren in der Regel ausgeschöpft, wenn die Pflanze die Tropen erreichte und dort mit einer wertvolleren tropischen Pflanze konkurrieren mußte. Der Erdbeere ist es zum Beispiel in den niedrigeren und wärmeren Breiten nicht überall gelungen, mit den tropischen Fruchtarten erfolgreich zu konkurrieren.[48] Es gibt dort zu viele tropische Fruchtarten, die produktiver sind als die Erdbeere.

Pflanzen tropischen Ursprungs sind in der Regel auf die Tropen beschränkt geblieben, aber es gibt interessante Ausnahmen. Eine Anzahl wichtiger Fruchtarten, die in ihrer tropischen Heimat mehrjährig sind und das ganze Jahr über wachsen, werden in den höheren Breitengraden einjährig gezogen. Dazu zählen Baumwolle, die Rhizinuspflanze, Erdnüsse und Tabak.

Bis vor siebenhundert Jahren waren alle Baumwollarten in Indien mehrjährige Stauden, die sich gegenüber Frostschäden sehr anfällig zeigten. Wie andere mehrjährige Pflanzen, die einjährig wurden, waren sie (von den Azteken, Arabern und von anderen) danach ausgewählt worden, ob sie rasch genug fruchten, um schon in der ersten Anbausaison Erträge zu bringen.[49] Nur solche Arten konnten dort als Einjährige dienen, wo Winterfröste die Mehrjährigen vernichtet hätten. Mit der Zeit ließen sich dann auch die Erträge steigern, denn Einjährige investieren im Vergleich zu Mehrjährigen in der Regel mehr Energie in die Frucht und weniger in das vegetative Wachstum.[50]

Anderen tropischen Pflanzen gelang es, sich weit über ihr Ursprungsland hinaus zu verbreiten, indem sie in den langen, heißen Sommern gemäßigter Zonen eine neue Heimat fanden. Mais und die gewöhnliche Bohne sind hierfür Beispiele.[50a]

Die Wanderungen mancher Fruchtarten trugen darüber hinaus auch zur Kultivierung neuer Sorten bei. Als sich der Weizen nach Norden ausbreitete, wurde er von wildem Roggen begleitet, der auf den Weizenfeldern als Unkraut gedieh. Roggen, so zeigte sich, widerstand der Kälte eindeutig besser als Weizen, weshalb die ersten Bauern, als der Weizen seine nördlichen Grenzen zu erreichen begann, den potentiellen Wert des «Unkrauts» Roggen schließlich bemerkt haben müssen. An dieser «Grenze» war es bei den Bauern fortan Brauch, Weizen und Roggen gemeinsam anzupflanzen. Wenn es der Weizen nicht schaffte, so kam doch der Roggen durch. Weiter nördlich wurde der Roggen schließlich zur vorherrschenden Getreidesorte.[51]

Die Fruchtarten breiteten sich von ihrem ursprünglichen Kultivierungsgebiet in jeder nur vorstellbaren Weise aus. Wie alle Emigranten nahmen auch die ersten Bauern ihr Saatgut mit. Andere Nahrungspflanzen benötigten derlei Hilfe nicht. So nimmt man an, daß aus Afrika stammende Kürbisse bereits 5000 v. Chr. «durch Meeresströmungen von Afrika in die Neue Welt geschwemmt worden sein könnten».[52] So dürfte der Flaschenkürbis auf mehreren Kontinenten die älteste einjährige Kulturpflanze sein.

Als sich die Fruchtarten ausbreiteten, stießen sie auf neue Völker, neue Bedingungen und neue Lebensräume. Dies brachte eine noch größere Vielfalt hervor, da sich die neuen Sorten mit anderen Kulturpflanzen, Unkräutern und wilden Verwandten kreuzten. In ihrer ursprünglichen Gestalt würden wir viele Feldfrüchte nicht erkennen. Erst sehr viel später, nachdem sie zusätzliche Merkmale entwickelt und sich mit ihren wilden Verwandten gekreuzt hatten und nachdem sie weiterer menschlicher Selektion unterworfen worden waren, begannen sie wie die Pflanzen auszusehen, die wir heute kennen. Die Entstehung der Kulturpflanzen war also ein Prozeß, kein historisch und geographisch zu lokalisierendes Ereignis.[53]

Der historischen Überlieferung zufolge war es die ägyptische Königin Hatschepsut, die das Verdienst für sich in Anspruch nehmen kann, etwa 1482 v. Chr. die erste bekanntgewordene Pflanzensammelexpedition ausgesandt zu haben.[54]

Vom 16. bis zum 19. Jahrhundert war die Pflanzenforschung eine Domäne der Europäer. Ihre legendären Expeditionen sind allgemein bekannt. In den europäischen Mutterländern kamen das Sammeln von Pflanzen und die Kultivierung exotischer Blumen aus der Neuen Welt nicht nur in Mode, sondern brachten auch Gewinn. Später wurden auch amerikanische Regierungsbeamte ersucht, von ihren Auslandsreisen brauchbare Pflanzen nach Hause zu schicken.

Mit dem Vordringen des Kolonialismus wurden dann in großem Maßstab Fruchtarten in neue Regionen eingeführt, wo man sie auf Plantagen anbaute, die von mehr oder weniger stark versklavten Arbeitern bewirtschaftet wurden. Die neuen Pflanzenarten waren dabei nicht immer willkommen. In der zweiten Hälfte des 19. Jahrhunderts dehnten sich die Plantagen in Südasien rasch aus. An vielen Orten – vor allem in Indonesien – mußten ausländische Herrscher Gewalt anwenden, um die Eingeborenen zum Anbau neuer Pflanzenarten zu bewegen.[55] In der heutigen Republik Kongo verboten die Franzosen dem Stamm der Manjas einst die Jagd, um sie ausschließlich in die Baumwollproduktion zu zwingen.[56] Heute sind viele dieser verarmten Länder von ebenjenen Nutzpflanzen abhängig, die die Kolonialisten ungefragt eingeführt hatten. Die mittelamerikanischen Nationen, die die Narben dieser Geschichte zu tragen haben, werden gar als «Bananen-Republiken» bezeichnet, und es ist kein Zufall, daß diese Länder wirtschaftlich so schlecht dastehen. Im Gegensatz dazu gelten jene Länder, die aus der kolonialen Konstellation Gewinn zogen, heute als Bollwerke der Demokratie: die Niederlande, Frankreich und England.

Die botanischen Expeditionen und die darauffolgende Einführung neuer Pflanzen in anderen Ländern schufen einst die Voraussetzungen, daß sich eine neue Vielfalt entwickeln konnte. Doch im 20. Jahrhundert änderte sich die Zielsetzung dieser Expeditionen von Grund auf. Etwa einhundertfünfzig Nutzpflanzen zirkulierten inzwischen im Welthandel. Die Suche nach neuen, exotischen Pflanzen und deren Einführung verlangsamten sich beträchtlich. Statt dessen begannen die Pflanzenforscher die Wawilowschen Zentren nach pflanzlicher Vielfalt abzusuchen – Spielarten bereits bekannter und kultivierter Nutzpflanzen –, um neue Gene und Merkmale in die Pflanzenzüchtungsprogramme einbringen zu können. Die Notwendigkeit, diese alten Varietäten zu sammeln und ihre Vorzüge zu nutzen, veranlaßte Jack Harlan, inzwischen renommierter Genetiker, 1973 zu erklären: «Diese Naturschätze stehen zwischen uns und einer Hungerkatastrophe ungeheuren, unvorstellbaren Ausmaßes. Die Zukunft der Menschheit hängt in einem sehr realen Sinne von diesen Stoffen ab.»[57]

Warum sind diese alten Sorten wichtig? Was könnten die von Wawilow entdeckten Zentren der Vielfalt mit dem Erfolg unseres Agrarsystems zu tun haben? Welchen Wert hat die von der «primitiven» Landwirtschaft unserer Vorväter hervorgebrachte Vielfalt? Worin liegt ihre Bedeutung?

Die unverzichtbare Funktion
der Vielfalt

Das Schicksal aller Lebensformen... hängt von ihrer Fähigkeit ab, sich zu verändern. Am Eingang zu Zeres, einem Umweltforschungsinstitut in Canberra (Australien), ist folgende Inschrift zu lesen: «Hegt und pflegt die Erde, denn der Mensch wird auf ewig von ihr abhängig bleiben.» Mit gleicher Berechtigung könnten wir sagen: «Hegt und pflegt die Vielfalt, denn ohne sie wird das Leben zugrunde gehen.

Sir Otto Frankel

In der heutigen Landwirtschaft spielt «die Natur» kaum mehr eine Rolle. Es ist nicht «natürlich», wenn riesige Flächen von einer einzigen Pflanze, geschweige denn einer einzigen Variante dieser Pflanze bedeckt werden. Als sich der Ackerbau in der Antike durchsetzte und entwickelte, entstand jedoch ein labiles Gleichgewicht zwischen Pflanzen, Parasiten und Krankheiten.

Primitive Varietäten – die sogenannten Landsorten – wiesen ein großes Spektrum an genetischer Variation auf. Ein flüchtiger Blick auf ein Weizenfeld der Jungsteinzeit würde Unterschiede von Pflanze zu Pflanze offenbaren. Freilich schlugen auch damals Schädlinge und Krankheiten zu, aber ihre Angriffe wurden durch die Vielfalt und Stärke der Abwehrmechanismen gebremst, die sich die Pflanzen in jahrtausendelanger Anpassung erworben hatten. Am Rande vieler Felder wuchsen wilde Verwandte der Nutzpflanzen, die sich häufig mit diesen Pflanzen kreuzten und ihnen größere Robustheit und Widerstandsfähigkeit verliehen. Außerdem grenzten die Äcker nicht unmittelbar aneinander; der Verschlimmerung und Ausbreitung von Krankheiten standen mithin natürliche ökologische Barrieren entgegen. Krankheiten weiteten sich nur selten zu Epidemien aus. Kulturen wurden zwar geschädigt, aber nicht vernichtet.

Doch dann veränderte sich die Welt – oder zumindest unsere Wahrnehmung davon. Das entscheidende Ereignis war die Heimsuchung Irlands durch die *Phytophtora infestans* in den dreißiger Jahren des 18. Jahrhunderts.[1] Die aus den Anden stammende Kartoffel war in Europa vor «Entdeckung» der Neuen Welt unbekannt. Kartoffeln wurden 1570 nach Spanien importiert und gelangten etwa um 1590 nach England und Irland. Zweihundertfünfzig Jahre lang waren alle in Europa angebauten Kartoffeln Abkömmlinge dieser beiden Importe.

In Irland wurde die Kartoffel schließlich zur Hauptnahrungsquelle der Armen. Dann plötzlich, kurz vor der Ernte und insbesondere im Norden des Landes, brach so eine Art «Cholera» aus. Die Kartoffeln im Boden sowie die bereits geernteten färbten sich schwarz und verfaulten. Ein fürchterlicher Gestank erfüllte das Land. Zuerst gab man dem Wetter die Schuld. Das nächste Jahr würde besser sein.

Die Hoffnung erfüllte sich nicht. Der Verlust der Kartoffelernte war eine Katastrophe für die große Zahl der irischen Armen. Obwohl drei Viertel des Landes mit Getreidearten bebaut waren, deren Ernte gut ausfiel, wurden diese fast ausschließlich nach England exportiert oder dienten zur Bezahlung von Pachtzins an die Landbesitzer[2], von denen viele Ausländer waren. Damals besaßen nur viertausend Menschen etwa 80 Prozent des Landes, während die jährlichen Einkünfte eines Landarbeiters selten die Pacht eines einzigen Acre (4047 qm) deckten.

Die Bauern konnten sich nicht leisten, das von ihnen geerntete Getreide zu behalten oder zu erwerben. Statt dessen lebten sie, lebte ein Drittel der irischen Bevölkerung von Kartoffeln.

Die Briten, die Irland regierten, waren zwar besorgt, doch dürfe man, wie ein Beobachter damals feststellte, «nicht vergessen, daß die Iren zu fürchterlicher Übertreibung neigen».[3] Die Briten senkten immerhin die Einfuhrzölle auf Getreide, um den Brotpreis zu senken. Ohne Folgen! Denn selbst in den besten Zeiten konnten sich die Armen kein Brot leisten – das war ja der Grund, warum sie auf Kartoffeln angewiesen waren.

Als nächstes importierten die Briten Mais und lagerten ihn in Speichern. Aber die Iren waren es nicht gewohnt, Mais zu essen, und die Getreidemühlen waren nur mangelhaft für seine Verarbeitung gerüstet. Währenddessen wurde in Irland gezogener Weizen in riesigen Mengen nach England exportiert. Irische Hilfsorganisationen waren schließlich gezwungen, Getreide aus England zu überhöhten Preisen *einzuführen* – Getreide, das in Irland geerntet und dann exportiert worden war.

Die Engländer weigerten sich, den Hungernden Nahrung zu geben, weil das die in ihren Augen arbeitsscheuen Armen hätte ermutigen können. Charles Trevelyan, der englische Bürokrat, der für die Hungerpolitik der Regierung in Irland verantwortlich war, beendete schließlich 1847 die staatlichen Arbeitsbeschaffungsmaßnahmen und stellte jede weitere öffentliche Hilfe ein, wobei er faktisch erklärte, die Hungersnot sei vorüber, und hinzufügte, «das einzige Mittel, um zu verhindern, daß die Menschen gewohnheitsmäßig von der Regierung abhängig werden, besteht darin, die Hilfsmaßnahmen zu beenden. Ungewißheit in bezug auf die neue Ernte macht ein solches Vorgehen noch notwendiger. Diese Dinge müssen jetzt beendet werden, oder man riskiert, jeglichen privaten Unternehmergeist zu lähmen...»[4] Mit dieser Erklärung überließ Trevelyan Irland «dem Spiel natürlicher Kräfte», wie er es nannte, und fuhr auf Urlaub nach Frankreich. Nach seiner Rückkehr für seine Arbeit in Irland in den Adelsstand erhoben, machte sich Sir Charles Trevelyan daran, eine Geschichte der irischen Hungersnot zu verfassen, von der er, wie nicht anders zu erwarten, behauptete, sie habe im August 1847 geendet.

Aber der Hunger war nicht vorüber. Im Winter 1847/48 sah man Leichen tagelang unbestattet auf den Straßen liegen. Bis zum Frühjahr 1849 war die Zahl der Todesopfer unabsehbar geworden. In einem Landkreis mit fünftausend Einwohnern starben innerhalb von zwei Wochen siebenhundert Menschen.[5] Manche behaupteten damals, die schreckliche Armut der Menschen sei auf Übervölkerung zurückzuführen – ein noch heute vielgehörtes Argument. Doch selbst als die Bevölkerung dezimiert wurde, änderte dies nichts an der Armut. Es gab keinen merklichen Anstieg der Einkommen. Außerdem entsprach der Pro-Kopf-Anteil an kultiviertem Land in Irland unmittelbar vor der Hungersnot dem anderer europäischer Länder. Irland war zwar dichter bevölkert als Dänemark und Preußen, aber weniger dicht als England, Wales, Schottland oder Belgien.[6]

Die Hungersnot dauerte insgesamt fünf Jahre. Fünf Jahre lang verrotteten die irischen Kartoffeln. Ein bis zwei Millionen Menschen starben, und ebenso viele wanderten nach Nordamerika aus, darunter die Vorfahren sowohl von zwei amerikanischen Präsidenten – Kennedy und Reagan – als auch der zwei Verfasser dieses Buches, Fowler und Mooney.

Es war keineswegs das Wetter, das die irischen Kartoffeln vernichtet hatte, es war *Phytophtora infestans*, ein Algenpilz, der die sogenannte Knollenfäule der Kartoffel bewirkt. Die in Europa angebauten Kartoffeln – die, wie wir gesehen haben, eine sehr schmale genetische Basis hatten – waren gegen diese Krankheit nicht resistent, und ihr Mangel an Widerstandsfähigkeit bewirkte, daß sich der Pilz epidemisch ausbreitete. Zum Glück waren nicht alle Kartoffeln dafür anfällig. Unter den Tausenden von eigenständigen Arten in den Anden und in Mexiko fand man schließlich auch resistente Sorten. Ohne sie wären die Kartoffeln heute wahrscheinlich nicht eine der wichtigsten Nahrungsquellen der entwickelten Welt.

Nun ist die Schuld an der Hungersnot immer auf die Krankheit geschoben worden. So verheerend sie für die Kartoffeln war, so waren doch das gesellschaftliche System und die ungleiche Landverteilung die eigentlichen Ursachen der Hungersnot. Wie sonst ist die Tatsache zu erklären, daß 80 Prozent des Landes noch unkultiviertes Weideland waren und daß weiterhin Getreide exportiert wurde, als bereits Hunderttausende dem Verhungern nahe waren? Selbst auf dem Höhepunkt der Krise produzierte Irland immer noch genug Nahrung für jedermann. Und die Iren selbst wußten sehr wohl: «Gott hat die Fäule geschickt; die Engländer brachten den Hunger.»

Kartoffeln waren die erste Feldfrucht in der Geschichte der Neuzeit, die einem Mangel an Widerstandskraft zum Opfer fiel, und die erste Pflanzenart, die durch den Reichtum an Abwehrkräften gerettet wurde, welche sich in ihrem Zentrum der Vielfalt über Jahrtausende entwickelt hatten. Somit ist die irische Kartoffelhungersnot sowohl als die dramatischste Warnung vor den Gefahren genetischer Gleichförmigkeit wie auch als eindeutigstes Beispiel für den Wert der Erhaltung genetischer Vielfalt anzusehen.

Unterschiede des Eigenschafts- und Leistungsspektrums verschiedener Fruchtarten waren schon lange bekannt. Bereits griechische und römische Autoren hatten über ihre diesbezüglichen Beobachtungen berichtet.[7] Bis zum Aufkommen der modernen Pflanzenzucht im 19. Jahrhundert und bis zur Wiederentdeckung der Erbgesetze Gregor Mendels um die Jahrhundertwende wurde von diesem Wissen allerdings nur selten Gebrauch gemacht.

Dank diesem Wissen gelang es den Pflanzenzüchtern, die unterschiedlichen Erbanlagen von Landsorten, die im Laufe von Jahrtausenden entstanden waren, zur Entwicklung neuer und auf bestimmte Umweltbedingungen maßgeschneiderter Varietäten zu nutzen. Durch sorgfältige Auswahl auf begehrte Eigenschaften hin konnten die Züchter unerwünschte Merkmale ausmerzen und eine «reine Linie» herausmendeln, eine Sorte, die in sich gleichförmig ist und diese Gleichförmigkeit reproduziert.

Aus der Vielfalt und Variabilität der alten Landsorten, die man anfangs zur Züchtung verwendete, wurde also nach und nach eine reine Linie ausgesiebt. Und oft wurde eine reine Linie mit einer anderen gekreuzt, um eine Hybride bzw. einen Blendling hervorzubringen. Auf den Feldern ersetzten diese genetisch eingeschränkten Spielarten bald die ungeheure Vielfalt und «harmonische Unordnung»[8] der Landsorten.

«Es entstand eine Mentalität der reinen Linie, die Überzeugung, daß Variation schlecht und Einförmigkeit gut sei, ja daß Abarten auf dem Feld irgendwie unmoralisch seien. Symptome dieses geistigen Klimas konnte man bei Pflanzenbewertungen, Preisverleihungen auf Landwirtschaftsmessen, bei Saatgutbewertungsstellen und manchen gesetzlichen Bestimmungen auf Landes- und Bundesebene feststellen. Niemand schien auf den Gedanken zu kommen, daß eine bewußte Mischung von Kultursorten eine nützliche Alternative zur Reinlinienkultur sein könnte. Obwohl sich Getreide im Silo ohnehin häufig vermischt, galt eine Mischung auf dem Feld als unsachgemäß, ja nahezu als Todsünde, die man besser weitab von der Landstraße versteckte.»[9]

Obwohl die neuen Sorten in mancher Hinsicht – insbesondere was die Erträge betrifft – eindeutig überlegen waren, fehlte ihnen häufig jene Bandbreite an Widerstandskräften oder eine Eigenschaft wie Kältetoleranz, die noch die Landsorten auszeichneten. Kurzum, die Landsorten hätten unter schwierigen Umständen ohne Düngung und Insektizide nicht so lange überleben können, wenn sie sich nicht effektiv angepaßt hätten. Zu ihrem Erfolg trug die räumliche Heterogenität der frühen Anbausysteme bei. Mischkulturen erschwerten es den Parasiten und Krankheiten, sich auszubreiten. Mit den neuen Varietäten hingegen wurde die Flexibilität einer allgemeinen Anpassungs- und Widerstandsfähigkeit gegen etwas Spezialisiertes und Unflexibleres eingetauscht. Die Ersetzung der Landsorten durch neue reinrassige Varianten, welche auf riesigen Arealen angepflanzt wurden, erleichterten es den Parasiten und Krankheiten, die gleichförmigen, durch Inzucht entstandenen Pflanzen zu attackieren. Auf einem Feld mit Landsorten kann ein Parasit vielleicht eine Pflanze befallen; er wird aber die nächste möglicherweise verschmähen, weil sie sich von der ersten unterscheidet. Auf einem Acker mit modernen Zuchtsorten würden ihm, wenn ihm die erste Pflanze zusagt, auch alle weiteren gut schmecken.

In den siebziger Jahren des 18. Jahrhunderts vernichtete der Rostpilz praktisch die gesamte Kaffeeindustrie in Ceylon (jetzt Sri Lanka), Indien, Ostasien und in Teilen Afrikas. In der Folge wurde England eine Nation von Teetrinkern. In den neunziger Jahren desselben Jahrhunderts war die Baumwolle von ähnlichen Epidemien betroffen.[10] Und 1904 wurde die US-amerikanische Weizenernte von einer Rostepidemie befallen. Im folgenden Jahr nahm das amerikanische Landwirtschaftsministerium das wahrscheinlich früheste Programm zur gezielten Entwicklung einer Krankheitsresistenz für diese Fruchtart in Angriff.[11]

Das Rennen ging weiter. Andere Epidemien folgten. 1917 wurden in den USA als Reaktion auf eine Epidemie «weizenlose» Tage eingeführt. Sechsundzwanzig Jahre später und eine halbe Welt entfernt vernichtete die Braunfäule die indische Reisernte, was in die berüchtigte bengalische Hungersnot mündete. In den vierziger Jahren fielen achtzig Prozent des US-amerikanischen Haferbestandes einer Krankheit zum Opfer, und auch in den fünfziger Jahren hatte der Hafer mit großen Problemen zu kämpfen.[12] Zu Beginn der siebziger Jahre schlug dann in den USA der Maisbrand zu und rief erstmals ernste Besorgnis über die genetische Einförmigkeit der amerikanischen Kulturarten hervor. Und ein schwerwiegender Einbruch der sowjetischen Weizenernte, der teilweise durch den großflächigen Anbau einer ungeeigneten Sorte bedingt war, bewirkte einen dramatischen (und letztlich kostspieligen) Umschwung in der amerikanischen Agrarpolitik.

In jedem einzelnen Fall benötigte man Resistenzen. Und in jedem Fall fand man sie in den Zentren der Vielfalt, bei Landrassen, die irgendwie der Homogenisierung entgangen waren, oder bei wilden Verwandten der jeweiligen Fruchtarten.

In gleichem Maße, in dem Reinlinien- und Hybridsorten zunahmen, wuchsen auch die Parasiten- und Krankheitsprobleme. Je größer diese Probleme wurden, desto mehr bedienten sich die Landwirte eines vermeintlichen Allheilmittels: der Chemie. Im Jahr 1945 wurden in den USA weniger als 90000 Tonnen Insektizide verwendet. Dreißig Jahre später hatte sich der Einsatz auf 720000 Tonnen erhöht.[13]

Mit der chemischen Keule ließen sich die Probleme aber nicht lösen. Man könnte sogar behaupten, daß sich der Schädlingsbefall mit dem zunehmenden Einsatz von Insektiziden erhöht hat. Angesichts der massiven Aufrüstung der Landwirte wäre doch zu erwarten gewesen, daß man der Schädlinge hätte Herr werden müssen. Nun hat sich aber in den letzten vierzig Jahren – im Gegenteil – der prozentuale Anteil der jährlichen, durch Schädlingsbefall verursachten Ernteausfälle in den USA verdoppelt, und die Verluste infolge von Krankheiten sind ebenfalls angestiegen.[14] Dafür gibt es Gründe.

Die Schädlingsbekämpfung in der Landwirtschaft wird zu einem Großteil von «nützlichen» Insekten vollbracht, die «Schädlinge» fressen oder sonstwie unter Kontrolle halten; auch räumliche Heterogenität ist eine bewährte Schutzmaßnahme. In einer «natürlichen» Umwelt gibt es mehr schädliche als nützliche räuberische Insekten. Wenn dem nicht so wäre, würden die nützlichen Insekten aus Nahrungsmangel auszusterben beginnen. Wenn sich Schädlinge und Nützlinge die Waage hielten, würde das bedeuten, daß die erste Mahlzeit eines Nützlings wahrscheinlich auch seine letzte wäre.

Die meisten Pestizide töten jedoch sowohl Schädlinge wie Nützlinge ohne Unterschied. Ein Schädlingsproblem kann dadurch zwar vorübergehend gemildert werden, allerdings mit möglicherweise fatalen Konsequenzen. Denn, wie Dr. Carl Huffaker von der Universität von Kalifornien erklärt: «Wenn wir die natürlichen Feinde eines Schädlings töten, dann erben wir deren Arbeit.»[15] Sobald das Pestizid vom Wind verweht oder vom Regen fortgespült wird, vermehren sich die schädlichen Insekten rapide. Die Population nützlicher Insekten, die von vornherein klein und jetzt hoffnungslos dezimiert ist, kann sich nicht annähernd so rasch erholen. Darüber hinaus entwickeln diese nützlichen Insekten aufgrund ihrer kleineren Zahl auch nicht so leicht eine Resistenz gegen Chemiegifte. Die Folge: die Schädlinge kehren massiv zurück und treffen diesmal auf eine noch geringere Gegenwehr.

Inzwischen hat es sich herumgesprochen, daß Insekten Widerstandskräfte gegen die Pestizide entwickeln, die sie einst töteten.

Bloße sechs Jahre nach Einführung des berüchtigten DDT waren die pflanzenfressenden Insekten bereits dagegen resistent.[16] Den meisten Menschen ist inzwischen klar, daß die heutigen, abgehärteten Schädlinge mehrere Dosen der gestrigen Pestizide als Nachspeise fressen könnten, ohne sich den Appetit zu verderben. Mehr als vierhundert Schädlingsarten haben bislang eine solche Resistenz gegen Chemiegifte entwickelt. Über eine Million chemische Substanzen sind bereits auf ihre Wirksamkeit als Pestizide getestet worden, und dennoch könnte es sein, daß «die Resistenzbildung schneller ist, als wir wirksame neue Stoffe entdecken können». Laut Dr. Andrew Forgash von der Rutgers Universität «wird es zunehmend schwieriger und teurer, neue Pestizide zu entwickeln und einzuführen, welche eine unkontrollierbare Vermehrung resistenter Schädlinge, wie sie für eine Reihe sehr gefährlicher Parasiten bevorzustehen scheint, eindämmen können».[17] Forscher an der Universität von Kalifornien registrieren eine Zunahme von 7,7 Prozent der Anzahl jener Spezies, die gegen ein oder mehrere der zwischen 1976 und Juli 1978 entwickelten Chemiegifte resistent sind.[18]

Insekten sind ebenfalls fähig, sich an die natürliche Resistenz einer Pflanze anzupassen. Bei einem vom Internationalen Reisforschungsinstitut (IRRI) durchgeführten Experiment zogen Pflanzenpathologen die lästige braune Heuschrecke auf einer ziemlich minderwertigen, aber gegen braune Heuschrecken resistenten Reissorte namens Mudgo auf. Das Insekt, das laut T. T. Chang von IRRI gegenwärtig der gefährlichste Schädling in Asien ist, war bis Anfang der sechziger Jahre nahezu unbekannt. Bei diesem Experiment verhungerten viele braune Heuschrecken lieber, als Mudgo zu essen. Die erste Generation der Heuschrecken lebte im Schnitt nur 4,2 Tage. Diese knappe Woche reichte ihnen jedoch aus, um eine neue Generation hervorzubringen, welche die genannte Reissorte schon nicht mehr ganz so widerwärtig fand. Die Heuschrecken der zehnten Generation ließen erkennen, daß ihnen Mudgo bereits sehr gut mundete. Sie lebten im Schnitt sechzehn Tage, in denen sie nichts anderes fraßen, genauso lang, wie sie am Leben bleiben, wenn sie sich an einer ihrer bevorzugten Reissorten gütlich tun können.[19]

Da Insekten derart schnell sowohl eine Immunität gegen Pestizide entwickeln wie auch Geschmack an resistenten Sorten finden, nimmt es kaum wunder, daß die durchschnittliche Lebensdauer einer neuen Kultursorte – in den denkwürdigen Worten von Lawrence Hills – «auf die einer Pop-Schallplatte zusammengeschnurrt ist».[20] In Kenia wird eine Weizenart, um lediglich ein Beispiel zu zitieren, im Schnitt nur 4,3 Jahre angebaut, bevor sie vom Markt genommen und durch eine neue Sorte ersetzt werden muß.[21]

Ebenso wie Insekten passen sich auch Krankheiten sowohl an Chemiegifte als auch an die genetische Abwehr der Pflanzen an. Krankheiten mutieren und entwickeln neue Typen von Erregern, um die Resistenz von Pflanzen und die chemischen Keulen der Landwirte zu überwinden. Die «Rasse I» des Weizenbraunrosts wurde 1917 identifiziert. Fünfzig Jahre später waren bereits dreihundert Rassen bekannt.[22] Ebenso wie Insekten haben sich die Pflanzenkrankheiten zusammen mit ihrem Wirtsorganismus entwickelt. Sie denken gar nicht daran, auszusterben. Durch Anpassung an ihr veränderliches Umfeld gelingt es ihnen zu überleben.[23]

Während die Schädlinge einen Sieg nach dem anderen feiern, werden die Chemie-Konzerne immer dreister. Lediglich staatliche Bestimmungen, so die Pestizid-Hersteller, die ihren Forschungs- und Absatzeifer bremsen würden, hinderten sie daran, den Krieg zu gewinnen. In einem bemerkenswerten Leitartikel schreibt der Direktor der Agrarproduktforschung von Dow Chemicals im Informationsblatt des Unternehmens: «Wenn man uns Gelegenheit gibt, könnte das Netzwerk der vom Menschen geschaffenen chemischen Technologie weiterhin an Schönheit und Vielfalt zunehmen und viele neue und schöne Spezies hervorbringen, einige alte Spezies ausmerzen und andere in spezifischere ökologische Nischen verbannen.» Ist das nicht wundervoll? «Wenn man uns Gelegenheit gibt», werden die Chemiegifte von Dow ein paar neue Arten hervorbringen, einige eliminieren (welche, wenn man fragen darf?) und anderen «spezifischere ökologische Nischen» zuweisen. Wer immer sich diesem Plan widersetzt, ist laut Goring ein «Technikfeind». Schließlich, fährt er fort, «unterscheiden sich die chemischen Substanzen, die wir erzeugen, nicht von denjenigen, die Gott hervorbringt».[24]

Als sich die Landwirtschaft in grauer Vorzeit entwickelte, geriet das Gleichgewicht zwischen Pflanzen, Parasiten und Krankheiten selten in zu starke Schieflage. Eine Krankheit, die zu erfolgreich ist, würde sich am Ende selbst eliminieren! Die Pflanzen überlebten; Schädlinge und Krankheiten überlebten ebenfalls. Mit der Einführung der Reinliniensorten ging jedoch ein Großteil an Widerstandskräften verloren, da die Vielfalt der Landsorten reduziert wurde, um gleichförmige

Varietäten zu schaffen. Pflanzenarten, die sich jahrtausendelang auf ihre eigenen natürlichen Abwehrkräfte und auf Mischkultursysteme gestützt hatten, wurden plötzlich gezwungen, sich auf den Menschen zu verlassen, um mit neuen oder stärkeren Widersachern fertigzuwerden. Schließlich wurden Züchtungsprogramme gestartet, um Fruchtarten, die jetzt ständigen Angriffen ausgesetzt waren, nachträglich wieder resistent zu machen.

Wenn sich Pflanzenzüchter an die langwierige und teure Aufgabe machen, eine krankheitsresistente Sorte zu entwickeln, dann sehen sie sich zunächst bei anderen modernen Sorten um, bevor sie sich den Landsorten zuwenden. Moderne Varietäten und ihr Ausgangsmaterial machen dem Züchter die geringsten Schwierigkeiten, weil sie der gewünschten Sorte gewöhnlich in vielerlei Hinsicht gleichen. Es kostet weniger Mühe, die unerwünschten Eigenschaften zu eliminieren und die gewünschten zu erhalten. Landsorten bieten zwar eine Fülle an potentieller Resistenz, da sie in den Zentren der Vielfalt so lange unter Schädlingen und Krankheiten überlebt haben. Aber sie sind dem erwünschten Endprodukt nicht so ähnlich, und es kostet einigen Aufwand, die unerwünschten Merkmale wegzuzüchten und lediglich ihre Widerstandsfähigkeit beizubehalten.

Die berühmten kanadischen Weizensorten entstanden durch Kreuzung von Varietäten und Landsorten aus Australien, England, Kenia, Ägypten, Indien, Polen, Portugal und dem Mittleren Osten.[25] Und in den USA hat eine chinesische Spinatsorte «den Spinatanbau von Virginia vor dem Ruin bewahrt».[26] Eine umfassende Aufzählung solcher Beispiele würde Bücher füllen. Wir begnügen uns mit der Bemerkung, daß die «primitiven» Sorten, die von unseren Vorfahren entwickelt wurden, auch weiterhin eine integrale Rolle bei der Erhaltung der modernen Fruchtarten spielen.

Wenn alle Stricke reißen oder die gewünschten Merkmale bei den Kulturformen nicht zu finden sind, dann besorgt sich der Pflanzenzüchter die benötigten Gene bei eng verwandten Wildpflanzen oder -kräutern. Züchter nennen solche Pflanzen «wilde Verwandte». Dieser Begriff entlockt ihnen leider nicht einmal mehr ein Schmunzeln, weil das Arbeiten mit wilden Verwandten oft so schwierig ist. Um eine wünschenswerte Eigenschaft zu erhalten, müssen ein paar völlig inakzeptable weggezüchtet werden. Die neue Sorte von Wildpflanzen- und Unkrauteigenschaften zu befreien, kann für den Züchter jahrelange zusätzliche Arbeit bedeuten, weshalb die Verwendung wilder

Verwandter bei Züchtungsprogrammen gewöhnlich ein Zeichen entweder der Verzweiflung oder der Courage seitens des Züchters darstellt. Viele Pflanzenzüchter kennen nicht einmal die wilden Verwandten jener Kulturpflanzen, auf die sie spezialisiert sind. Und nur wenige wollen sie überhaupt kennenlernen.

Die Vielfalt wildwachsender Pflanzen hat es ihnen ermöglicht, länger zu überleben als die älteste kultivierte Sorte – und zwar ohne jede menschliche Unterstützung. Hätte ihre genetische Widerstandsfähigkeit sie im Stich gelassen, dann wären sie längst ausgestorben. Als Resistenzspender sind wilde Verwandte daher Gold wert.

Wilde Verwandte sind inzwischen in den Züchtungsprogrammen von praktisch jeder Kulturpflanze verwendet worden.[27] Zuckerrohr etwa ist «das Beispiel eines landwirtschaftlichen Produkts, das mit Hilfe wilder Verwandter vollständig saniert werden konnte».[28] Dasselbe könnte man wahrscheinlich von den Erdbeeren[29] und den Sonnenblumen sagen, die durch Gene, die man in Nordamerika fand, gerettet werden konnten.

Wildarten aus Mittel- und Südamerika sind die einzige bekannte Quelle von Resistenz gegen die gefährlichste Krankheit, die den schwarzen Pfeffer befällt.[30] Und auch für die Erdnußkulturen sind Wildformen jetzt «die einzigen Lieferanten von Resistenz gegen Parasiten und Krankheiten».[31] Ebenso werden Kartoffelzüchter immer abhängiger von wilden Verwandten. In der (alten) Bundesrepublik Deutschland haben neun von zehn Kartoffelsämlingen Wildarten oder primitive Landsorten in ihrem Stammbaum.[32]

Tomaten und Tabak könnten Jack Harlan zufolge ohne die Widerstandsfähigkeit, die sie von Wildarten übernommen haben, «in den USA überhaupt nicht kommerziell gezüchtet werden».[33] Für mindestens neunzehn Tomatenkrankheiten sind wilde Tomatenarten die Hauptquelle der angezüchteten Resistenz.[34] Wilde Tomatenspezies eröffnen interessante Möglichkeiten für die künftige Züchtungsarbeit. Einer der führenden Tomatenexperten der Welt, Dr. Charles Rick von der Universität von Kalifornien, fand an der Küste einer der Galapagos-Inseln eine Reihe wildwachsender Tomaten, die keine fünf Meter von der Flutlinie entfernt, das heißt trotz salziger Gischt und einem sehr salzreichen Boden gedeihen konnten. Ricks Kollegen an der Universität stellten später fest, daß diese Tomaten hydroponisch (in Wasserkultur) in einer Nährlösung gezogen werden könnten, die sich «allmählich auf pures Meereswasser umstellen ließ».[35]

Nach einem Vier-Jahres-Programm, bei dem siebzehntausend Reisableger und über einhundert Wildarten getestet worden waren, um eine gegen ein gefährliches Virus (*grassy stunt virus*) resistente Art aufzuspüren, wurde man schließlich bei einer einzigen Abart der in Indien ansässigen *Oryza nivara* fündig. Als 1982 ein neuer Stamm des Virus auftrat, wurden weitere Reihenuntersuchungen nötig. Nach mühevollen Tests fand man erneut eine Resistenz, wiederum bei einer Wildart.[36] Auch die Widerstandskraft der heutigen Kartoffeln gegen *Phytophtora infestans*, den sogenannten Algenpilz, der die irische Hungersnot auslöste, verdanken wir wildwachsenden Kartoffelsorten.[37] Und als im Jahre 1951 die kalifornische Gerste von einer Epidemie des Gelb- oder Zwergrosts befallen wurde, führte die Suche nach einer Resistenz die Züchter schließlich zu einem Gen einer äthiopischen Gerstenart.[38]

Schokolade und ihre Liebhaber wurden von der doppelten Plage befreit, von zwei Krankheiten (*Witches' Broom* und *Swollen Shoot*), die die Kakaopflanze befallen. Wiederum lieferten wilde und halbwilde Sorten die Resistenz.[39] Wilde Baumwollarten sind bei Züchtungsprogrammen unverzichtbar, um Sorten zu kreieren, die gegen den gefürchteten Baumwollkapselkäfer und die ebenso schädliche Larve des Eulenfalters resistent sind.[40] Auch gibt es wilde Baumwollarten, die eine höhere Faserstärke aufweisen[41] und die zu der Hoffnung Anlaß geben, daß es durch sie gelingen könnte, die sogenannte Braunlunge zurückzudrängen, von der Textilarbeiter befallen werden.

Robert und Christine Prescott-Allen schätzen, daß das aus wilden Pflanzenarten gewonnene genetische Material den amerikanischen Farmern zwischen 1976 und 1980 jährlich etwa 340 Millionen Dollar an Mehrerlösen beschert hat. Diesen Autoren zufolge hat wildes Keimplasma der amerikanischen Volkswirtschaft insgesamt bereits 66 Milliarden Dollar eingebracht[42] – eine größere Summe als die gesamten Auslandsschulden von Mexiko und den Philippinen zusammengenommen.[43] Und dieser Vergleich ist keineswegs aus der Luft gegriffen. Wie wir in den folgenden Kapiteln sehen werden, erhalten die USA dieses wertvolle Keimplasma vor allem aus den Entwicklungsländern, und zwar für gewöhnlich ohne Entschädigung oder entsprechende Verminderung der offiziellen Schuldenlast der Dritten Welt gegenüber ihren US-Gläubigern.

Pflanzenzüchter haben die nicht gerade beneidenswerte Aufgabe, die modernen Agrarpflanzen derart auszustatten, daß sie den Tausenden von Schädlingen und Krankheiten stets einen Schritt vorausbleiben. Bislang ist ihnen das zumeist gelungen. Eine spezifische Resistenz heranzuzüchten ist aber ein allzu vergänglicher Erfolg. Die resistente Sorte von heute kann schon im nächsten Jahr die Hauptmahlzeit der neuen Schädlingsgeneration werden. Die Pflanzenzüchter haben es nicht immer geschafft, das zu verhindern.

Anfang dieses Jahrhunderts lieferten die alten Landsorten das Rohmaterial, mit dem Pflanzenzüchter zu arbeiten begannen. Diese höchst variablen primitiven Spielarten hatten auch späterhin viel an Widerstands- und Anpassungsfähigkeit zu bieten. Inzwischen kommt den wilden Verwandten unserer Anbausorten aber eine Bedeutung zu, die die Züchter von gestern schockiert, wenn nicht entmutigt hätte. In Wahrheit sind sie so unverzichtbar geworden, daß sich Jack Harlan – vermutlich der Wissenschaftler mit der umfassendsten Kenntnis ihrer Rolle in der Landwirtschaft – zu der Bemerkung veranlaßt fühlte, daß die wildwachsenden Pflanzenarten unsere einzige Hoffnung sind, die letzte Barriere «zwischen den Menschen und dem Hungertod».[44]

Vor vielen Jahren hatte Wawilow die Pflanzenzucht als «Evolution nach dem Willen des Menschen» bezeichnet. Wie jede Art von Evolution benötigt auch die Pflanzenzucht Variationsreichtum. Künstler benötigen eine Palette voll Farben, um ein Bild zu schaffen. Pflanzenzüchter entwickeln neue Sorten aus der genetischen Vielfalt einer Fruchtart. Wenn man den Züchter dieser Vielfalt beraubt, dann ist es so, als nehme man dem Künstler seine Farben weg. Wenn zu viele Varianten verlorengehen, ist wenig oder gar keine Evolution mehr möglich. Dies führt früher oder später zum Untergang der betreffenden Pflanzenart, zu ihrem Aussterben.

Ohne die Landsorten und die wilden Verwandten wären unsere modernen Nutzpflanzen unfähig, sich zu verändern, zu entwickeln und sich an neue Gegebenheiten oder stärkere Schädlinge anzupassen. Wie so vieles in dieser Welt ist das Neue vom Alten abhängig. Ohne die alten Spielarten können sich die neuen Sorten nicht halten. Sie könnten schlicht nicht überleben. Und darin liegt die Ironie. Auf lange Sicht hängt die Zukunft der Landwirtschaft und des Überlebens unserer Kulturarten nicht von den hochgezüchteten Hybriden ab, die wir auf den Äckern sehen, sondern von den Wildarten, die entlang der Zäune wachsen, und von den primitiven Formen, die von den

Kleinbauern der Welt in den Zentren der Vielfalt gezogen werden. Ohne diese Wildformen und alten Landsorten gäbe es keine Landwirtschaft. Deshalb wenden wir uns jetzt der vielleicht wichtigsten Frage zu, mit der unsere eigene Gattung konfrontiert ist: Wie ist es um den Zustand und das Wohl dieser wenig bekannten Naturschätze bestellt, die zwischen uns und dem Hungertod stehen?

Genetische Erosion:
Der Verlust an Vielfalt

*In den siebziger Jahren stellten wir plötzlich fest,
daß mexikanische Farmer hybride Maissamen von
einer Saatgutfirma im Mittelwesten anbauten, daß
tibetanische Bauern Gerste aus einer skandinavischen Pflanzenzuchtstation aussäten und daß türki-
sche Landwirte Weizen aus dem mexikanischen
Weizenzuchtprogramm verwendeten. Jedes dieser
klassischen Gebiete artspezifischer genetischer
Vielfalt wird zu einem Anbaugebiet mit gleichförmigen Saaten.*

Garrison Wilkes

John Deere ist der Unternehmer, in dessen Namen die großen grünen
Traktoren erzeugt werden, die man in allen Teilen der Welt sieht.
Zugleich ist er der Herausgeber von *The Furrow*, einer farbenfrohen
und lebendigen Zeitschrift über Landwirtschaft und über John-Deere-
Produkte. Im Jahre 1972 war die Juli / August-Ausgabe von *The Fur-
row* den Wundern der modernen Pflanzenzucht gewidmet. Auf dem
Titelblatt prangte eine Seite aus dem Katalog einer fiktiven Saatgut-
firma («Created Crops, Inc.»), auf der eine Reihe neuer Pflanzenar-
ten abgebildet und beschrieben waren, die der üppigen Phantasie der
Redaktion entsprangen. Da gab es Mais-Phlox, eine Mischung aus
Mais und der Blume Phlox. Daneben waren «Weizenrüben» und eine
Kreuzung aus Baumwolle und Zuckerrohr zu sehen. Aber das Tollste
war ohne Zweifel die Supersalatpflanze, bestehend aus einer äußeren
Schicht knackiger, grüner Salatblätter, gefolgt von einem zarten
Kranz aus Zwiebeln und einem farbigen Hauch grünen Paprikas,
gekrönt von einer vollendet-aromatischen Tomate. Es war ein ge-
lungener Scherz – bis die Bestellungen eintrafen. Über fünfhundert
Interessenten allein für die Samen des Supersalats. Fünfhundert Bestellungen von *Farmern*!

Vielleicht ist es gar nicht einmal verwunderlich, daß so viele Farmer diese Samen bestellten. Obwohl die Pflanzenzüchter noch keinen Supersalat hervorgebracht haben, sind doch erstaunliche Resultate erzielt worden, insbesondere seit den fünfziger Jahren. Die größte Berühmtheit unter den Wundern der modernen Pflanzenzucht erlangten die Hochertrags-Getreidearten, die vielgepriesenen Wunderweizen und -reissorten der sogenannten grünen Revolution.

Diese Hochertragssorten sind nicht zufällig entstanden. Zu ihrer Entwicklung mußten Forschungsinstitute gegründet, Wissenschaftler eingestellt, Verteilungssysteme entwickelt und für die Finanzierung gesorgt werden. Dieses Netz aus Forschungsinstitutionen, Unternehmensinteressen und philanthropischen Absichten entsprang aus politischem Handlungsbedarf. Es sollte Probleme lösen. Doch worin bestanden diese Probleme? Wie wurden sie definiert? Und wie lauteten die Ziele? Falls wir die Kräfte verstehen wollen, die die Landwirtschaft immer noch maßgeblich beeinflussen, dann sind dies einige der Fragen, die beantwortet werden müssen.

Zwischen den vierziger und sechziger Jahren wurden in Mexiko und auf den Philippinen internationale Pflanzenzuchtinstitute mit dem Ziel ins Leben gerufen, «das Nahrungsangebot so schnell und so direkt wie möglich zu steigern».[1] Die Hochertragssorten, die dort in der Folge entwickelt wurden, versprachen eine grüne Revolution in den unruhigen und von Hunger geplagten Gebieten der Dritten Welt.

Während aber das humanitäre Ziel, die Hungrigen satt zu machen, auf der Hand liegt, verdankte die grüne Revolution einen großen Teil ihrer Schubkraft dem Wunsch, Revolutionen einer anderen Farbe vorzubeugen. China «ging an die Kommunisten verloren»; auch die Briten kämpften auf der malaiischen Halbinsel gegen die Kommunisten; auf den Philippinen gab es Unruhen; die Franzosen waren im Begriff, Indochina zu verlieren; die von den Amerikanern unterstützte Regierung in Korea mußte mit Aufständen auf dem Land fertig werden.[2] Und in Mexiko hatte die Regierung Cardenas nicht nur Standard Oil enteignet, sondern verhielt sich ausgesprochen feindselig gegenüber den Großgrundbesitzern.

Die amerikanische Regierung reagierte mit militärischen Maßnahmen: Truppen in Korea und Militärhilfe in Indochina und auf den Philippinen. Man war sich allerdings klar darüber, daß diese Probleme auf Unruhen im Hinterland zurückzuführen seien, und diese Unruhen waren ihrerseits die Folge des Hungers.

In einem Artikel der renommierten Zeitschrift *Foreign Affairs* verlieh John King der vorherrschenden Überzeugung jener Zeit Ausdruck: «Das Hauptproblem in dem Ringen, Süd- und Südostasien von kommunistischer Herrschaft freizuhalten, ist der Lebensstandard der dort beheimateten Völker. Der Kampf des Ostens gegen den Westen ist in Asien zum Teil ein Wettlauf um die Nahrungsproduktion, und der Reis ist deren Symbol und Substanz.»[3]

Eng verknüpft mit dem Ziel, die politische Opposition auf dem Lande ruhigzustellen, war die Notwendigkeit, die ländlichen Gebiete für Handel und Entwicklung zu erschließen. William Myers, Dekan der Landwirtschaftlichen Fakultät an der Cornell-Universität und Treuhänder der Rockefeller-Stiftung, befand 1951 nach seiner Rückkehr von einer Mexiko-Reise, daß die mexikanische Wirtschaft durch «Hunderttausende von unökonomischen landwirtschaftlichen Betrieben gehandicapt...» sei. In einem Brief an den Präsidenten der Rockefeller-Stiftung berichtete Myers im gleichen Jahr, «diese Kleinbauern können die verbesserten agronomischen Praktiken nicht anwenden, weil sie über die Deckung der eigenen Bedürfnisse hinaus keine Überschüsse zu verkaufen haben, um solche Verbesserungen zu finanzieren».[4]

Die Rockefeller-Stiftung, die sich seit langem für Gesundheits-, Bildungs- und Landwirtschaftsreformprogramme in der Dritten Welt engagiert hatte, wurde von Myers aufgefordert, eine Schlüsselrolle bei der Entwicklung landwirtschaftlicher Lösungen für die politischen Krisen der fünfziger und sechziger Jahre zu spielen. Die Stiftung war jedoch nicht daran interessiert, die Bauern zu organisieren oder sich für eine Bodenreform einzusetzen – Ziele, die die arme Landbevölkerung anstrebte. Sie machte sich deshalb die Schlußfolgerung ihrer Untersuchungskommission über die mexikanische Landwirtschaft zu eigen, daß der «rascheste Fortschritt erzielt werden kann, indem man oben anfängt und nach unten expandiert».[5]

Das daraufhin anlaufende Projekt in Mexiko schloß eine Förderung der nationalen Landwirtschaftsschule in Chapingo und eine enge Zusammenarbeit mit der mexikanischen Regierung ein. Die Bemühungen gipfelten in der Gründung des Internationalen Mais- und Weizenforschungszentrums (CIMMYT).

In Asien ging man ähnlich vor. An der Spitze der Prioritätenliste stand der Wiederaufbau der Fakultät für Bodenkultur an der philippinischen Universität. Die Stiftung gewährte der Cornell-Universität einen bedeutenden Zuschuß für den Start eines Südostasienprogramms, in dessen Rahmen amerikanische Fachleute eingesetzt und Studenten aus Südostasien ausgebildet werden sollten. Im gleichen Jahr (1952) erteilte die U.S. Mutual Security Agency Cornell den Auftrag, die landwirtschaftliche Fakultät der philippinischen Universität auszubauen. Zuvor war Cornell bereits beauftragt worden, landwirtschaftliche Hochschulen in Thailand zu gründen. Zwischen 1951 und 1960 erhielten sechshundert Thais (einschließlich hundert landwirtschaftlicher Berater) auf Kosten der amerikanischen Regierung eine landwirtschaftliche Ausbildung.[6]

Auf diesem Fundament aufbauend, gingen die Rockefeller- und die Ford-Stiftung an die Gründung des Internationalen Reisforschungsinstituts (IRRI) auf den Philippinen.

Der Boden war also bereitet. Die nötige Infrastruktur, um in der Dritten Welt eine tiefgreifende Transformation der Landwirtschaft zu bewirken, war geschaffen. Die geplante Modernisierung versprach nicht nur eine Steigerung der Nahrungsmittelproduktion und eine Eindämmung der radikalen Tendenzen in Asien und Lateinamerika, sondern auch die Einbeziehung dieser Regionen in die Marktwirtschaft.

In relativ kurzer Zeit waren Forschungsinstitute gegründet, Wissenschaftler eingestellt, landwirtschaftliches Führungspersonal ausgebildet sowie Lehrer und Fachberater geschult. Um Mißverständnissen vorzubeugen: Wir schildern hier kein Komplott. Wir berichten lediglich über einige der wichtigsten Maßnahmen, die als Reaktion auf die in der Dritten Welt drohende politische Krise ergriffen wurden. Niemand – gewiß nicht die Pflanzenzüchter und Fachberater und wahrscheinlich auch nicht die staatlichen Planer oder die Mitarbeiter der Rockefeller-Stiftung – hätten auch nur die Hälfte der Auswirkungen voraussehen können, die die grüne Revolution dann tatsächlich verursacht hat.

Die Wissenschaftler von CIMMYT, IRRI und anderen Instituten machten sich daran, die landwirtschaftliche Produktivität der Dritten Welt zu steigern, indem sie Hochertragssorten, insbesondere Getreide, züchteten und verteilten. Für die hierfür erforderlichen Zuchtprogramme benutzten sie Erbgut, das wachstumshemmende Gene enthielt, das also die Verlagerung der Biomasse vom Halm und den Blättern in die Getreideähren förderte.

Eine während des Zweiten Weltkriegs zur Bombenherstellung entwickelte Technologie ermöglichte nach dem Krieg die Erzeugung von Stickstoffdünger. Wie sich herausstellte, sprachen die neuen Sorten sehr gut auf die Düngung an: sie waren imstande, das zusätzliche Nährstoffangebot aus den Düngemitteln aufzunehmen und es in größere Erträge umzusetzen. So bewirkte die Verwendung der neuen Saaten und Düngemittel schnell Ertragssteigerungen zwischen 10 und 100 Prozent oder mehr – keine geringe Leistung. Nachdem dies mit erheblichem Werbeaufwand genügend publik gemacht worden war, sprossen die neuen Sorten sehr bald auf Millionen von Hektar.[7]

Während die Nahrungsmittelproduktion auf den Feldern der grünen Revolution anstieg, wurde weiter gehungert. Tatsächlich hat eine Reihe von Untersuchungen der Internationalen Arbeitsorganisation ergeben, daß Hunger und Unterernährung gerade in diesen Gebieten am schnellsten zunahmen.[8] Manche Beobachter, wie Dr. Keith Griffen, der einen umfangreichen Bericht über die grüne Revolution für das UN-Forschungsinstitut für Soziale Entwicklung verfaßte, kamen zu dem Schluß, daß die neuen Saaten nicht «neutral» seien.[9] Von Anfang an gediehen sie bei den armen Bauern nicht so gut wie bei den reichen. Um hohe Erträge zu erzielen, bedurfte es Dünger und ausreichender Bewässerung. Dünger und Bewässerung wiederum nährten die Unkräuter ebenso wie die Kulturpflanzen, so daß Herbizide nötig wurden. Und auch Schädlinge fanden die Gleichförmigkeit der neuen Sorten appetitanregend, so daß man zudem auf Insektizide angewiesen war. So blieben die kleinen Bauern, die keinen Zugang zu Kapital hatten, um diese Hilfsmittel zu kaufen, einfach auf der Strecke. In Reisanbaugebieten war die Bewirtschaftung in großem Maßstab nicht so leicht möglich wie in Weizenregionen, wo manche Landwirte genügend große Flächen kultivierten, um Nutzen aus ihrem relativen Reichtum ziehen und die neuen Technologien gewinnbringend einsetzen zu können. Potentielle Konsumenten mußten feststellen, daß die durch hochgezüchtete, importierte Technologie erzeugten Lebensmittel für sie unerschwinglich waren, da ihr jährliches Einkommen nur ein paar hundert Dollar betrug. Dies waren keineswegs die Ergebnisse, die den wohlmeinenden und engagierten Pflanzenforschern vorgeschwebt hatten. Diese Resultate waren jedoch schlicht die zwangsläufige Folge einer der jeweiligen Gesamtsituation unangemessenen Technologie.

Dennoch setzten sich Regierungen, Forschungsinstitute wie CIMMYT und IRRI, landwirtschaftliche Berater, Entwicklungshilfe-

Agenturen, Chemiefirmen und Erzeuger landwirtschaftlicher Maschinen sowie sogar humanitäre Gruppen auch weiterhin für die neue Technologie ein, wenn auch manchmal aus sehr unterschiedlichen Motiven. Saatgut wurde verschenkt, Darlehen für Düngemittel und Maschinen gewährt. Auf den Philippinen erhielten nur diejenigen Bauern Kredite aus dem staatlichen «Masagana 99»-Programm von 1981, die sich zuvor bereit erklärten, von der Regierung empfohlene Sorten anzupflanzen. Für die gesamten Philippinen[10], ein Land, das sich über eine Distanz erstreckt, die der Strecke zwischen Rom und Südschweden entspricht, standen nur zehn Sorten (alles Erzeugnisse von IRRI) auf der Liste des Förderungsprogramms.

Selbst in IRRI-Publikationen wurde 1988 eingestanden, daß die mangelnde Chancengleichheit beim Einsatz der neuen Technologie zu einer «Vergrößerung der Einkommensunterschiede... zwischen Gemeinden und Regionen» geführt habe.[11] Und auch innerhalb der einzelnen Gemeinden gab es berechtigte Klagen darüber, daß die Reichen reicher und die Armen ärmer würden, weil ihnen die neuen Technologien in unterschiedlichem Maß zur Verfügung stünden.

Dr. Hermann Kuckuck von der Technischen Universität Hannover stellte fest, daß sich «in Ländern, wo die Produktionszuwächse besonders ausgeprägt waren, wie in Pakistan und Indien, der Polarisierungsprozeß auf dem sozialen Sektor verstärkte und zu neuen gesellschaftlichen Spannungen führte».[12] In einem Bericht der Weltbank wurde zwar die Hoffnung geäußert, daß sich die eingetretenen Schieflagen mit der Zeit schon verringern würden, doch ist dies kaum mehr als eine Hoffnung geblieben.

Die grüne Revolution versuchte dem Problem des Hungers und der sozialen Unruhen auf dem Lande mit erhöhter Produktion entgegenzutreten statt mit Bodenreform- oder Beschäftigungsprojekten; im Grunde offerierte sie eine technische Lösung für ein soziales und politisches Problem.

Zumindest in manchen Regionen hatte die grüne Revolution aber auch positive Effekte. Einige Länder konnten ihre Nahrungsmittelimporte verringern oder ganz auf sie verzichten. Anderen ist es sogar gelungen, kleinere Mengen an Nahrungsmitteln zu exportieren. Eine erhöhte Nahrungsmittelproduktion löst aber das Problem des Hungers nur dann, wenn die Hungrigen diese Nahrung auch zu essen bekommen. Die Tatsache, daß ein Land seine Produktion steigert und aufhört, Nahrung einzuführen, bedeutet noch lange nicht, daß die

Hungrigen satt werden. Dies gelänge nur, wenn sie auch die Mittel hätten, um Essen zu kaufen, und wenn die zusätzliche Getreideproduktion nicht an Tiere verfüttert würde – etwa die Hälfte der Weltproduktion an Weizen, Mais, Gerste, Hafer, Roggen und Sorghum dient diesem Zweck –, an Tiere, die schließlich Fleisch für diejenigen produzieren, welche wohlhabend genug sind, um sich diese Art von Protein leisten zu können.[13]

Die Beziehung zwischen dem neuen Saatgut und der Verfügbarkeit von Düngemitteln in den ersten Jahren der grünen Revolution entsprach in gewisser Weise dem Gleichnis von der Henne und dem Ei. Der Dünger machte die neuen Sorten möglich. Die neuen Sorten machten den Dünger möglich.

Der Einsatz von Dünger und Maßnahmen zur Bewässerung konnten die Unterschiede zwischen verschiedenen Lebensräumen ausgleichen. Extremes Beispiel hierfür ist heute das Gewächshaus, wo man praktisch alle Bedingungen kontrollieren kann. Unter solchen Umständen verliert die Anpassungsfähigkeit einer Pflanze viel von ihrer Bedeutung.[14] Gleichförmigkeit wird sowohl möglich als auch attraktiv.

Durch die Schaffung einheitlicher Wachstumsbedingungen hat die Kombination von Kultivierung, Düngemitteln, Herbiziden, Insektiziden und Bewässerung den Boden für die Einführung gleichförmiger Sorten bereitet, die für riesige Flächen «geeignet» sind. Die ökonomischen Anreize und das gesellschaftliche Prestige, das mit der Anwendung dieser modernen Techniken einherging, entfachte darüber hinaus den menschlichen Ehrgeiz.

Die Verbreitung der neuen Sorten war dramatischer als alles, was je zuvor in der Landwirtschaft geschehen war. Innerhalb eines Jahrzehnts wurden in der Dritten Welt neue Weizen- und Reissorten auf nahezu 55 Millionen Hektar Land angebaut[15]: Bis 1976 wurden in den Entwicklungsländern 44 Prozent aller Weizenanbauflächen und 27 Prozent aller Reisfelder mit den neuen Wundersorten bepflanzt.[16] Heute kann man sie in fast jedem Winkel finden, sowohl bei den größten und reichsten Grundbesitzern wie auch bei den ärmsten Kleinbauern – alle versuchen, ihrem Land eine reichere Ernte abzuringen, alle sind bereit, ihre alten Salat-, Zwiebel-, Tomaten- und Paprikasorten gegen den neuen Supersalat einzutauschen.

Die «moderne» Pflanzenzucht, die im 19. Jahrhundert in Europa und Nordamerika begann, setzte einen Prozeß der Verdrängung traditioneller Landsorten durch neue, auf Inzucht basierende Kulturpflanzen in Gang. Zu Beginn des 20. Jahrhunderts waren bereits viele der europäischen Landsorten – Formen, die seit Hunderten, ja Tausenden von Jahren gewachsen waren – verschwunden. Zunächst schenkte niemand diesem Vorgang große Aufmerksamkeit. Die alten Sorten wurden schließlich durch neuere und *bessere* ersetzt; das war Fortschritt. Niemand schien sich klarzumachen, daß auch die traditionellen Sorten nach zahllosen Generationen als kultiviert anzusehen waren. Anders als Unkräuter oder Wildpflanzen waren sie in ihrer Existenz vom Menschen abhängig geworden. Verdrängung war und ist insofern schlicht ein freundlicheres Wort für Ausrottung. Verschwundene Landsorten waren unwiederbringlich verlorengegangen.

Europa und Nordamerika, selbst die Wawilowschen Zentren genetischer Vielfalt blieben davon nicht verschont. H. V. Harlan und M. L. Martini schlugen als erste Alarm:

«In Jahren der Knappheit beliefern die Franzosen die von ihnen abhängigen Bevölkerungsgruppen mit Saatgut aus Kalifornien. Arabische Bauern... importieren Samen aus Palästina. Ähnliche Veränderungen vollziehen sich in entfernteren Teilen der Welt. Wenn neue Gerstensorten an die Stelle der [uralten] Wildformen treten, die von den Bauern in Äthiopien oder Tibet angepflanzt werden, dann wird die Welt etwas Unersetzliches verloren haben. Wenn dieser Tag kommt, dann werden unsere Sammlungen, obwohl sie nur einen kleinen Bruchteil der Gerstenarten unserer Erde enthalten, eine Bedeutung annehmen, die man sich nur schwer vorstellen kann.»[17]

Dieser Tag ist nun angebrochen, vielleicht, weil so wenige diesen prophetischen Worten im *Yearbook of Agriculture* von 1936 Beachtung schenkten; zum Teil aber auch, weil die grüne Revolution den Prozeß der genetischen Erosion noch stärker beschleunigte, als selbst Harlan und Martini vorhersehen konnten.

Wieviel ist bereits verloren? Es ist unmöglich, diese Frage zu beantworten, da wir nicht wissen, wie viele Varietäten insgesamt existierten. Glücklicherweise verfügt das US-Landwirtschaftsministerium (USDA) wenigstens über Listen solcher Sorten, die von kommerziellen amerikanischen Samenfirmen zu Beginn unseres Jahrhunderts verkauft wurden. Diese Listen ermöglichten die erste umfassende

Untersuchung, durchgeführt vom *Rural Advancement Fund International* (RAFI), über das Ausmaß der nationalen Verluste. Was aus der Untersuchung nicht hervorgeht ist das Schicksal jener Anbausorten, deren Saatgut vor 80 Jahren nicht von Samenfirmen vermarktet wurde. Aufgrund unserer Kenntnis dessen, was in den USA gegenwärtig in Samenbanken eingelagert ist, würden wir schließen, daß die Verluste unter diesen nichtkommerziellen Varietäten mindestens ebenso groß sind.

Wenn wir von «Verlust» sprechen, dann ist damit letzten Endes die völlige Ausrottung gemeint. Wir gehen davon aus, daß jede Sorte, die in den damaligen USDA-Listen notiert und heute nicht in Samenbanken gespeichert ist, ausgestorben sein dürfte. Für einige mag dies nicht zutreffen – ein paar könnten in europäischen Samenbanken zu finden sein, und einige weitere sind sicherlich Jahr für Jahr von Generationen engagierter Farmer oder Gärtner am Leben erhalten worden. Aber solche Fälle sind selten. Und falls solche Sorten je benötigt würden, dann wären die Pflanzenzüchter vielleicht nicht imstande, sie zu finden, ja sie wüßten nicht einmal mehr von ihrer Existenz. Sie müssen daher als «funktional ausgestorben» gelten.

Ein Hoffnungsschimmer bleibt jedoch. Varietäten beziehungsweise Rassen sind einzigartige Kombinationen von Genen. Es ist möglich, daß manche, die meisten oder alle Gene einer ausgestorbenen Sorte in einer anderen Sorte weiterexistieren, wenn auch nicht in der ursprünglichen Kombination. Daher geht aus der folgenden Aufstellung genaugenommen nur der Verlust an Sorten, nicht an Genen hervor. Da jedoch keine der «funktional ausgestorbenen» Sorten vor ihrem Verschwinden studiert wurde, ist es unmöglich zu sagen, daß es keinen Verlust an Genen gegeben habe. Angesichts der Größenordnung der Sortenverluste liegt vielmehr der Schluß nahe, daß viele spezifische Gene und Eigenschaften für immer verloren sind.

Bei der Überprüfung von 75 Gemüsearten stellte die RAFI fest, daß etwa 97 Prozent der in den alten USDA-Listen angeführten Sorten inzwischen ausgestorben sind. Nur drei Prozent haben die letzten achtzig Jahre überlebt.

Die RAFI-Studie befaßte sich auch mit dem Aussterben von Äpfel- und Birnenarten. Von den 7098 Apfelsorten, die zwischen 1804 und 1904 in den Vereinigten Staaten gebräuchlich waren, sind bereits 6121, das sind 86,2 Prozent, verlorengegangen. Von den 2683 Birnenarten, die im gleichen Zeitraum kultiviert wurden, sind inzwischen

Verlust an Gemüsesorten zwischen 1903 und 1983 in den USA (Auszug)

Gemüseart		Gesamt-zahl der 1903 be-kannten Sorten	Anzahl der in der größten US-Samen-bank gesam-melten und konservier-ten Sorten	Verluste (in Pro-zent)
Artischocken	*Cynara scolymus*	34	2	94,1
Aubergine	*Solanum melongea*	97	9	90,7
Brokkoli	*Brassica oleracea* var. *botrytis*	34	0	100,0
Erbsen	*Pisum sativum*	408	25	93,9
Gartenbohne	*Phaseolus vulgaris*	578	32	94,5
Gurke	*Cucumis sativus*	285	16	94,4
Kohl	*Brassica oleracea* var. *capitata*	544	28	94,9
Kohlrabi	*Brassica oleracea* var. *gonglyodes*	55	3	94,5
Löwenzahn	*Taraxacum officinale*	25	0	100,0
Mohrrüben	*Daucus carota*	287	21	92,7
Rettich	*Raphanus sativus*	463	27	94,2
Salat	*Lactuca sativa*	497	36	92,8
Sauerampfer	*Rumex acetosa*	10	0	100,0
Sellerie	*Apium graveolens* var. *dulce*	164	3	98,2
Spinat	*Spinacia oleracea*	109	7	93,6
Tomate	*Lycopersicon esculentum*	408	79	80,6
Zwiebel	*Allium cepa*	357	21	94,1

2354, das sind 87,7 Prozent, ausgestorben. Diese Verluste an Obst- und Gemüsearten sind schon erschütternd genug; noch erschreckender ist das Faktum, daß gerade die USA diesen unwiederbringlichen Verlust erlitten haben, das heißt eine Region, die niemals über die Vielfalt an Fruchtarten verfügte, die viele andere Länder in den Zentren der Vielfalt aufwiesen. Die USA haben viel verloren, aber sie hatten weniger zu verlieren. Wenn diese Untersuchung in den USA ein Indikator ist, dann könnte das Artensterben während des letzten Jahrhunderts in anderen Ländern noch schlimmere Dimensionen angenommen haben. Dennoch steigen die Verluste Tag für Tag an. Mehr und mehr Pflanzenarten sterben aus, und sie werden nie wiederkehren.

Die Verluste unter den Hauptanbausorten

Mit der Gründung von Pflanzenzuchtinstituten, die sogar in den Zentren der Vielfalt moderne Sorten auf den Markt brachten, schwoll die von Harlan und Martini in den dreißiger Jahren beobachtete genetische Erosion zu einer gewaltigen Lawine an – einer Lawine, die den unersetzlichen Reichtum der in diesen Zentren vorhandenen genetischen Ressourcen unter sich begrub.

In den siebziger Jahren waren die einheimischen *Weizen*-Sorten in Griechenland, außer in abgelegenen Gebirgsgegenden, so gut wie verschwunden.[18] Es war dort gesetzlich bestimmt worden, die Weizensorten von CIMMYT anzubauen. Die einheimischen Weizen Indiens begannen in den vierziger und fünfziger Jahren zu verschwinden; als dann in den Sechzigern Weizensorten von CIMMYT aus Mexiko eintrafen, war der Prozeß «praktisch abgeschlossen».[19]

In Nordafrika verdrängten CIMMYT-*Weizen* sowie Sorten aus kenianischen Zuchtprogrammen die einheimischen Anbaupflanzen. Traditionelle Arten werden, falls überhaupt, noch am ehesten im Atlas-Gebirge und in den Oasen der Sahara gefunden.[20] Dieselben allgegenwärtigen neuen kenianischen Sorten wurden von Dr. Hermann Kuckuck bereits vor zehn Jahren «in sehr abgelegenen, nur mit Maultieren erreichbaren Gegenden Äthiopiens» angetroffen.[21] In Kürze werden auch die einheimischen Weizen des Niltals verschwunden und durch jene moderne Sorten ersetzt sein, die ein Zuchtprogramm der Regierung zur Verfügung stellt.[22]

Jüngere Expeditionen in den Himalaya haben ergeben, daß moderne Weizenarten sogar in abgeschiedene Täler vordringen, die lange von den Bergen geschützt waren. In Nepal ist der «Wunderweizen» der grünen Revolution, *Sonalika*, ein verbreiteter Anblick. Die neuen Sorten werden auf 80 Prozent des Ackerlandes angebaut und haben den traditionellen Weizen weitgehend verdrängt.[23]

Untersuchungen des sizilianischen Weizenanbaus gegen Ende des vorherigen Jahrhunderts zählten etwa fünfzig einheimische Sorten. Nach neueren Studien haben weniger als 40 Prozent überlebt.[24]

Die Überreste der einst reichen Vielfalt an türkischen Weizenspezies sind jetzt nur noch in «abgelegenen Dörfern im Pontiac- und Taurus-Gebirge» zu finden, wie es in einer vor sechzehn Jahren durchgeführten Untersuchung heißt.[25] Die einst als ungefährdet eingestuften afghanischen Weizen sind im Verschwinden begriffen; der ungeheure Artenreichtum dieses Landes, auf den Wawilow und Bukinitsch 1926 hingewiesen hatten, fällt nun auch den importierten CIMMYT-Sorten zum Opfer.[26] In den letzten paar Jahren haben der Krieg und die damit verbundene Massenauswanderung eines beträchtlichen Teils der ländlichen afghanischen Bevölkerung nach Pakistan erneute Besorgnis über eines der reichsten Reservoire von Weizenvielfalt geweckt. Unsere Anfragen – die wir sowohl an die afghanische wie an die sowjetische Regierung richteten – hinsichtlich etwaiger Sammelexpeditionen, die angesichts der offenkundigen Gefahr angezeigt wären, blieben unbeantwortet. Wir befürchten, daß vieles, vielleicht fast alles, verlorengegangen ist.

In Spanien, Pakistan, Osteuropa, Libyen und im Iran bietet sich dasselbe Bild. «In den siebziger Jahren» war laut einem Bericht des Internationalen Verbandes der Pflanzenzüchter (ASSINSEL) «nahezu die Hälfte des gesamten Weizenanbaugebiets in den Entwicklungsländern mit Sorten bepflanzt, die unter Anleitung von CIMMYT entwickelt worden waren».[27]

Wie viele Weizenarten hat es denn ursprünglich gegeben? Welcher Prozentsatz ist verlorengegangen? Niemand hat klare Vorstellungen davon, wie ernst die Verluste sind. Auch kennen wir die Eigenschaften der inzwischen ausgestorbenen Arten nicht. Aber wir erinnern uns an die ernüchternde Geschichte eines Weizens, der 1948 von Jack Harlan in der Türkei gesammelt wurde. Bei seiner Ankunft in den USA erhielt er die Pflanzeneinfuhrzahl 178.383. Kein Name wurde als nötig erachtet. Harlan beschrieb ihn so:

«Es ist ein miserabel aussehender Weizen, hochgewachsen, dünnhalmig, wurzelt schlecht, anfällig für Blattrost, nicht winterfest... und er hat schlechte Backeigenschaften. Verständlicherweise hat sich etwa 15 Jahre lang niemand für diese Sorte interessiert. Doch plötzlich wurde der Streifenrost in den nordwestlichen Staaten gefährlich, und Nr. 178.383 erwies sich als resistent gegen vier Rassen von Streifenrost, 35 Rassen des gemeinen Weizenbrands und zehn Rassen von Zwergbrand.»[28]

Harlans miserabler Weizen wird heute in allen Züchtungsprogrammen im Nordwesten der USA verwendet und schützt die Farmer vor jährlichen Ernteeinbußen im Wert von mehreren Millionen Dollar. Können wir es uns leisten, heute Tausende von Weizenarten zu verlieren, in der Gewißheit, daß wir sie in Zukunft nicht brauchen werden? Das ist wenig wahrscheinlich.

Die Farmer im pazifischen Nordwesten hatten Glück. Sie sind noch einmal davongekommen. Die Gerstenanbauer dagegen hätte es fast erwischt. Es gibt viele Arten von Gerste, und man möchte meinen, daß über 6500 verschiedene Sorten mehr als genug seien. Als aber Wissenschaftler des amerikanischen Landwirtschaftsministeriums auf der Suche nach einer Resistenz gegen das Gelbzwergvirus Reihenuntersuchungen durchführten, fanden sie nur ein einziges Gen, das die Resistenz übertragen konnte.[29]

Die *Reis*-Züchter standen in der Vergangenheit vor ähnlichen Problemen, obwohl das IRRI in den letzten Jahren in lobenswerter Weise gefährdete Reissorten gesammelt hat. Die Verdrängung und das Aussterben traditioneller Reisarten hat fatale Konsequenzen. Formosa ist ein gutes Beispiel dafür. Bald nachdem die Japaner von der Insel Besitz ergriffen hatten, führten sie eine zehnjährige Bestandsaufnahme der Landwirtschaft durch und fanden 1997 einheimische Reisarten. Im Jahr 1910 wurde ein «Aufwertungsprogramm einheimischer Reissorten» in Gang gesetzt. «Minderwertige» Sorten wurden eliminiert und die Farmer veranlaßt, ausgewählten Reis anzupflanzen, der den japanischen Konsumenten zusagte. 1920 hatte sich daraufhin die Zahl der einheimischen Sorten auf 390 verringert.[30]

In den letzten fünfzig Jahren haben die indischen Bauern vermutlich über 30 000 verschiedene Reissorten angebaut. Angesichts der Ausbreitung neuer Rassen schätzt H. K. Jain vom Indischen Agrarforschungsinstitut, daß in fünfzehn Jahren nur mehr zehn Sorten «bis zu 75 Prozent der gesamten Reisanbaufläche des Landes bedecken könnten».[31]

In Senegal, Gambia, Guinea-Bissau, Guinea, Sierra Leone, Liberia, Elfenbeinküste, Obervolta, Ghana, Mali, Togo, Benin, Nigeria, Niger, Kamerun und Tschad verschwindet der *afrikanische Reis*, der, unabhängig vom asiatischen Reis, von Afrikanern kultiviert wurde. Ende der sechziger Jahre trafen internationale Hilfsorganisationen in Obervolta ein. Sie stauten einen Fluß und bauten Bewässerungssysteme zur Unterstützung der neueingeführten asiatischen Reissorten. Deren Erträge übertrafen die der afrikanischen Sorten um das Zehnfache. Die Bauern waren unschlüssig, was sie tun sollten. Dann, im Jahre 1971, kam, was kommen mußte: Der asiatische Reis wurde von afrikanischen Krankheiten befallen. Die Erträge fielen auf das übliche Maß. Aber wer konnte sich angesichts der enormen Investitionen in Bewässerung, Saatgut, Dünger und Ausrüstung noch die alten Erträge leisten?[32] Für eine Umkehr war es jedoch zu spät. Die afrikanischen Reissorten waren inzwischen weitgehend verschwunden.[33]

Auch der *Kartoffel*, einst von beeindruckender Artenvielfalt, erging es nicht besser. Dr. Carlos Ochoa vom Internationalen Kartoffelzentrum in Peru, eine der führenden Autoritäten auf diesem Gebiet, bezeichnet die Situation in Mexiko und Guatemala als «sehr alarmierend». Wie andere stellt Ochoa fest, daß neue Sorten selbst in äußerst abgelegenen Landstrichen die traditionellen Kartoffelarten verdrängen.

In Nordperu, wo Ochoa in zwei Regionen zuvor 45 verschiedene Sorten gesammelt hatte, war Anfang der siebziger Jahre keine einzige mehr zu finden.[34] Auf der Insel Chiloe vor der Küste von Chile war Charles Darwin einstmals überwältigt von der Vielfalt an Kartoffelarten, als er dort Station machte. In den zwanziger Jahren fand ein russischer Botaniker noch etwa 200 verschiedene Arten. Zwanzig Jahre später hatte sich die Anzahl halbiert – mit weiterhin abnehmender Tendenz, wie spätere Untersuchungen herausfanden.[35]

Weizen, Gerste, Reis, Hirse, Sorghum und Kartoffeln – das Leben von Millionen von Menschen ist von diesen Hauptnahrungspflanzen abhängig. In allen Bereichen verzeichnen wir einschneidende Verluste der über Jahrtausende gewachsenen Vielfalt. Aber die «genetische Auslöschung», wie dieser Prozeß bezeichnet wurde, beschränkt sich nicht auf Getreidearten. Gemüse- und Obstarten sowie exotische Früchte sind genauso betroffen.

In der Türkei, einem Land von ungeheurem genetischen Reichtum bei vielen Kulturpflanzen, wurden die einheimischen *Zuckerrüben* durch Importe neuer Sorten mit Namen wie *Detroit Globe* ersetzt.[36] Auch dem Artenreichtum an *Linsen* droht durch ein staatliches Züchtungsprogramm der Niedergang.[37] Die *Zuckererbse* ist eine weitere Nahrungspflanze, die man einst für ungefährdet hielt, die aber kürzlich vom Internationalen Rat für pflanzengenetische Ressourcen als vordringliches Sammelobjekt bezeichnet wurde.[38] Ausländische *Bohnen* bedrohen – laut Frankels 1973 veröffentlichter Erhebung[39] – den «bemerkenswerten genetischen Reichtum» der Türkei. Obwohl das Land einst ein Zentrum der Vielfalt für Flachs war, sind heute große Flächen mit einer einzigen Sorte bepflanzt. Obstbaumschulen, vor dreißig Jahren von der türkischen Regierung angelegt, bedecken heute 80 Prozent des gesamten Obstanbaugebietes. Die massive Förderung staatlich empfohlener Sorten hatte zur Folge, daß viele der traditionellen *Pfirsich-*, *Birnen-*, *Kirschen-* und *Aprikosen*sorten ausgestorben sind.[40]

In Europa ist die *Kohlfamilie*, zu der Brokkoli, Blumenkohl und Rosenkohl gehören, durch moderne Sorten stark dezimiert worden. Beim Blumenkohl haben sich die Verluste bereits als kostspielig erwiesen. Dr. van der Meer vom Institut für Pflanzenzucht in Wageningen, Holland, schreibt: «Eine fast vollständige Verdrängung der offen-bestäubten Sorten durch Hybride fand etwa 1975 beim *Rosenkohl* und etwa 1980 beim *Weißkohl* statt. Der gleiche Prozeß vollzieht sich bei *Zwiebeln* und *Karotten* . . .»[41]

So unglaublich es erscheinen mag, aber viele Samenfirmen werfen all das Saatgut, das sie aus ihrem Sortiment nehmen, einfach weg. Und uns ist keine Regierung bekannt, die kommerziell vertriebene Sorten, die aus den Katalogen verschwinden, systematisch sammeln würde. Es kann also durchaus sein, daß eine bestimmte Sorte, die eine Samenhandlung einst im Angebot hatte, ein oder zwei Jahre nachdem sie aus deren Katalog gestrichen wurde ausstirbt.

Diese Litanei der Verdrängung und Ausrottung traditioneller Fruchtarten durch zeitgenössische Produkte von Pflanzenzuchtanstalten, Regierungsbehörden und Saatgutindustrie ließe sich endlos fortsetzen. Bei der Sichtung der in den letzten zwanzig Jahren zu diesem Thema erschienenen wissenschaftlichen Literatur wird offenbar, daß die Ersetzung traditioneller durch moderne Sorten die Hauptursache des Artensterbens ist – und zwar in neun von zehn Fällen. Zwar können auch andere Faktoren zum Verschwinden alter Rassen führen, aber die *Hauptursache des Verlusts unseres landwirtschaftlichen Erbes ist zweifellos die Einführung neuer, von professionellen Züchtern hervorgebrachter Sorten.* Dies führt seinerseits zur Zerstörung von Mischkulturen, in denen Landsorten häufig zu finden sind – und wo sie auch am ehesten hingehören. Um es ganz klar zu sagen: Pflanzenzüchter erzeugen die neuen Sorten nicht, um die älteren Rassen auszurotten. Aber da wirksame Programme fehlen, um bei der Einführung neuer Typen die alten Varietäten zu sammeln und zu bewahren, ist deren Aussterben die zwangsläufige Folge.

Die meisten Kommentatoren, die sich mit dem Verlust an genetischen Ressourcen befassen, machen dafür die «Modernisierung der Landwirtschaft» verantwortlich, ein Terminus, der ebenso antiseptisch wie unvermeidlich ist. Die Rede von der Modernisierung gibt aber noch keinen Einblick in die Motive und in die Strategien, die bestimmte Interessengruppen verfolgten, um die Voraussetzungen für diese «Modernisierung» zu schaffen, und sie vermittelt keine Vorstellung von den Kräften, die einen unerhörten Druck auf die Bauern der Dritten Welt ausübten, sich zu «modernisieren».

Die neuen Sorten waren und sind dabei höchstens ein Werkzeug – Element eines viel umfassenderen Prozesses, durch den die Subsistenzlandwirtschaft in Frage gestellt und ihre Betreiber in die Marktwirtschaft integriert wurden. Was hat dies vor Ort bedeutet? Sicher erforderten die neuen Saaten andere Fertigkeiten von den Bauern der Dritten Welt, die plötzlich den Umgang mit Pestiziden und Düngemitteln zu lernen hatten, ebenso die Handhabung von Bewässerungssystemen und die Benutzung eines Maschinenparks. Die größeren Ernten und die Notwendigkeit, sie zu verkaufen, erforderten neue Methoden der Lagerung und neue Kenntnisse der Vermarktung und Finanzierung. Für viele Bauern der Dritten Welt war es nicht bloß eine neue Art der Bodenbestellung, die erlernt werden mußte, sondern eine ganz neue Weltsicht, die es zu verinnerlichen galt.

Durch die Kommerzialisierung der Landwirtschaft der Dritten Welt gerieten auch die tradierten Sozialsysteme unter Veränderungsdruck. Kommunaler Landbesitz und die in Zentralamerika vorherrschende Auffassung, daß Saatgut prinzipiell verschenkt und nicht verkauft werden sollte, sind bloß zwei Beispiele für Traditionen, die ins Wanken gerieten.

Eine subtile, aber folgenschwere Wirkung hatte dabei die Tatsache, daß die neuen Elemente – Saaten, Pestizide und Düngemittel, aber auch das Spezialwissen – aus dem industriellen Sektor stammten. Ehemals autarke Volkswirtschaften wurden sehr rasch von Außenseitern abhängig, als sich «die Entscheidungsprozesse in der landwirtschaftlichen Praxis tendenziell von Landwirten zu Nichtlandwirten verlagerten».[42] Und in dem Maße, wie sich dieser Wandel vollzog, wurde es für die staatlichen Planer immer leichter, auf Wissenschaftler und Unternehmensvertreter zu hören als auf die Bauern, denn diese hatten die Kontrolle über die Landwirtschaft verloren.

Das neue Saatgut enthielt den genetischen Code der Gesellschaft, aus der es stammte. Es brachte nicht bloß Feldfrüchte hervor, sondern spiegelte das jeweilige landwirtschaftliche System, in dem es erzeugt worden war. Die Saaten waren Teil eines Pauschalarrangements, das einen tiefgreifenden Wandel traditioneller Kulturen, Werte und Machtbeziehungen sowohl innerhalb der Dörfer wie auch zwischen diesen und der Außenwelt einschloß. Es ist wichtig, darauf hinzuweisen, daß dieser Prozeß in manchen Fällen regionale Kulturen auseinanderriß und zerstörte. In anderen Fällen waren es der Zerfall einer traditionellen Kultur und die Faszination alles Westlichen, was den neuen Sorten und der Kultur, die sie mit sich brachten, Einlaß verschaffte.

Es war also nicht etwas so Sauberes wie die «Modernisierung der Landwirtschaft» oder so Simples wie die Einfuhr neuer Sorten, was diese fatale Beschleunigung der genetischen Erosion seit den fünfziger Jahren bewirkte, sondern ein äußerst komplexer Prozeß, in den massive politische Interessen, hochgezüchtete neue Technologien und bitterarme Kleinbauern verwickelt waren.

Die obige Schilderung dieses Prozesses basiert überwiegend auf Äußerungen jener Verantwortlichen in der industrialisierten Welt, die führend daran beteiligt sind. Sie sollte eigentlich zu keinen Kontroversen Anlaß geben. Aber schon die Erwähnung dieses Prozesses löst mancherorts Hochspannung aus. Wenn man nur die Rede darauf bringt, werden einem Vorwürfe aller Art entgegengeschleudert, deren häufigster lautet: «Sie wollen doch nur den Zeiger zurückdrehen» (mit der Implikation, daß dies Hunger für Millionen bedeuten würde). «Wie viele Menschen wollen Sie eigentlich zum Hungertod verurteilen?» fragte uns Harold Loden, der damalige Vizepräsident des Saatgut-Wirtschaftsverbandes der USA, in einer Fernseh-Diskussion. Den Prozeß zu analysieren, der die genetische Vielfalt bedroht, verrät aber ebensowenig den Wunsch nach einem «Rückschritt» wie die Sorge um die Erhaltung der *Mona Lisa* bedeutet, daß man sich ins 16. Jh. zurückwünscht. Ganz im Gegenteil. Die Gefahren für die Vielfalt zu analysieren ist die unerläßliche Voraussetzung, um die Zukunft zu bestehen.

Wir haben uns bisher auf die Produktion und Verteilung neuer Saatgutsorten als Ursache des Aussterbens alter Rassen konzentriert.

Von den übrigen Ursachen des Artensterbens erscheinen uns zwei als wichtig. Die erste ist bekannt, sie stellt nur eine Variante dessen dar, was wir bereits untersucht haben. In vielen Zentren der Vielfalt ist die Einführung moderner marktgängiger Sorten – zum Beispiel Weizen – oft Grund genug für einen Kleinbauern, den Anbau einer traditionellen Sorte jeder beliebigen Fruchtart – vielleicht Rüben – aufzugeben, um die höheren Erträge und Einnahmen zu erzielen, die anfangs mit der Einführung der neuen Sorte einhergehen.

Dieses Problem ist besonders ernst bei *Hülsenfrüchten*. Hülsenfrüchte sind reich an Protein, und in vielen Ländern der Dritten Welt werden ihre Proteine zur Ergänzung der im Getreide enthaltenen Eiweiße benötigt. Millionen von Menschen, deren Hauptnahrungsmittel die Maniokwurzel ist, decken ihren Proteinbedarf in erster Linie durch Hülsenfrüchte. Die von der grünen Revolution eingeführten Sorten anderer Nahrungspflanzen haben jedoch häufig den örtlichen Anbau von Hülsenfrüchten verdrängt und nicht nur zu deren Aussterben geführt, sondern zugleich die einheimische Bevölkerung einer unverzichtbaren Proteinquelle beraubt.[43]

Die Zerstörung von Lebensräumen ist die zweite gravierende Ursache der genetischen Erosion. Wir sind immer noch dabei, neue Mittel und Wege zu erfinden, um die natürlichen Habitate von Pflanzen zu vernichten, die uns ernähren. Die Zerstörung ihrer Biotope ist der Hauptfeind wilder Arten, die, wie wir gesehen haben, von zunehmender Bedeutung für die Pflanzenzucht sind.

Der Bau des ägyptischen Assuan-Staudamms und die anschließende Überflutung eines riesigen Gebiets durch den Nasser-See hat manchen Getreidearten endgültig den Garaus gemacht. Und als man die Bevölkerung des Wadi-Halva-Gebiets umsiedelte, wurden die in ihrer neuen Heimstatt vorhandenen Bestände an wildem Sorghum durch Überweidung derart dezimiert, daß sie wahrscheinlich für immer verloren sind.[44]

Überweidung fordert von den wilden Kartoffelarten ebenso ihren Tribut wie die Entwaldung der Tropen und die Expansion menschlicher Siedlungen in den Anden.[45] Norman Myers, der Verfasser von *The Sinking Ark*, hat festgestellt, daß in der Türkei «wilde Vorläufer verschiedener Getreidearten nur auf Friedhöfen und in Burgruinen vor grasenden Tieren sicher sind».[46] Überweidung durch einheimische Ziegen stellt auch die größte Gefahr für wilde Tomatenarten an der Küste von Peru dar, eine Gefahr, die laut Professor Charles Rick von der Universität von Kalifornien «mit der Verschlechterung der ökonomischen Situation im Hochland auch in diesen Gegenden immer bedrohlicher» wird.[47] Rick erwähnte aber auch die Ausbreitung von Industrie und die Rodung zu landwirtschaftlichen oder städtebaulichen Zwecken als weitere Ursachen des Tomatensterbens.[48]

Der gnadenlose Vormarsch der Wüsten – eine Fläche von der doppelten Größe Belgiens wird jedes Jahr zur Wüste – stellt die eigentliche Gefahr für einen afrikanischen Baum namens Laperrine's Olive dar. Auch sehen sich die Tuaregs zunehmend gezwungen, Exemplare dieses Baumes zu fällen, da die Suche nach Feuerholz immer beschwerlicher wird. Man nimmt jedoch an, daß sich diese Olivenart für Züchtungsprogramme als wertvoll erweisen könnte, falls sie denn überlebt.[49]

Kakao, aus dem Schokolade erzeugt wird, ist in seinen Wildformen stark gefährdet. Die traditionellen kreolischen Arten von guter Qualität und hervorragendem Aroma wurden einst in ganz Mittelamerika und einem großen Teil Südamerikas gefunden. Viele sind inzwischen von anderen profitablen Fruchtarten verdrängt worden – Bananen in Costa Rica und Honduras, Baumwolle in Nicaragua. Andere wurden durch «verbesserte» Sorten ersetzt.[50] Auch der durch eine hektische Ölsuche durch Texaco und andere Unternehmen Ende der sechziger und Anfang der siebziger Jahre verursachte Kahlschlag vernichtete weitere Bestände[51], wenn auch unbeabsichtigt. Nur wenige Erdöl- oder Holzfirmen sondieren vorher die Gebiete, in die sie eindringen, und unternehmen Anstrengungen, um die natürliche Vegetation zu erhalten.

Der Prozeß der Kakaoausrottung dauert auch heute noch an, obwohl nicht mehr viel da ist, was vernichtet werden kann. In Mittelamerika sind einheimische Rassen bereits völlig ausgestorben.[52]

Und nicht nur für die Schokoladen-, auch für die Kaugummiliebhaber gibt es eine Hiobsbotschaft. Raubbau gefährdet den Sapodilla-

Baum in Mexiko und Guatemala, aus dem *chicle*, der Grundstoff für Kaugummi («Chiclets»), gewonnen wird. Die Nachfrage ist offensichtlich derart hoch, daß jetzt bereits jüngere Bäume angezapft werden, ohne daß man ihnen zwischen den Anzapfungen Ruhe- und Erholungspausen gönnt. An dieser Praxis gehen viele Bäume zugrunde.[53]

Staudämme, Hungersnöte, Bebauungspläne und Ölbohrungen, all dies stellt eine Gefahr für die genetischen Ressourcen dar. Aber die größte Bedrohung unseres landwirtschaftlichen Erbes kommt von der Landwirtschaft selbst, von der Verdrängung traditioneller Saaten und Anbaupraktiken durch moderne, aus Inzucht entstandene Kulturarten. Diese neuen Sorten drohen jene Vielfalt zu vernichten, die die Landwirtschaft im Laufe ihrer langen Geschichte hervorgebracht hat. Und mit dem Aufkommen der Biotechnik und ihrer Verheißung noch höherer Erträge (und anderer «Verbesserungen», von denen man sich bisher nichts träumen ließ) dürften traditionelle Rassen noch stärker und unmittelbarer gefährdet sein.

Welche Nahrungspflanzen sind am stärksten bedroht? In erster Linie die Kulturarten, von denen in Zuchtprogrammen neue Sorten entwickelt werden. Und dies sind natürlich gerade solche Fruchtarten, die für das Überleben der Menschheit am wichtigsten sind.

Sammelprioritäten

Im Jahre 1974 wurde von der Beratungsgruppe für Internationale Agrarforschung, ein Zusammenschluß von Pflanzenzuchtinstituten, eine Organisation «zur Förderung eines internationalen Netzwerkes von Gen-Zentren» gegründet, dessen Aufgabe die Sammlung, Konservierung, Dokumentation, Auswertung und Nutzung von Pflanzenkeimplasma ist...»[54] Die neue Körperschaft, der Internationale Rat für Pflanzengenetische Ressourcen (IBPGR), hat ihr Hauptquartier in den Gebäuden der Ernährungs- und Landwirtschaftsorganisation der Vereinten Nationen, FAO, in Rom. (Auf diese Organisationen kommen wir im 7. und 8. Kapitel noch ausführlicher zurück.)

Gestützt auf die Empfehlungen von Beratungsausschüssen und verschiedenen Experten hat der IBPGR eine Prioritätenliste für das

Sammeln und Konservieren von Saatgut erstellt. Maßgebend hierfür sind die folgenden Kriterien: der Gefährdungsgrad der Pflanzenart und ihrer wilden Verwandten; ihre ökonomische und soziale Bedeutung; die zu sammelnden Präparate; die Bedürfnisse der Pflanzenzüchter; die Qualität der vorhandenen Sammlungen. Diese Liste wird gelegentlich aktualisiert, und sie ist sowohl nach Feldfrüchten wie nach Regionen unterteilt. Sie ist allerdings weder wissenschaftlich erhärtet noch gar unantastbar, sondern basiert auf begründeten Vermutungen. Und dies sind wahrscheinlich die besten Vermutungen, die heute möglich sind, selbst wenn sie manchmal eine Parteilichkeit zugunsten von Bedürfnissen der Industrieländer erkennen lassen.

Als diese Zeilen geschrieben wurden, war mehr als fünfzig Fruchtarten vom IBPGR in einer oder mehreren Regionen bereits die höchste Priorität zuerkannt worden. Darunter befanden sich:

Äpfel	Kokosnüsse	Sorghum
Aubergine	Kürbis	Spinat
Avocados	Linsen	Süßkartoffeln
Bananen	Mais	Tomaten
Birnen	Mango	Weizen
Bohnen	Pfeffer	Zitrusfrüchte
Gerste	Reis	Zuckerrüben/
Kaffee	Rettich	Zuckerrohr
Kakao	Sojabohnen	Zwiebeln
Kohl-Familie		

Diese beängstigende Liste von Kulturpflanzen, deren genetische Vielfalt bedroht und deren künftige Lebensfähigkeit damit gefährdet ist, sollte man gründlich studieren.

Die zweithöchste Priorität hat der IBPGR unter anderem folgenden Nutzpflanzen eingeräumt:

Aprikosen	Gummi	Ölpalme
Baumwolle	Kartoffeln	Papaya
Cashew-Nüsse	Kirschen	Pfirsiche
Datteln	Mandeln	Walnüsse
Feigen	Nektarinen	

Auch in der dritten Gruppe sind eine Anzahl wichtiger Nutzpflanzen enthalten, wie Hafer, Roggen, Erbsen, Sonnenblumen, Oliven, Saflor (Färberdistel), Jute, Ananas, Pflaumen, Erdbeeren und Weintrauben. Es gibt noch eine vierte Gruppe, und eine Reihe von Fruchtarten ist gar bislang nicht kategorisiert und wird erst untersucht, darunter viele Baumfrüchte und Nüsse, Futter- und Arzneipflanzen. Eine Handvoll Fruchtarten – Weizen, *Phaseolus* (gemeine Bohnen), Maniok, Süßkartoffeln, Kaffee und Tomaten – wurden dagegen *global* in die höchste Dringlichkeitsstufe eingereiht.

In den letzten Jahren hat der Verlust an pflanzengenetischem Material nicht selten hektische Suchaktionen nach benötigtem Keimplasma in den Zentren der Vielfalt in der Dritten Welt ausgelöst. Solange die Weltbevölkerung von Boston bis Bangkok den größten Teil ihrer Ernährung mit dreißig Pflanzenarten bestreitet, braucht man kein Naturfreund zu sein, um sich über das Aussterben traditioneller Nahrungspflanzen und ihrer wilden Verwandten Sorgen zu machen.

Gleichförmigkeit – das Übel der Uniformität

Die Gefahr, von der die genannten Fruchtarten bedroht sind – der Verlust aller für ihre künftige Evolution und ihr Überleben nötigen Gene –, wird durch zwei zusätzliche Probleme verschärft: durch den verbreiteten Einsatz eines einzigen Resistenzgens in Zuchtprogrammen und durch den hohen Grad an genetischer Einförmigkeit auf den Äckern der Bauern.

Letzten Endes werden alle Pflanzenzuchtprogramme nach ihren Resultaten beurteilt. Die Pflanzenzüchter stehen unter ständigem Druck, neue Sorten auf den Markt zu bringen. Sie schlagen deshalb häufig Abkürzungen ein, die unseren Vorfahren unbekannt waren.

In der Regel sucht der heutige Pflanzenzüchter nach einem wichtigen Gen, das seiner neuen Sorte eine bestimmte Resistenz gewährleistet. Bei einer traditionellen Landsorte ist die Resistenz häufig keine so simple Angelegenheit. Ihre Widerstandsfähigkeit kann das Produkt eines Komplexes von Genen sein, buchstäblich Hunderten von Genen, die zusammenwirken. Diese Art von Resistenz anzuzüchten ist für den modernen Züchter zu zeitraubend, diffizil und kostspielig. Aber es ist wirksam. Und die so erzeugte Resistenz ist dauerhaft.

Durch die Verwendung einer Ein-Gen-Resistenz bietet der Pflanzenzüchter dem Parasiten oder der Krankheit ein leichtes Ziel. Sie brauchen nur einen Weg zu finden, um diese einzige Verteidigungslinie zu überwinden. Wie Erna Bennett hervorhebt, ist diese Art der Züchtung also «nicht ohne praktische Nachteile, deren häufigster das regelmäßige Auftreten von resistenzüberwindenden pathogenen Stämmen ist. In der Folge ist die Züchtung wieder zu einer schrittweisen Abwehr des Pathogens gezwungen... Es besteht keine Aussicht auf dauerhafte oder stabile Resistenz...»[55]

Die Verwendung eines einzigen Resistenzgens, eines Gens, dessen Überwindung von Schädlingen oder Krankheiten nur eine Frage der Zeit ist, hat zur Folge, daß dieses Gen dann zugleich «verbraucht» ist.[56] Es bietet keinen Schutz mehr. Die Pathogene haben es ausgeschaltet. Seit Jahren wird die Auffassung vertreten, daß Pflanzenzüchter keine Sorten auf den Markt bringen sollten, deren Resistenz von einem einzigen Gen abhängt. Telham wies 1966 in bezug auf Tomaten darauf hin, daß diese Praxis «den allmählichen Verschleiß der wenigen verfügbaren Formen von Resistenz» zur Folge habe. Ein solches Vorgehen, erklärte er, sei eine «unverzeihliche Vergeudung der natürlichen Ressourcen unserer Welt».[57] Bei der Jagd nach dem einen Resistenzgen wird der Genkomplex – der ganze Satz von Genen einer Landsorte, der eine stabile Resistenz bieten könnte – oft ignoriert und manchmal vernichtet, obwohl er «die gesamte pflanzenzüchterische Arbeit repräsentiert, die die Natur über Jahrtausende geleistet hat».[58]

Der Verlust an pflanzengenetischen Ressourcen durch Ausrottung und Verschwendung der restlichen Reserven im Zuge der Ein-Gen-Resistenzzüchtung verringert unsere Chancen, Schädlinge und Krankheiten in Zukunft erfolgreich bekämpfen zu können. Und wir eliminieren nicht nur genetisches Material, das benötigt werden könnte, um Widerstandskräfte zu mobilisieren, falls eine Epidemie ausbricht; wir erhöhen auch die Wahrscheinlichkeit ihres Ausbruchs durch unsere Verwendung einer sehr schmalen genetischen Basis bei unseren Kulturpflanzen. Die Anzahl der Pflanzenarten, die auf den Feldern der heutigen Landwirte in allen Teilen der Welt angebaut werden, repräsentiert nur einen Tropfen im Meer der pflanzengenetischen Vielfalt.

Es ist immer mit einem Risiko verbunden, wenn ein Landwirt eine Reinliniensorte auf seinem Acker anpflanzt statt einer Sortenmischung. Manche Komponenten einer Mischung wären vielleicht imstande, dem Angriff eines Schädlings oder einer Krankheit zu widerstehen. Hat man jedoch eine gleichförmige Kultur auf dem Feld, dann sind alle Pflanzen betroffen, sobald ein Schädling zuschlägt.

Dieses Risiko steigt, wenn der Nachbar dieselbe Sorte anpflanzt. Wenn aber praktisch jeder Landwirt dieselbe Sorte oder dieselbe Handvoll Sorten anbaut, dann nimmt das Risiko gefährliche Dimensionen an. Zwei Jahre nach dem Maisbrand von 1970 veröffentlichte die amerikanische Akademie der Wissenschaften eine 307seitige Untersuchung mit dem simplen Titel «Genetische Anfälligkeit der Hauptfruchtarten». Aus der Untersuchung ging hervor, daß die USA bei ihren wichtigsten Fruchtarten in einem erschreckenden Umfang von nur wenigen Sorten abhängig sind. Die Studie schloß mit der Mahnung, daß die US-Landwirtschaft von ungewöhnlicher genetischer Gleichförmigkeit und daher in höchstem Maße anfällig sei.

Nach der verheerenden Epidemie brüstete sich die Saatgutindustrie, daß sie nur ein Jahr gebraucht hätte, um das Problem zu beseitigen und resistente Sorten auf den Markt zu bringen. Verschwiegen wurde dabei jedoch, daß entscheidende Fragen unbeantwortet geblieben waren. Wissenschaftler der Industrie waren sich durchaus bewußt, daß die Hybriden anfällig waren, konnten das Problem aber nicht lösen.[59] Wenn es jedoch keine Warnung gegeben hatte, daß die Epidemie 1970 ausbrechen würde, können wir dann das nächste Mal mit einer Warnung rechnen? Hieß die Lektion, die aus der Gleichförmigkeit der Maiskultur und des daraus resultierenden Maisbrands zu lernen war, daß die Industrie rasch reagieren kann, oder bestand sie in der Erkenntnis, daß ein Pilz rasch reagiert? Und sind andere Fruchtarten nicht genauso gleichförmig und genauso anfällig? Ersetzten amerikanische Sorten nicht auf dem ganzen Erdball Vielfalt durch Gleichförmigkeit? Und schließlich: Haben wir eine Gewähr, daß die Saatgutindustrie das nächste Mal eine rasche Lösung finden wird? Gibt es denn überhaupt so etwas wie eine Lösung angesichts einer derart schmalen genetischen Basis?

Freilich sind dies Fragen, die auch Züchter anderer Kulturarten beunruhigen. Fünfundsiebzig Prozent des Weltbedarfs an Sojabohnen werden gegenwärtig in den USA erzeugt. Bis vor kurzem stammte praktisch der gesamte Anbau dieser Fruchtart von lediglich sechs Pflanzen aus demselben Gebiet Chinas ab. Ebenso wie Mais vor der Pilzseuche hat auch das gesamte Sorghum in den USA nur eine

Art von Zytoplasma und stammt von einer einzigen Pflanze ab.[60] Dasselbe kann man von der zytoplasmischen Gleichförmigkeit der europäischen Zuckerrüben sagen.[61]

Obwohl die Untersuchung der amerikanischen Akademie der Wissenschaften im Falle des Weizens eine weniger krasse Gleichförmigkeit ergab, ist die Situation trotzdem alarmierend. Nehmen wir zum Beispiel die Weizensorte *Kalyansona*. Etwa um die Zeit der oben erwähnten Untersuchung bedeckten «verschiedene Abkömmlinge der ursprünglichen Kreuzung, aus der diese Sorte gewonnen wurde..., 60 Prozent der Gesamtfläche, die in der ganzen Welt mit Sommerweizen bebaut wird».[62] Seit damals hat sich wahrscheinlich zwar die Vielfalt des in den USA angebauten Weizens erhöht, doch werden in der Dritten Welt inzwischen weniger Landsorten verwendet.

Das Problem erstreckt sich auch auf Zierbäume. Alle 300 000 Bradford-Birnen sind Abkömmlinge desselben Baumes, der vom Direktor des Nationalen Arboretums der USA 1950 entdeckt worden war.[63] Selbst unser aller Morgenkaffee läßt sich wahrscheinlich auf einen Baum im Botanischen Garten von Amsterdam zurückführen, der zum Stammbaum der südamerikanischen Kaffeeindustrie wurde.[64]

In Europa ist die Situation nicht weniger besorgniserregend. Aufgrund von Äußerungen vieler europäischer Wissenschaftler, mit denen wir in den letzten zehn Jahren gesprochen haben, läßt sich zusammenfassend feststellen, daß der Grad an Gleichförmigkeit bei den wichtigsten europäischen Fruchtarten in etwa der amerikanischen Situation entspricht.

Aber nicht nur die einzelnen Anbausorten selbst zeichnen sich durch große Gleichförmigkeit aus, es gibt auch Ähnlichkeiten zwischen den verschiedenen Sorten. Viele von ihnen haben bestimmte Merkmale miteinander gemein, die ihnen durch dasselbe Gen beziehungsweise dieselben Gene übertragen wurden – etwa Fadenlosigkeit bei Bohnen oder Wachstumshemmung bei Reis und Weizen.[65] Die verschiedenen Sorten sind also in wichtigen Punkten gar nicht so verschieden.

Die Gefahr kommt also von modernen Sorten, die «purifiziert» wurden; in Sir Otto Frankels Worten, Sorten mit einem «Minimum an genetischer Variation».[66] Bei manchen Kulturpflanzen wie Zuckerrohr, Kartoffeln und vielen Obstarten ist sogar der geschlechtliche

Fortpflanzungsmodus unterdrückt worden. Es werden Ableger verwendet oder Pfropfungen vorgenommen – kurzum, Klone erzeugt –, und die Fruchtart reproduziert sich praktisch ohne Gelegenheit natürlicher Vermischung und Einführung neuer Gene.[67]

«Die Verkümmerung der genetischen Basis unserer Kulturpflanzen kann man an den empfohlenen Sortenlisten der Industrieländer ablesen», meint Heslop-Harrison, «wo als Reaktion auf spezielle Ansprüche – wie etwa der Tiefkühlkosterzeugung oder der Verpackungsindustrie – immer weniger Genotypen [verschiedene Typen] immer mehr zur Gesamtproduktion beitragen».[68] Diese Listen verengen die Auswahl von Dutzenden, Hunderten oder auch Tausenden von Möglichkeiten auf eine bloße Handvoll. Die Regierungen der Europäischen Gemeinschaft sind mit der Herausgabe eines «Gemeinsamen Katalogs» sogar noch einen Schritt weitergegangen.[69] Die darin nicht angeführten Sorten werden für minderwertig gehalten und können von den Saatgutfirmen nicht legal verkauft werden. In der Praxis sind das die traditionellen, nichtpatentierten Sorten, die eine Konkurrenz für die patentierten Rassen darstellen, welche sich fast ausschließlich im Besitz und also im Angebot großer Unternehmen befinden. Die Weiterexistenz anderer Sorten hängt von raschen Schutz- und Konservierungsmaßnahmen ab. Die meisten Menschen dürften es aber kaum merken, wenn eine ihrer Lieblingssorten von der Liste verschwindet, und sie sind nicht in der Lage, Saatgut zu retten, das sie nicht mehr besitzen. Viele Sorten – laut Erna Bennett nicht weniger als drei Viertel der gegenwärtig in Europa kultivierten – werden so innerhalb von zehn Jahren aussterben!

Die drohende Katastrophe

Vor fünfzehntausend Jahren ernährten sich unsere Vorfahren von Tausenden von Pflanzenarten. Der Übergang zum Ackerbau bewirkte zwangsläufig eine Abnahme dieser Zahl. Gleichzeitig setzte aber eine wundersame Entwicklung ein: Die Vielfalt innerhalb jeder einzelnen Fruchtart nahm in dem Maße zu, wie sich die Kulturpflanzen an die unzähligen verschiedenen Umgebungen anpaßten, denen sie ausgesetzt waren.

Heute treten wir in eine dritte, einschneidende Phase in unserer

Beziehung zu den Pflanzen ein: Solange Menschen Jäger und Sammler waren, griffen sie auf viele Nahrungsquellen zurück, ohne sie zu domestizieren. Die frühen Bauern reduzierten zwar das Nahrungsangebot, erhöhten aber die Vielfalt innerhalb der einzelnen, nun kultivierten Nahrungspflanzen. Heute schmälern und zerstören wir wiederum gerade jene genetische *Vielfalt*, die durch die traditionellen landwirtschaftlichen Praktiken entstanden ist.

Der Prozeß der Ausrottung landwirtschaftlicher Nutzpflanzen begann im 19. Jahrhundert, beschleunigte sich in der ersten Hälfte des 20. Jahrhunderts und hat in den letzten dreißig Jahren wie ein Krebsgeschwür um sich gegriffen. Von der Vielfalt, die durch die Pflanzenevolution und jahrtausendelange Kultivierung entstanden war, ist bereits so viel vernichtet worden, daß sich Erna Bennett zu dem Hinweis veranlaßt sieht, daß wir die Wawilowschen Zentren nunmehr als «Zentren ehemaliger Vielfalt» bezeichnen sollten.[70]

Es steht außer Zweifel, daß die Hauptursache dieser genetischen Auslöschung das Ersetzen traditioneller Rassen durch Kulturarten ist, die überwiegend von Pflanzenzuchtinstituten und großen multinationalen Saatgutfirmen entwickelt, verteilt und vermarktet werden – nicht selten mit Hilfe von Regierungen und Hilfsorganisationen.

Nun würde die Verteilung der neuen Saaten nicht zwangsläufig das Aussterben der traditionellen Arten bedeuten, sofern diese Arten gesammelt würden, sobald sie vom Markt verdrängt werden. Die Pflanzenzuchtanstalten haben jedoch erst 1970 ernsthaft damit begonnen, die alten Sorten zu sammeln. Und die Saatgutfirmen haben noch nicht anerkannt, daß es ein Teil ihrer Verantwortung zu sein hätte, für die Erhaltung jener Saatgutsorten zu sorgen, die sie verdrängen.

In letzter Zeit haben sich die Saatgutfirmen gemeinsam für eine gesetzliche Regelung eingesetzt, die die Patentierung von Saatgut erlaubt – Gesetze, die es einem Unternehmen ermöglichen, sich zum Beispiel eine neue Sorte von Kopfsalat oder Tomaten patentieren zu lassen (oder hierfür einen patentähnlichen Rechtsschutz zu erhalten). Um durchsetzbar zu sein, erfordert ein solches Gesetz, daß die neue, patentierte Sorte in sich einheitlich – also gleichförmig – ist. Diese Art von Einheitlichkeit und das ständige Streben nach immer größerer Gleichförmigkeit sagt sowohl den Rechtsanwälten wie auch den Schädlingen zu und stellt einen weiteren Faktor dar, der zur Verengung der genetischen Basis unserer Kulturpflanzen beiträgt.

Noch wichtiger ist jedoch, zu verstehen, daß ein Patentrecht sowohl von Unternehmen wie von sympathisierenden Regierungen als ein Mittel gefördert wird, das nicht zuletzt die Saatgutexporte steigern hilft. Wie es in einer Erklärung des US-Landwirtschaftsministeriums heißt, «fördern die Sortenschutzgesetze den internationalen Handel».[71]

Tatsächlich haben sich die Saatgutexporte aus den USA seit der im Jahre 1970 erfolgten Verabschiedung dieses Gesetzes verdoppelt. Und es leuchtet ein, daß sich ein Saatgutunternehmen, gewappnet mit Sortenschutz, sehr viel nachdrücklicher für die Erschließung neuer Märkte einsetzt, als wenn es auf Konkurrenten stößt, die dieselben Sorten anbieten. Keine Konkurrenz ist die beste aller Absatzbedingungen, und Patente sichern einer Saatgutfirma genau dies.

Was für die Saatgutindustrie gut ist, ist aber für die Pflanzen alles andere als billig. Wenn die Ersetzung traditioneller Pflanzenstämme durch neue Sorten bewirkt, daß viele dieser «altererbten» Sorten aussterben, wird die Erhöhung von Saatexporten dann diesen Prozeß nicht beschleunigen? Wenn die Patentgesetze zur Erhöhung der Saatexporte führen, wird sich dann (bei fehlenden wirksamen Konservierungsmaßnahmen) nicht auch das Artensterben beschleunigen? Die Saatgutindustrie verneint dies, allerdings ohne Begründung. Wir hingegen kommen zu keinem anderen Schluß, als daß Samenpatentierungsgesetze zur Ausrottung pflanzengenetischer Ressourcen beitragen.

Die Frage ist, sind wir der überwältigenden Verantwortung gewachsen, die künftige Evolution auf der Erde in die eigenen Hände zu nehmen? Die erste Regel eines erfolgreichen Eingreifens müßte lauten, alle Bestandteile zu bewahren; doch in der Landwirtschaft werfen wir Bestandteile weg, bevor wir ihren Wert oder ihre Rolle überhaupt erkannt haben. Wir verbrennen Bücher, die wir noch nicht gelesen haben. Wir handeln wie der englische Monarch, der den Befehl gab, aufrecht wachsende Bäume auszurotten und dafür die Bäume mit krummen Stämmen zu hegen, weil sie besser für den Bau der Schiffsrümpfe geeignet seien, die sein Land benötigen werde. Auch wir müssen uns auf die Zukunft vorbereiten – aber wir sollten uns stets vergegenwärtigen, daß wir niemals wissen können, was die Zukunft bringen wird.

Wir maßen uns zum Beispiel nicht an zu wissen, wie die Menschheit auf das vorgezeichnete Ende des petrochemischen Zeitalters reagieren wird. Wir wissen, daß eine Lösung gefunden werden muß, da der

Vorrat an nichterneuerbaren Ressourcen begrenzt ist. Unsere Generation wird vielleicht noch nicht vor diesem Problem stehen, wohl aber künftige Generationen.

Da die Verwerfungen und Anpassungen ungeheuer und zweifellos schmerzhaft sein werden, ziehen manche es einfach vor, ihre Unvermeidlichkeit zu leugnen. Man versuche einmal, einem Pflanzenzüchter klarzumachen, daß wir unsere aus dem Grundstoff Erdöl gewonnenen Düngemittel und Pestizide nicht unbegrenzt zur Verfügung haben werden, um unsere äußerst abhängigen (ja süchtigen) Kulturen damit zu beglücken, und es kann gut sein, daß seine Reaktion lautet: «Doch! Wir *müssen*. Wie können wir sonst die Weltbevölkerung ernähren?»

Auch wir wissen keine Antwort auf diese Frage. Aber wir beharren darauf, daß, so dringend das menschliche Bedürfnis nach unerschöpflichen Vorräten an aus Öl gewonnenen landwirtschaftlichen Produktionsmitteln auch sein mag, allein die simple Logik und die Ereignisse des letzten Jahrzehnts eindeutig belegen, daß wir uns nicht ewig auf sie verlassen können. In der langen Geschichte der Landwirtschaft könnte die von Chemie abhängige Bodenkultur eines Tages durchaus als vorübergehende Mode erscheinen.

Während wir auf eine bisher noch unvorstellbare Lösung des Problems hoffen, große Mengen an Nahrung ohne große Mengen an Düngemitteln zu erzeugen, würden wir gut daran tun, zumindest die pflanzlichen Ressourcen zu retten, die eines geringen Inputs bedürfen – jene Sorten, die sich in Jahrtausenden entwickelt und ohne unsere Nachkriegschemie behauptet haben.

Diese traditionellen Sorten mögen nicht alle Bedürfnisse befriedigen. Aber in einer Welt mit schrumpfenden Ölvorräten werden moderne, von Öl abhängige Sorten sicher auch nicht die ideale Lösung sein. Etwas anderes zu behaupten hieße sich selbst etwas vorzumachen.

Künftige Generationen werden diese Probleme entweder mit oder aber ohne die pflanzengenetischen Ressourcen anzugehen haben, die heute existieren. Wir sehen es als unsere moralische und evolutionäre Verantwortung an, dafür zu sorgen, daß das vorhandene Potential auch nachfolgenden Generationen erhalten bleibt.

Ein solches Fernziel könnte aber, selbst wenn alle Beteiligten es teilten, bereits an aktuellen Problemen scheitern. Sind wir überhaupt noch in der Lage, genügend Vielfalt retten zu können, um das bloße

Überleben unserer wichtigsten Pflanzenarten zu gewährleisten? Die genetische Vielfalt, die heute verlorengeht, ist die Grundlage künftiger Pflanzenzucht, künftiger Pflanzenevolution. Wenn sie zu stark eingeschränkt wird, dann verlieren die Pflanzenarten ihre Fähigkeit, sich anzupassen und zu entwickeln. Die letzte Weizenpflanze muß keineswegs erst verwelkt und vertrocknet sein, bevor der Weizen als ausgestorben gelten kann. Er wird aussterben, wenn er die Fähigkeit zur Evolution verliert und wenn weder seine genetischen Abwehrmechanismen noch unsere Chemikalien imstande sind, ihn zu schützen. Und dieser Tag kann rasch und lautlos kommen, selbst während noch Millionen Hektar Weizen die Erde bedecken.

«Wer würde überleben, wenn Weizen, Reis oder Mais vernichtet wären? Eine solche Möglichkeit ins Auge zu fassen, wäre noch vor ein paar Jahren als absurd erschienen. Jetzt ist es nicht mehr absurd», warnt Jack Harlan. «Wie real sind die Gefahren? Welches sind die potentiellen Dimensionen der Katastrophe? Man könnte genausogut fragen, wie gefährlich ist der Atomkrieg? Die Konsequenzen des Verlustes einer unserer wichtigsten Nahrungspflanzen übersteigen jede Vorstellungskraft.»[72]

Die Tropenwälder

*In den Wäldern kehren wir zu Vernunft
und Glauben zurück.*

Emerson

Der britische Biologe J. B. S. Haldane wurde einmal gefragt, was er aufgrund seiner Untersuchung der Schöpfung über den Schöpfer aussagen könne. Er antwortete, der Schöpfer müsse «eine außerordentliche Vorliebe für Käfer gehabt haben».[1] Haldane wußte, wovon er sprach: es gibt etwa eine Million Käferarten. Und viele, wenn nicht die meisten, leben zusammen mit der Mehrzahl aller anderen Pflanzen- und Tierarten in den Wäldern der Erde. Der Schöpfer liebte offenbar auch Wälder. Wenn man sich auf die Suche nach dem größten Käfer der Welt machte, dann würde man ihn in einem tropischen Wald finden. Die tropischen Wälder bedecken rund 20 Millionen Quadratkilometer, ein Gebiet etwas größer als Südamerika. Die Wälder der Tropen haben viele Erscheinungsformen, vom trockenen Buschland bis zum regenreichen, immergrünen Dschungel, aber etwa 60 Prozent ihrer Gesamtfläche besteht aus «geschlossenem» breitblättrigem Wald und Grasland/Baum-Formationen. Auf solche tropischen Feuchtwälder werden wir uns hier konzentrieren, da sie eine unerhörte tierische und pflanzliche Vielfalt beherbergen.

Niemand weiß, wie viele Pflanzen- und Tierarten in der Welt existieren. Irgendwo zwischen drei und zehn Millionen, vermutet man. Wahrscheinlich zwei Drittel aller auf der Erde vorkommenden Arten leben nur in den Tropen – die meisten davon in den Tropenwäldern.[2] Die Britischen Inseln weisen etwa 1450 Arten von Bäumen, Sträuchern und Kräutern auf – nur 350 mehr, als in Kolumbien auf einer einzigen Quadratmeile registriert wurden.[3] Kolumbien besitzt möglicherweise doppelt so viele Pflanzenarten wie Ekuador.[4] Ekuador hat so viele Pflanzenarten wie ganz Zentralamerika.[5] Zentralamerika ist lediglich so groß wie Frankreich, aber allein das kleine Land Panama zeichnet sich durch ebenso viele Pflanzenarten aus wie ganz Europa.[6]

Dem Naturforscher Dr. Norman Myers zufolge vermutet man in dem winzigen Staat Brunei im Nordwesten von Borneo zweitausend Baumarten, während das siebenmal so große Holland nur dreißig aufweist.[7] «Ein kleiner bewaldeter Vulkan, Mount Makiliang auf den Philippinen», sagt Myers, «enthält mehr Holzarten als die gesamten Vereinigten Staaten.»[8]

Im tropischen Wald wimmelt es also von mehr Leben als an jedem anderen Ort. Das üppige Laubwerk Amazoniens beherbergt ein Fünftel aller Vogelarten dieser Welt.[9] Ein einziger Baum kann zweitausend verschiedenen Insektenarten eine Heimstatt bieten.[10] Die Gewässer des Amazonas-Flußsystems beheimaten fast ebenso viele Fischarten wie der Atlantische Ozean.[11]

Diese fabelhafte Vielfalt kennzeichnet ein äußerst komplexes Ökosystem – und es gibt nicht bloß ein tropisches Feuchtwald-Ökosystem, sondern viele verschiedene Ökosysteme innerhalb des Waldes.

Ein großes Maß an präzisem Zusammenwirken und an Spezialisierung ist nötig, damit tropische Ökosysteme funktionieren. Eine Pflanze, die der Menschheit als unwichtig erscheint, kann einer Vogel- oder Insektenart Nahrung bieten, die als einziger Bestäuber einer wertvollen Fruchtart dient. Der riesige *Casearia*-Baum von Costa Rica ernährt zum Beispiel in einer Jahreszeit, in der Früchte knapp sind, 22 Vogelarten. Ohne diesen Baum würden manche Vogelarten verschwinden und mit ihnen Pflanzen, die von der Befruchtung oder Samenverteilung durch diese Vögel abhängig sind.[12]

Die Akazie eröffnet uns einen faszinierenden Einblick in die oft verborgene Art und Weise, wie Pflanzen und Insekten im Lebensraum des Waldes voneinander abhängen. Eine Akazienart besitzt zum Beispiel keine wirksamen Mittel, um sich gegen Parasiten zu wehren. Wenn nicht eine sehr spezialisierte Ameisenart auf den Bäumen lebte, wäre die Akazie den Schädlingen ausgeliefert. Die Ameisen höhlen die Dornen des Baums aus und ziehen ihre Jungen darin groß. Sie ernähren sich von den knospenartigen Blattspitzen der Akazie, ohne ihr dadurch zu schaden. Quasi als Dank dafür attackieren sie wütend jedes andere Insekt, das es wagt, einen Fuß auf den Baum zu setzen. Lianen und andere Pflanzen, die sich an die Akazie heranwagen, werden von den Ameisen sofort abgesägt, so daß der Baum unbehindert wachsen kann.[13] Akazien und Ameisen haben somit starke wechselseitige Abhängigkeiten entwickelt; ja man kann sagen, daß dieser Akazienbaum von den Ameisen «kultiviert» wurde.[14]

Viele tropische Samenkörner keimen einfach nicht, solange sie nicht den Verdauungstrakt bestimmter Tiere passiert haben.[15] Die Paranuß hängt in ihrer Fortpflanzung von Nagetieren ab, die ihre Samenkörner kauen und deren harte äußere Schale zerbeißen.[16] Das Überleben dieser Pflanzen ist mithin von der Erhaltung des Lebensraums ihrer tierischen Helfer abhängig.

In ungestörtem Zustand befinden sich stets 90 Prozent des Waldes im Wachstumsstadium. Wenn ein großer, alter Baum umstürzt und dabei andere mitreißt, entstehen Lücken. Hier wird der Überlebenskampf am heftigsten: die Pflanzen hören auf, Gifte zu ihrem Schutz zu erzeugen, und investieren ihre gesamte Energie statt dessen in das Wachstum. Kein Wunder also, wenn weidende Tiere die in diesen Lichtungen wachsenden Pflanzen bevorzugen.[17]

Einige Pflanzenarten kann man breit gestreut überall in einem großen Tropenwald antreffen. Aber die große Mehrzahl der Arten tritt nur in den isolierten Nischen auf, an die sie angepaßt sind. Zwei Flächen von jeweils einem Hektar Größe, die bloß wenige Kilometer voneinander getrennt sind, können einen 50prozentigen Unterschied in ihrem Baumbestand aufweisen.[18] Außerdem kann die Anzahl von Exemplaren einer bestimmten Spezies recht begrenzt sein, häufig nur ein oder zwei pro Hektar.[19] Mit anderen Worten, die Vielfalt des Tropenwaldes ist zwar breit gestreut, zahlreiche Arten sind aber auf einen engen Raum begrenzt und somit selten. In manchen Fällen erhöht dies die Labilität eines Ökosystems, das ohnehin schon äußerst fragil ist. Allerdings sind nicht alle Tropenwald-Ökosysteme derart empfindlich. Komplexität kann auch Zähigkeit und Robustheit bedeuten. Es stimmt sicher nicht, daß jeder Eingriff in einen tropischen Feuchtwald mit Vernichtung oder Schädigung gleichzusetzen wäre.

Dennoch wissen wir von all dieser tropischen Vielfalt sehr wenig. Nur eine halbe Million von den mehreren Millionen Arten in den Tropen sind von Wissenschaftlern auch nur benannt worden. Es gibt in der ganzen Welt lediglich 1500 Taxonomen, die qualifiziert genug sind, die restlichen Arten zu klassifizieren.[20] Würden sie alles stehen- und liegenlassen, in die Tropen übersiedeln und jeden Tag eine neue Spezies finden und klassifizieren, dann würde sie diese Aufgabe mindestens viereinhalb Jahre in Anspruch nehmen – Freizeit nicht eingerechnet. Doch selbst wenn ihnen dies gelingen sollte, würden wir immer noch nicht wissen, welchen Wert diese Arten für uns haben könnten oder wie sich die neubenannten Pflanzen in ihre Umwelt fügen. Wir hätten bloß eine Liste von Namen.

Dennoch könnte die Geschichte ohne großen Schaden hier enden, wenn es nicht die traurige Tatsache gebe, daß die tropischen Waldgebiete schrumpfen. Wie schnell das geschieht, darüber gehen die Vermutungen stark auseinander, ebenso wie die Schlußfolgerungen, wie lange es dauern wird, bis die tropischen Wälder restlos verschwunden sind. Nicht selten hört man, daß den tropischen Wäldern nur noch eine Lebenserwartung von fünfzig oder noch weniger Jahren zugestanden wird.

Die unterschiedlichen Schätzungen sind auf mangelhafte und unvollständige Angaben zurückzuführen. Nach den besten heute erhältlichen Informationen ist zu hoffen, daß die tropischen Wälder nicht so rasch untergehen werden, wie wir einmal befürchteten. Die «geschlossenen» Wälder schrumpfen um 0,6 Prozent jährlich. Die «offenen» Wälder verschwinden laut FAO in etwas langsamerem Tempo.[21] Aber selbst diese Schätzung kann irreführend sein, denn die Verluste sind nicht gleichmäßig verteilt.

Manche Wälder haben nur geringe Verluste erlitten. Manche – geschützt durch Terrain und Entfernung von menschlichen Ansiedlungen – wären selbst bei großen Anstrengungen nicht leicht zu zerstören. Aber andere sind stark bedroht und könnten bald verschwunden sein. Außerdem beziehen sich die oben zitierten Zahlen auf «Entwaldung», was die FAO im Grunde als «Kahlschlag» definiert. Das Fällen ausgewählter Bäume, das den Wald ernstlich schädigen kann (aber nicht unbedingt muß) und einen Verlust genetischer Ressourcen bewirkt, ist in der Schätzung nicht inbegriffen. Die tatsächlichen Verluste sind also signifikant – und viel größer, als die angegebenen Durchschnittszahlen erkennen lassen. Wenn man bedenkt, daß manche dieser Wälder das Produkt einer sechzig Millionen Jahre währenden Evolution sind, dann gibt das Tempo der gegenwärtigen Entwaldung in manchen Ländern erheblichen Anlaß zu unmittelbarer Besorgnis.[22]

Abholzung ist durchaus kein neues Phänomen. Sie ging den multinationalen Holzverwertungsgesellschaften um Jahrhunderte voraus. Um zu verstehen, wie und warum die tropischen Wälder heute zerstört werden, ist ein kurzer Ausflug in die Geschichte nötig.

Das Vermächtnis der Plantagenwirtschaft

Lange bevor die Holzindustrie in die Tropenwälder vordrang, wurde der Wald schon für Plantagen gerodet. Kolumbus führte das aus Südostasien stammende Zuckerrohr in der Neuen Welt ein. Zucker galt in Europa als so wertvoll, daß er oft einen Bestandteil der Mitgift von Königinnen bildete. Im Nordosten Brasiliens fand das Zuckerrohr Bedingungen vor, die ihm zusagten. Gegen Ende des 16. Jahrhunderts besaß Brasilien 120 Zuckerfabriken und war der größte Produzent der Welt.

Riesige Waldgebiete wurden abgeholzt und vielleicht noch größere Flächen entwaldet, um Brennstoff für die Fabriken zu gewinnen. Auf den Feldern schufteten Tausende von Sklaven, die aus Afrika herbeigeschafft wurden. Der Zucker eroberte eine der Karibischen Inseln nach der anderen, zerstörte Waldgebiete und ließ den Sklavenstrom immer stärker anschwellen.

Mit der Entdeckung des Kautschuks begann ein neues Kapitel. In Amazonien setzte ein Gummi-Boom ein, der nur wenigen zugute kam. Eine halbe Million Bauern – Nachfahren von Sklaven, die zum Zuckeranbau herbeigeholt worden waren – starben auf dem Weg in das Gebiet von Manaus am Amazonas oder bei der Arbeit in den Kautschukplantagen. Als schließlich auch in Asien Gummi (genaugenommen Latex) gezapft wurde, brach die Konjunktur am Amazonas zusammen, und der Anteil am Weltmarkt fiel von 100 auf ganze zwei Prozent.[23]

Mit dem Kakaoanbau erlitt Brasilien ein ähnliches Schicksal. Weitere Wälder wurden dafür abgeholzt. Diesmal übernahm Afrika den Part des «siegreichen» Konkurrenten, und 1920 hatte sich Ghana zum führenden Produzenten aufgeschwungen.

Als nächstes kam der Kaffee.

Inzwischen war die Sklaverei im Niedergang begriffen, und die reichen Landbesitzer in Brasilien und anderswo fanden es ökonomischer, Mindestlöhne zu zahlen, als sich mit rebellischen Sklaven herumzuschlagen.

Millionen von Menschen wurden von den Schwankungen des internationalen Kaffeemarktes abhängig.

Schließlich führte man in der Karibik Bananen ein, wo sie auch heute noch ein wichtiges Exportprodukt sind. Eine ähnliche Entwicklung vollzog sich auf den Philippinen und in Indonesien: Zucker,

Manilahanf, Kaffee, Indigo und Tabak wurden für den Export angebaut. Und in jedem Fall mußten dafür Wälder abgeholzt werden.

Aber es gibt eine wichtigere Lektion als lediglich die Tatsache, daß auch vor unserer Zeit schon große tropische Waldgebiete abgeforstet wurden.

Die Einführung von Exportprodukten wie Zucker brachte ein neues wirtschaftliches und politisches System mit sich. Das Land wurde in Besitz genommen, Plantagen angelegt und eine ungeheure Zahl von Menschen versklavt, um die Plantagen zu bearbeiten.

Als die Institution der Sklaverei schließlich zu Ende ging, änderte sich an den Machtbeziehungen zwischen Reichen und Armen nur wenig. Wer sich auf die Suche nach Land machte, mußte sich mit schlechtem Boden oder erodierenden Hanglagen zufrieden geben, da die Plantagen auf den fruchtbarsten Landstrichen angelegt worden waren.

Die Exportlandwirtschaft in der Dritten Welt hat immer billige Arbeitskräfte in großer Zahl benötigt. Da sie weder Kapital noch Land besaß, war das einzige Gut einer armen Familie ihre Arbeitskraft. Und da es keine Altersversorgung gab, konnte sich ein Paar seine Zukunft nur durch Kinder sichern. Und auf diese Weise multipliziert sich das Problem der Armut.

Von den Tagen der Sklaverei und der Plantagen bis in die Gegenwart hat es für die durch diese Geschichte verarmten Massen wenig Chancen gegeben, genügend Land und andere Ressourcen zu erwerben, um der Armut zu entrinnen. Der Grundbesitz ist in vielen Ländern der Dritten Welt nach wie vor höchst ungleich verteilt – eine Handvoll Familien beherrscht oft den größten Teil des Landes, während die überwältigende Mehrzahl nur wenig oder gar keinen Boden besitzt.

Dies ist die gegenwärtige Situation – ein klares Resultat des Kolonialismus. Und dieser Umstand ist es, der heute die vielleicht größte Gefahr für die tropischen Wälder darstellt.

Überall auf der Welt dringen Tausende von Menschen, die durch die Plantagenwirtschaft landlos und arbeitslos geworden sind, in die tropischen Wälder vor. Freilich hat es immer Menschen gegeben, die dem Wald ihr Auskommen verdanken. Kleine Gruppen von Jägern und Sammlern existieren auch heute noch in manchen Gebieten, doch richtet ihre harmonische Beziehung zu ihrer Umwelt so gut wie keinen Schaden an. Ähnliches gilt für einheimische Kleinbauern – oft ethnische Minderheiten –, die schon seit langem in den Wäldern Wanderfeldbau betreiben. Sie roden kleine Gebiete durch Fällen der Bäume und Abbrennen der Vegetation und bestellen dort ein paar Jahre lang den Boden, bis die abnehmende Fruchtbarkeit sie zwingt, weiterzuziehen. Eine Bracheperiode stellt die Fruchtbarkeit wieder her, so daß der Boden nach einer Weile erneut kultiviert werden kann. Unter normalen Bedingungen ist der Schaden minimal. Aber diese Brandrodungs- oder Wanderfeldbauern geraten inzwischen unter Druck. Landnahmen und andere Gründe zwingen sie, ihre Anbauzyklen zu verkürzen und Brachland erneut unter den Pflug zu nehmen, bevor dieses hinreichend Zeit hatte, sich zu regenerieren. Wo solche Zwänge existieren, weichen die Wanderfeldbauern von ihren verantwortlichen Praktiken ab und verursachen große Schäden.

Die Hauptschuld an der Entwaldung wird daher zunehmend den Wanderfeldbauern in die Schuhe geschoben. Es ist jedoch ein neuer Menschenschlag – Jack Westoby spricht zu Recht von «Hungerflüchtlingen» –, der diese Abforstung verursacht.[24] Westoby, ein ehemaliger leitender FAO-Beamter, erklärt unumwunden, daß mittellose und landlose Bauern, Menschen ohne Hoffnung auf Beschäftigung in Ländern mit offiziell 40 Prozent Arbeitslosigkeit, ihre letzte Hoffnung in den Wäldern sehen, wo sie Wanderfeldbau betreiben, um nicht zu verhungern.

Nun verfügen diese «Hungerflüchtlinge» nur selten über eine ebenso intime Kenntnis dieser Art der Bodenbestellung wie die traditionellen Wanderfeldbauern. Sie roden Land, das niemals hätte gerodet werden dürfen. Sie beuten den Boden aus und lassen ihn oft unproduktiv zurück. Und sie kommen in enormen und noch wachsenden Massen. Es liegt auf der Hand, daß diese Kleinbauern Opfer sind, die es nicht verdienen, daß man ihnen die Waldverluste zum Vorwurf macht. Außerdem sind diese Menschen nicht bloß späte Opfer des Kolonialismus – sie sind oft auch Werkzeuge heutiger Rancher, indem sie den Boden für eine künftige Rinderzucht bereiten.

Seit den sechziger Jahren war das Schicksal des Amazonas eng mit der Regierungspolitik einer Erschließung des Hinterlandes verknüpft. Die brasilianische Hauptstadt wurde in die neue, zentraler gelegene Stadt Brasilia verlegt, deren Grundriß einem Flugzeug gleicht. Und der Wald wurde durch den Bau eines knapp 3000 Kilometer langen Straßensystems zugänglich gemacht.[25]

Die Inflation förderte die Investitionen in Grundbesitz, und die zunehmende Nachfrage nach billigem Rindfleisch für die Fast-Food-Industrie in den Vereinigten Staaten bewirkte, daß immer größere Flächen für die Rinderzucht gerodet wurden. Die Weltbank unterstützte diese Entwicklungen und erhöhte ihr finanzielles Engagement auf dem Sektor der Viehzucht, das im Zeitraum 1948–1960 lediglich vier Prozent ihres Gesamtkreditvolumens betragen hatte, in den Jahren 1966–1970 auf 21 Prozent.[26]

Die Massen an Arbeitslosen setzen die brasilianische Militärregierung unter Druck. Da die neuen Straßen den landlosen Bauern Zugang zu Waldgebieten verschafften, ermutigte die Regierung viele Menschen durch Landzuweisungen und finanzielle Anreize zur Umsiedlung. In den Augen der meisten Regierungen sind solche Programme einer echten Bodenreform vorzuziehen.

In Brasilien hat diese Politik dazu geführt, daß sich viele Bauern auf einem Waldstück niederlassen, nur um für dessen Rodung bezahlt zu werden. Nach einem Jahr ziehen sie auf ein neues Grundstück weiter und überlassen das gerodete Land einer Ranch oder einem landwirtschaftlichen Unternehmen. Darüber hinaus gewährt die Regierung Grundbesitzern, die das gesetzliche Maximum von 50 Prozent ihres Landes roden lassen, große Steuernachlässe.[27]

Die Folge dieser Regierungspolitik war eine massive Ausbreitung der Rinderzucht im Amazonasgebiet. Trotz der «unterstützenden» Rolle, die die Kleinbauern oder die Landarbeiter bei diesem Rodungsprozeß gespielt haben – weswegen ihnen regelmäßig die Waldvernichtung zur Last gelegt wird –, stößt ihre dauernde Anwesenheit auf heftige Kritik seitens der Konzerne. Die Rancher behaupten, die Kleinbauern seien unproduktiv und fügten der Umwelt Schaden zu – ein Problem, von dem die Rancher vorgeben, es mit guter unternehmerischer Planung aus der Welt schaffen zu können, wenn ihnen nur das ganze Land gehörte. De facto haben die kleinen Siedler Schätzungen zufolge jedoch nur 600 000 Hektar gerodet, «weniger als die Hälfte dessen, was den Ranchern in bloß drei Jahren, von 1974 bis 1976, allein im Süden des brasilianischen Bundesstaates Para gestattet wurde».[28]

«Unglücklicherweise» sind auch die Rancher inzwischen ihrer Umweltsünden überführt worden. 1975 entdeckte der um die Erde kreisende Satellit Skylab, daß von einem Teil Brasiliens extreme Hitze ausging. Zunächst wurde angenommen, daß Skylab im Dschungel des

Amazonas einen riesigen feuerspeienden Vulkan entdeckt habe. Als man jedoch an Ort und Stelle eintraf, fand man keinen Vulkan vor, sondern Vertreter des Volkswagenkonzerns, die 25000 Hektar Wald abbrennen ließen, um dort eine riesige Rinder-Ranch anzulegen.[29] Heute können täglich buchstäblich Tausende von Bränden – jeder mindestens einen Quadratkilometer groß – vom Weltraum aus festgestellt werden. Astronauten sehen, was wir nicht sehen können: der Rauch dieser Brände bedeckt den gesamten Kontinent.

Allein in Brasilien werden auf 66000 Quadratkilometer Waldland in 300 Ranches sechs Millionen Rinder gehalten.[30] Norman Myers schätzt, daß in den letzten Jahren 38 Prozent der Waldvernichtung in Amazonien auf die Rinderzucht zurückzuführen war.[31] Trotz all dieser Aktivitäten ist die Viehzucht in Amazonien ein spektakulärer Fehlschlag gewesen. Aus dem Bundesstaat Para zum Beispiel wurde in den letzten Jahren nur Rindfleisch im Wert von 44000 Dollar jährlich ausgeführt, verglichen mit einem Export von Paranüssen im Wert von 33 Millionen Dollar. Wie Hecht schreibt, «führt Amazonien nach wie vor mehr Fleisch ein als aus».[32]

Die Umwandlung tropischer Wälder in Weideland zu dem angeblichen Zweck der Rinderzucht wurde vielmehr zu einer Methode, um riesige staatliche Subventionen abzukassieren und gleichzeitig von den steigenden Bodenpreisen zu profitieren. Die Produktivität des Landes und der Erfolg der Viehzuchtbetriebe als solche waren nicht so wichtig wie die Kapitalrendite insgesamt. Die Ware, um die es eigentlich ging, war nicht das Rindfleisch, sondern das Land. Trotz Entwaldung und unergiebiger Viehzucht können in Amazonien riesige Profite erzielt werden.

Die zentralamerikanische Rinderzucht kam vor allem in den sechziger Jahren durch die rasante Vermehrung der Hamburger-Ketten in den Vereinigten Staaten in Schwung. Die meisten dieser Ketten importieren ihr Fleisch aus Mittelamerika, obwohl das von manchen, darunter McDonald's, geleugnet wird. Der Zusammenhang zwischen der nordamerikanischen Hamburger-Industrie und der Abholzung der Tropenwälder steht jedenfalls außer Frage.

Die Viehzucht auf tropischem Waldland ist keine einfache Angelegenheit. Bis die Rinder endlich weiden können, ist das Land zunächst einmal von einer Holzverwertungsfirma genutzt worden, oder es hat ein paar Jahre lang einen Kleinbauern ernährt – vielleicht auch beides. Der Boden ernährt anfangs ein Rind pro Hektar – ein Verhältnis, das sich später auf ein oder zwei Stück Vieh pro fünf bis zehn Hektar verschlechtert.[33] Doch solange genügend Wald vorhanden ist, der abgeholzt werden kann, und solange die staatlichen Anreize dazu fortbestehen, ist niemand gezwungen, sich nach grüneren Weiden umzusehen.

Während die US-amerikanischen Rindfleischimporte gestiegen sind, ist der Pro-Kopf-Verbrauch von Fleisch in Zentralamerika auf ein Niveau gesunken, das unter dem einer Hauskatze in den USA liegt.[34] Die Nutzung des Landes zur Rinderzucht und zum Anbau von Exportprodukten hat Tausende von Menschen der Möglichkeit beraubt, ihren Unterhalt zu verdienen und sich selbst zu ernähren. Die Armen könnten das Fleisch also auch nicht kaufen, wenn es nicht exportiert würde. Fleisch fließt dorthin, wo das Geld ist.

Rindfleisch, Großindustrie und Politik sind die Ingredienzen des zentralamerikanischen Eintopfs. Der frühere Diktator von Nicaragua, Anastasio Somoza, besaß zum Beispiel Anteile an sechs Fleisch-Importfirmen in Florida und 51 Haciendas in Nicaragua (neben seinen 46 Kaffeeplantagen). Bis zur Revolution von 1979 führten die USA mehr Rindfleisch aus Nicaragua ein als aus jedem anderen Land Mittelamerikas.[35] Jetzt hat Costa Rica dieses fragwürdige Privileg. Schon hat das Weideland von Costa Rica infolge verminderter Niederschläge und des vermehrten Abflusses aufgrund der Entwaldung stark gelitten. Die Entwaldung verursacht zugleich eine starke Bodenerosion, was laut Norman Myers «dazu führte, daß Stauseen verschlammten, mit der weiteren Folge, daß Trinkwasser und Strom knapp wurden».[36]

Paul und Anne Ehrlich von der Stanford-Universität behaupten, daß «mehr als ein Viertel aller mittelamerikanischen Wälder in den letzten zwanzig Jahren vernichtet wurden, um Rindfleisch für die Vereinigten Staaten zu produzieren»[37] – ein Verlust, unterstützt und finanziert mit mehreren Milliarden Dollar der Weltbank und mit amerikanischem «Entwicklungshilfe»-Geld sowie mit weiteren Millionenbeträgen vom US-Landwirtschaftsministerium, der Organisation der Amerikanischen Staaten und der Panamerikanischen Weltgesundheitsorganisation.[38] Heute dienen etwa zwei Drittel des urbar gemachten Landes in der Region der Rindfleischerzeugung.[39]

Die Holzhändler sind nicht die Hauptschuldigen an der Abholzung der tropischen Wälder, aber ebensowenig spielen sie eine vorbildliche Rolle. Die Regierungen der Entwicklungsländer erhalten selten eine angemessene Entschädigung für das ausgeführte Holz. Bestechung örtlicher Beamter ist gang und gäbe. Abgesehen von ein paar Vorzeigeprojekten sind die Bemühungen um Aufforstung und Konservierung völlig unzulänglich. Für die großen Holzverwertungsunternehmen stellen die tropischen Wälder nach wie vor eine große Verlockung dar, weil das Holz, das sie dort schlagen, billiger ist als alles, was sie anderswo bekommen können. Und daß es billiger ist, verdankt sich den oben erwähnten Praktiken.

Wer sind die Schuldigen?

In manchen Ländern sind diese Praktiken auf Widerstand gestoßen. Zwischen den Flüssen Eia und Mambara in Papua-Neuguinea liegt das Stammesgebiet der Binander. Die fünftausend Angehörigen dieses Stammes leben quasi wie in der Steinzeit. Aber sie haben etwas Bemerkenswertes geschafft. Sie haben gelernt, in Gleichgewicht und Harmonie mit dem Regenwald zu leben. In den letzten zehn Jahren haben sie, um dieses Leben zu erhalten, eine US-amerikanische Holzhandelsfirma daran gehindert, in ihren Wald einzudringen. «Wenn die Männer dieser Firma nochmals hierherkommen, dann werden wir sie töten und aufessen», erklärte der Häuptling der Binander einem schwedischen Fernseh-Team.

In den letzten Jahren ist die weltweite Nachfrage nach tropischem Hartholz in schwindelerregendem Tempo gestiegen. Noch 1950 verbrauchten die Erzeugerländer in den Tropen fünfmal mehr tropisches Industrieholz als Japan, die USA und Europa. Heute ist der Verbrauch in etwa gleich hoch.[40] Zwischen 1950 und 1973 hat Japan seine Importe an tropischen Harthölzern um fast 2000 Prozent, die USA um nahezu 1000 Prozent erhöht.[41] Die Holzhandelsfirmen sind von unterschiedlichem Zuschnitt. Manche sind dubiose Ein-Mann-Betriebe, die überall Holz schlagen, wo man sie nicht daran hindert, selbst in Nationalparks. Andere sind bekannte multinationale Konzerne. Von diesen sind die US-amerikanischen vor allem in Süd- und Mittelamerika aktiv. Vier davon kontrollieren gegenwärtig ein Gebiet von über 600000 Hektar Größe allein in Brasilien. Die japanischen Unternehmen dominieren den pazifischen Raum, und die europäischen Unternehmen sind in Afrika und Südamerika aktiv.[42]

In Süd- und Mittelamerika ist es häufig schwierig, zwischen Holzeinschlag und anderen Ursachen der Entwaldung zu unterscheiden. Jahrhundertelanger Kolonialismus und monokulturelle Volkswirtschaften haben viele Nationen verelendet, abhängig und hungrig zurückgelassen. Im 16. Jahrhundert rivalisierten Holländer, Engländer, Franzosen, Spanier und Portugiesen um die Kontrolle der brasilianischen Häfen. Schon damals schätzte man dieses Land wegen seines Zuckerrohrs, einer aus Südostasien eingeführten Kulturpflanze. Die Indianer wurden in Kriegen mit den Europäern aus ihrer Heimat vertrieben. Ebenso tödlich wie Kriege und Versklavung waren die von den Europäern eingeschleppten Krankheiten wie Masern und Pocken. Da sie keine Immunität dagegen besaßen, wurden ganze Indianer-Populationen ausgerottet.

Nicht vergessen dürfen wir eine weitere Ursache der Entwaldung, auf die in akademischen Werken über dieses Thema selten hingewiesen wird: den Krieg. Der Begriff «ecocide» (Ökozid) ist während des Vietnam-Krieges in die englische Sprache eingegangen, da die Zerstörung der Umwelt eine entscheidende Rolle in der Strategie und Taktik der Vereinigten Staaten gespielt hatte.[43]

Zwischen 1965 und 1971 war in Indochina – einem Gebiet, das nur etwas größer ist als Texas – die doppelte Menge an Munition explodiert, wie die USA im gesamten Zweiten Weltkrieg verschossen hatten.[44] Eine Sprengkraft von 450 Hiroshima-Bomben ging auf Indochina nieder, über 260 Kilo pro Kopf der Bevölkerung.[45]

Die typische 250-Kilo-Bombe (von denen eine B-52 jeweils 108 tragen konnte) riß einen viereinhalb Meter tiefen Krater von neun Meter Durchmesser. In Indochina gibt es 26 Millionen solcher Krater mit einer Gesamtfläche von mehr als 171 000 Hektar.[46] Abgesehen davon, daß auf diese Weise riesige Teile Indochinas verwüstet wurden, fügten die Bombensplitter der Waldvegetation auf Hunderttausenden von Hektar großen Schaden zu. In dem tropischen Klima breiten sich Krankheiten und Parasiten rasch aus, wenn sie eine solche Chance erhalten. Während der letzten Kriegsjahre setzten die USA eine besonders zerstörerische Bombe ein, die imstande war, die gesamte Vegetation auf einer 1,3 Hektar großen Fläche zu vernichten, damit diese als Hubschrauber-Landeplatz dienen konnte. Darüber hinaus forderte die Bombe in dem fast unglaublichen Umkreis von 49 Hektar Opfer an Menschenleben, Flora und Fauna.[47] Wie ein vietnamesischer Sägewerkbesitzer berichtete, wiesen vier von fünf

Baumstämmen, die sein Werk durchliefen, infolge dieser und anderer Bomben Metallsplitter auf.[48]

Etwa zwei Prozent der Landfläche Südvietnams ist mit sogenannten Römer-Pflügen, einer riesigen, von zwei Traktoren oder Bulldozern gezogenen Kette, radikal gerodet worden.[49]

Und schließlich gab es noch die chemischen Kampfstoffe. Sechstausend Tonnen der Chemikalie 2,4,5-T – die gesamte amerikanische Produktion von 1967 und 1978 – wurden vom amerikanischen Verteidigungsministerium eingesetzt. Diese Menge reicht bei entsprechender Verteilung aus, um die Vegetation auf vier Millionen Hektar Land zu vernichten.[50] Insgesamt wurden 55000 Tonnen an Pflanzenvernichtungsmitteln eingesetzt.[51] Diese Herbizide wurden nicht nur über dem Urwald, sondern auch über Kautschuk-Plantagen und Reisfeldern – zum Teil wiederholt – versprüht.[52] Es gibt keine Schätzung über die Zahl an traditionellen und örtlich angepaßten Reissorten, die durch den Krieg verlorengingen, doch dürfte deren Anzahl nicht sehr gering zu veranschlagen sein. Am Ende des Krieges stellte Dr. David Ehrenfeld vom Fachbereich Bodenkultur und Landwirtschaft an der Rutgers-Universität fest: «Es kann als gesicherte und konservative Einschätzung gelten, daß jedes größere und kleinere Ökosystem in Vietnam gravierend verändert oder sogar ohne Hoffnung auf Wiederherstellung zerstört wurde.»[53]

Die Schätze des Waldes

Die Tropen umfassen zwölf Prozent der Landfläche der Welt. Ihre Wälder bedecken vier Prozent,[54] aber sie enthalten wahrscheinlich den mit Abstand größten Anteil aller weltweit vorkommenden Tier- und Pflanzenarten. Ist es da vorstellbar, daß diese Wälder ohne Auswirkungen für die Menschheit vernichtet werden können? Wohl kaum!

Viele Appelle, die tropischen Wälder zu retten, kommen von wohlmeinenden Menschen, die sich über das Schicksal von Schmetterlingen und Farnen Sorgen machen. Das ist verständlich und berechtigt, und auf lange Sicht ist es auch ökonomisch sinnvoll. Wir würden darüber hinaus argumentieren, daß es auch umweltpolitisch sinnvoll ist, ja daß diese Lebensformen ein Grundrecht auf Existenz haben.

Aber, wie Richard Nixon zu fragen pflegte, bevor er eine politische Entscheidung traf: «Wird das in Peoria ankommen?», läßt sich die Botschaft auch allen Bürgern und Wählern (!) vermitteln? Die Antwort lautet, leider, nein. Wenden wir uns also statt dessen einem Produkt zu, das die meisten von uns unmittelbar betrifft: unserem Morgenkaffee.

Zu den Millionen von Arten, die in den tropischen Wäldern heimisch sind, zählen Kautschuk, Kakao, Maniok, Cashew-Nüsse und Vanille, Ananas, Granatapfel und zahllose andere Früchte; Bäume wie Ebenholz und Teak; zahllose Arzneipflanzen, die zur Bekämpfung von Krankheiten einschließlich Krebs und Malaria dienen; und natürlich Kaffee.

Eine Mitte der sechziger Jahre von der FAO in Äthiopien durchgeführte Untersuchung hat die Regenwälder im Südwesten von Äthiopien als Herkunftsort des *Coffea arabica* identifiziert.[55] Außerhalb Äthiopiens triff man auf nur wenig genetische Vielfalt bei dieser Kulturart. Praktisch jeder Kaffeestrauch in Südamerika führt seine Abstammung auf die paar Setzlinge eines einzigen Baums zurück, der vor mehr als zweihundert Jahren im Botanischen Garten von Amsterdam gefunden wurde. Das bedeutet, daß die genetische Basis der Kaffeeindustrie gar nicht schmaler sein könnte.[56] Noch erschreckender ist, daß der Kaffee jüngst von einer virulenten neuen Krankheit befallen wurde. Man hat bislang nur wenig Widerstandskräfte dagegen finden können, zum Teil sicher aufgrund der Tatsache, daß sieben Achtel des äthiopischen Waldes bis 1965 verschwunden waren.[57] Laut Internationaler Rat für Pflanzengenetische Ressourcen (IBPGR) bewirkte dieser Verlust eine «katastrophale genetische Erosion».[58]

Die ohnehin problematische Situation wird darüber hinaus durch eine politische Komplikation erschwert. Überzeugt, daß die im eigenen Land vorhandenen genetischen Ressourcen in der Vergangenheit stets von anderen Ländern ausgebeutet worden seien, haben die Äthiopier dem künftigen Sammeln von Kaffeepflanzen in ihren Wäldern einen Riegel vorgeschoben. Unsere Gespräche mit dem Landwirtschaftsminister haben bei uns den Eindruck hinterlassen, daß die äthiopische Position unverrückbar ist. Wenn sich daran nichts ändert, werden wir die zweifelhafte Gelegenheit haben, zu erfahren, was mit einer auf einer derart schmalen Basis stehenden Fruchtart wie Kaffee passiert, wenn ihr der dringend nötige Rückgriff auf genetische Ressourcen verwehrt ist. Unser Rat an Kaffeeliebhaber? Haben Sie dem Tee wirklich eine echte Chance gegeben?

In den letzten Jahren hatten auch Bananen mit ernsten Krankheitsproblemen zu kämpfen.[59] Auf dem amerikanischen Kontinent müssen sie zehn- bis dreizehnmal pro Saison gespritzt werden, und selbst dann kann man nicht sicher sein, die Krankheiten unter Kontrolle zu haben.[60] Bedroht scheint auch der Bestand an Bananenarten in Lae/ Neuguinea, im Zentrum der größten genetischen Vielfalt für Bananen.[61] Der IBPGR berichtete bereits über «Indizien eines weitreichenden Verlusts von Kulturpflanzen im Zentrum der Vielfalt...»[62]

Liebhaber von Gebäck und Vanilleeis wird es kaum erfreuen zu erfahren, was mit jener wichtigen Orchideenart geschieht, aus der die Azteken einst ein beliebtes Getränk machten. Wie uns Carl Withner vom Brooklyn College berichtete, war Papantla das bis vor kurzem wichtigste Vanille-Anbauzentrum in Mexiko. Als in der Nähe Öl gefunden wurde, wurden die Lebensräume der Vanille-Pflanze zerstört; man konzentrierte sich statt dessen auf die Entwicklung von Ersatzprodukten.[63]

Eine neuere Studie unserer Kollegin Hope Shand von der Internationalen Stiftung zur Förderung der Landwirtschaft warnt vor einer neuen Gefahr für die Vanille und alle, die von ihrem Anbau leben: die Biotechnik. Zwei Firmen in den USA haben angekündigt, daß sie bald mit der kommerziellen Produktion von Vanille im Labor beginnen werden. Dies wird keine Ersatzpflanze sein, sondern echte Vanille, die erzeugt wird, ohne daß man der Pflanze bzw. ihres Züchters bedarf. Mehr als 75000 Bauern, vorwiegend in Madagaskar, werden vielleicht bald erleben, daß der Markt für ihr Produkt zusammenbricht.[64]

Maniok ist eine Feldfrucht, an die Menschen außerhalb der Tropen selten einen Gedanken verschwenden. Die Knollenfrucht ist jedoch ein Hauptnahrungsmittel für mehr als 200 Millionen Menschen. Da Maniok ständig mit Krankheiten zu kämpfen hatte, wurde der Austausch von Maniokpflanzen zwischen den Kontinenten inzwischen verboten, damit die Krankheiten nicht in neue Gebiete eingeschleppt werden.[65] Sammlung und Konservierung der genetischen Ressourcen von Maniok ist sicherlich wichtig, wenn auch noch nicht vordringlich.

Verschiedene Baumarten sind sowohl innerhalb wie außerhalb der Tropen bedroht. In Honduras und einem großen Teil Panamas ist der Mahagoni-Baum bereits ausgestorben. Teak ist in Südostasien im Verschwinden begriffen.[66] *Cinchona officinalis,* der Baum, aus dessen Rinde das Malaria-Mittel Chinin gewonnen wird, ist in seiner Heimat, im ekuadorianischen Regenwald, gefährdet.[67] Die Zahl der bedrohten Nutzholzbäume ist zu groß, um sie alle anzuführen. Ein Baum, der 1970 noch 60 Prozent der Holzexporte Nigerias ausmachte, wird heute überhaupt nicht mehr ausgeführt. «Dies zeugt nicht vom Verschwinden dieser Art», heißt es in einem UNO-Bericht, «sondern vom Verlust ihres ökonomischen Potentials durch den Verlust an genetischer Vielfalt.»[68]

FAO-Beamte geben normalerweise höchst ungern zu, daß neue Generationen landwirtschaftlicher Nutzpflanzen die alten verdrängen und traditionelle Sorten verschwinden lassen. Dennoch wurde auf einer FAO-Konferenz eine weitere, leider sehr bekannte Ursache der genetischen Erosion von Waldbaumarten genannt. «Es ist nur realistisch», heißt es in dem Bericht, «anzunehmen, daß eine Ausweitung der Züchtung (moderner Baumarten) verbunden mit der Zertörung der natürlichen Wald-Ökosysteme eine Situation der genetischen Erosion bewirken wird, vergleichbar mit der Lage bei den landwirtschaftlichen Nutzpflanzen...»[69]

Obwohl der Tropenwald zahllose Tier- und Pflanzenarten von offenkundigem, unmittelbarem wirtschaftlichen Nutzen für die Menschheit enthält, ist es eine ökologische Eigenschaft der Wälder, die bald das zwingendste Argument für ihre Erhaltung liefern könnte. Der tropische Regenwald stellt ein effizientes System der Nutzung riesiger Wassermengen dar. Im äquatorialen Regengürtel fallen mehr als dreimal soviel Niederschläge wie im globalen Durchschnitt.[70] Das vom Wald aufgenommene Wasser hat gigantische Flußsysteme entstehen lassen. Der Amazonas hat eintausend große Nebenflüsse und 20000 Kilometer an schiffbaren Wasserstraßen, «zwei Drittel des gesamten Flußwassers der Welt...»[71]

Ist der Wald intakt, wird das Wasser effizient verwertet. Geht der Waldbestand zurück, sind Überschwemmungen und Bodenerosion die Folge. Entwaldung bewirkt ein heißeres, trockeneres Klima mit häufigeren Dürreperioden; der Boden wird von der Sonne ausgedörrt und verliert seine Fähigkeit, Wasser zu speichern.

Schon heute steigt am Amazonas die Überschwemmungshäufigkeit.[72] Und aus tropischen Regionen in allen Teilen der Welt wird eine zunehmende Anzahl von entwaldungsbedingten Überschwemmungen gemeldet. In Teilen Asiens werden die neuen kurzhalmigen Reissorten buchstäblich von den steigenden Fluten ertränkt.[73]

Wenn das Wasser von dem verhärteten Boden abläuft und die Flüsse anschwellen läßt, dann reißt es zugleich den gesamten Mutterboden mit, den der Wald besitzt. In einem intakten Regenwald kommt es kaum zur Bodenerosion, aber auf Kahlschlägen und landwirtschaftlich genutzten Flächen verzeichnet beispielsweise die Elfenbeinküste einen jährlichen Verlust von 90–138 Tonnen Mutterboden pro Hektar. In Extremfällen ist von Einbußen bis zu 1200 Tonnen jährlich berichtet worden.[74] Ein Teil des Erdreichs wird auch vom Winde verweht – der Staubgehalt in der unteren Atmosphäre hat sich in den letzten sechzig Jahren verdreifacht.[75] Aber der größte Teil landet in Bächen und Flüssen. Auf den Philippinen schwemmt ein größerer Fluß pro Hektar seines Einzugsgebiets jährlich im Schnitt 44–46 Tonnen Erde weg. Der «schlammige» Mississippi führt im Gegensatz dazu nur eine halbe Tonne pro Hektar mit sich.[76]

Das von den Flüssen fortgeschwemmte Erdreich läßt Dämme und Wasserreservoire verschlammen, es vermindert die Stromerzeugung durch Wasserkraft und bedroht die Trinkwasserversorgung. Würde nichts dagegen unternommen, könnten eines Tages keine großen Schiffe mehr den Panama-Kanal passieren.

Vom Standpunkt der Ökologie aus lautet die gute Nachricht über die tropischen Wälder, daß all die positiven Funktionen, die sie erfüllen – von der Konservierung der pflanzengenetischen Ressourcen bis zur Erhaltung des Mutterbodens –, gratis sind. Die schlechte Nachricht ist, daß die Zerstörung der tropischen Wälder mit ungeheuren Kosten, hauptsächlich mit Einbußen der landwirtschaftlichen Produktivität, einhergeht. Robert und Christine Prescott-Allen führten 1981 in fünfzig Ländern eine Erhebung bei den Behörden durch, die mit der Verwaltung von Naturschutzgebieten und Reservaten beauftragt sind. Weniger als die Hälfte der Befragten hatte die in ihren Schutzgebieten vorkommenden Tier- und Pflanzenarten katalogisiert. Die Prescott-Allens kamen zu dem Schluß, daß «man unmöglich feststellen kann, wie viele wilde Verwandte von Kulturpflanzen in den Schutzgebieten vorhanden sind; man kann daher auch schwerlich entscheiden, ob weitere Gebiete benötigt werden, und falls ja, wo». Da man keinen Aufschluß über die Bestände hat, ist es auch nicht möglich, das zweifellos vorhandene Material in Pflanzenzuchtprogrammen zu verwenden. Darüber hinaus würden auch nur 15 Prozent der befragten Institutionen das Sammeln von genetischem Material überhaupt gestatten.[77] Sowohl die Zerstörung tropischer Wälder wie auch bestimmte Konservierungsmaßnahmen haben ihre Kosten. Sie könnten eines Tages bei manchen Nutzpflanzen sogar die Einstellung der kommerziellen Produktion erzwingen und damit den Hunger vergrößern.

Gravierender noch ist ein weiterer, oft übersehener Aspekt: die betroffenen Menschen.

Die tropischen Wälder der Erde sind, wenn auch dünn, von Menschen besiedelt, die wenig über die Errungenschaften der westlichen Zivilisation wissen. Aber viele von ihnen könnten uns eine ganze Menge über Pflanzen verraten.

Die jagenden und sammelnden Hanunoo auf den Philippinen können 1600 Kategorien von Pflanzen unterscheiden.[78] In Thailand haben die Bewohner eines Walddorfes 295 verschiedene Pflanzen auf ihrem Speisezettel und verwenden weitere 119 zu Heilzwecken. Die Weltgesundheitsorganisation schätzt, daß weltweit 3000 Pflanzenarten von Stammesgesellschaften zur Geburtenkontrolle eingesetzt wurden.[79]

Ein solch potentieller Reichtum bleibt der Pharma-Industrie natürlich nicht verborgen. Erst kürzlich warnte eine Studie, daß etwa 200 Arzneipflanzen in Gefahr stünden, verlorenzugehen. Unter Bezugnahme auf einen Artikel in *The Guardian* wies die Untersuchung darauf hin, daß der Industrie weit über 100 Milliarden Dollar an Erträgen von rezeptpflichtigen Medikamenten entgehen könnten. Die Kosten des Aussterbens jeder einzelnen Arzneipflanzenart wurden auf 203 Millionen Dollar geschätzt.[80]

Zu einer Zeit, da auf der nördlichen Halbkugel der Bedarf an Medikamenten ansteigt, die unsere vielen Gebrechen heilen oder lindern, sterben die einzigen wirklichen Fachleute für Naturmedizin aus – die Einheimischen des Südens. Und selbst wenn ihre Kenntnisse der Heilkräfte von Pflanzen erhalten bleiben, werden sie daraus kaum einen Gewinn schöpfen. Um das Jahr 1500 lebten im Amazonas-Gebiet schätzungsweise sechs bis neun Millionen Indianer. Kriege und Krankheiten forderten ihren Tribut. Um 1900 war nur noch eine Million Menschen[81], verteilt auf 260 Stämme, übrig.[82] Heute sind es vielleicht 200000. Im Laufe dieses Jahrhunderts sind 87 Stämme verschwunden[83]; 26 sind allein während des letzten Jahrzehnts ausgestorben.[84]

Um es ganz klar zu sagen: wenn wir von «verschwunden» oder «ausgestorben» sprechen, dann meinen wir, daß sie getötet oder ver-

trieben wurden. Ihre reichen, alten Kulturen gingen zu Ende; ihre
Sprachen sind tot und werden nie wieder vernommen werden. Mit
dieser Vernichtung verlieren wir kostbares Wissen. Wir berauben uns
der spezialisierten Kenntnisse, die sich diese Menschen in Hunderten
oder Tausenden von Jahren als Umweltschützer in den Wäldern erwarben. Manche Waldbewohner waren darüber hinaus extrem fried-
fertig (sie hatten keine Worte für Gewalt, Krieg und ähnliches) und
demokratisch (sie praktizierten kollektive Entscheidungsfindung).
Wir haben somit die Chance vertan, mehr als bloß Pflanzenkunde von
ihnen zu lernen. Auch Lektionen darüber, wie man mit seinen Nachbarn auskommt, können sie uns nicht mehr erteilen.

Das Aussterben weiterer Stämme ist zu erwarten. Einige der
reichsten Eisenerzlager der Welt befinden sich im Amazonas-Bek-
ken. Auch Bauxit und Gold sind dort vorhanden. Gesetze, die 1973
vom brasilianischen Kongreß verabschiedet wurden, institutionali-
sierten den Status der Indianer als Pächter, indem sie klarstellten,
daß alle Bodenschätze in der Region der Regierung gehören, die
sie nach Gutdünken ausbeuten kann, ohne die dort beheimateten
Indianer auch nur entschädigen zu müssen.[85] Maurizio Rangel
Reis, der brasilianische Innenminister, machte keinen Hehl daraus:
«Das Ideal, die Indianer-Bevölkerung in ihrem eigenen Lebensraum zu erhalten», bemerkte er ungerührt, «ist eine sehr schöne,
aber unrealistische Vorstellung.»[86] In einem ähnlichen Sinne läßt
die brasilianische Indianer-Stiftung, die staatliche Behörde, die die
Indianer-Gebiete verwaltet, eine noch zynischere Auffassung erkennen. Die Politik der Behörde besteht, ihrem Direktor zufolge,
darin, daß «die Indianer-Programme weder die nationale Entwicklung noch den zur Integration Amazoniens nötigen Straßenbau behindern dürfen».[87]

Demokratie und Umweltschutz in den Tropen

Es gab eine Zeit, in der die Umweltschutzvorschriften ziemlich einfach waren. Im Garten Eden gab es nur eine Regel. Die einzigen zwei
Menschen, die dagegen verstoßen konnten, taten dies denn auch
bald.

Regeln und Schutzmaßnahmen werden in Zukunft ebenso wirksam, besser unwirksam sein wie in der Vergangenheit, wenn nicht die eigentlichen Ursachen der Abholzung angegangen werden. Wir haben die politische und wirtschaftliche Natur dieser Ursachen betrachtet: das Vermächtnis des Kolonialismus; die ungeheure Konzentration von Landbesitz, Reichtum und Macht mit der Folge, daß die landlose Bevölkerung in die Wälder flüchtet, um der Arbeitslosigkeit und dem Verhungern zu entrinnen; und der Schaden, der von ausländischen, exportorientierten Holzhandels- und Rinderzucht-Unternehmen verursacht wird.

Ist es angesichts dieses Umfangs an Ausbeutung verwunderlich, daß Bewegungen für soziale Gerechtigkeit, Aufstände, Umstürze und Revolutionen an der Tagesordnung sind? Falls die eigentlichen Ursachen der Entwaldung behoben werden sollen, dann wird es einigen dieser Volkserhebungen gelingen müssen, Bodenreformen und ein gewisses Maß an Demokratie durchzusetzen. Bis heute jedoch wecken viele Volksbewegungen den sofortigen Widerstand der Regierung der USA und vieler anderer westlicher Mächte. Die despotischsten Regime werden routinemäßig mit Waffen, Beratern und CIA-Agenten unterstützt, sobald sie von Reformforderungen oder echter Demokratie bedroht sind. Eine Änderung der US-amerikanischen Außen- und Militärpolitik ist unerläßlich, wenn die Menschen der Dritten Welt die Probleme des Hungers und der Arbeitslosigkeit lösen sollen, ohne die Tropenwälder zu opfern.

Das Erlassen von Auslandsschulden im Gegenzug für die Bereitstellung beziehungweise den Schutz von Reservaten ist eine neue und begrüßenswerte Initiative seitens vieler Regierungen und kreditgebenden Institutionen. Es sollte gefördert werden. Aber wenn die verringerten Schulden nicht tatsächlich in konkrete Verbesserungen der Lebensumstände der Landlosen und Unterdrückten umgesetzt werden, dann wird man letztlich auch dadurch die Wälder nicht retten können.

Es wäre tröstlich, wenn sich das Problem der Entwaldung durch Natur- und Landschaftsschutzgebiete lösen ließe. Gegenwärtig umfassen diese Schutzgebiete jedoch nur wenig mehr als ein Prozent der gesamten Landfläche der Welt, und ein Großteil dieser Schutzgebiete liegt in Grönland und der Kanadischen Arktis, wo die geringste Zahl an Tier- und Pflanzenarten zu finden ist.[88]

Obwohl auch die tropischen Länder eine Anzahl von Reservaten ausgewiesen haben, existieren die meisten nur auf dem Papier. Da nur wenig Geld für ihre Erhaltung vorhanden ist, werden sie, falls überhaupt, nur ungenügend überwacht. Manche Naturschutzparks sind von Siedlern und Bauern bewohnt, deren Zahl in die Tausende geht. Andere sind kreuz und quer von Holztransportstraßen durchschnitten. Einer Studie zufolge macht das «wirksam geschützte» Gebiet im Amazonas-Becken ganze 0,25 Prozent aus.[89] Bedauerlicherweise scheinen manche Naturschutzgebiete auch nicht aufgrund ihrer biologischen Bedeutsamkeit gewählt worden zu sein, sondern «aufgrund ihres geringen Potentials für andere Zwecke mit unmittelbarem wirtschaftlichem Nutzen wie Bergbau, Forstwirtschaft oder Bodenkultur».[90]

Die zwei entscheidenden Fragen lauten: Wo finden wir die Arten, die des Schutzes bedürfen? Wie viele Exemplare sind nötig, um eine Pflanzenart zu erhalten?

Im Amazonasgebiet wissen wir von der Existenz von mindestens sechzehn Regionen mit äußerst hoher Artenkonzentration. Manche Wissenschaftler glauben, daß dies Gebiete sind, die ihre Vielfalt während der langen Trockenzeit im Pleistozän erhalten konnten und dadurch vielen Arten ermöglichten, den Amazonas erneut zu besiedeln. Diese Gebiete sind das Herz und das Blut des Amazonas. Bedauerlicherweise liegen vier davon vollständig in Regionen, die der Landwirtschaft und der Rinderzucht vorbehalten sind.[91] Das mindeste wäre, alle sechzehn dieser vermuteten Rückzugsgebiete des Pleistozäns zu erhalten. Um weitere Gebiete zu ermitteln, die in anderen tropischen Wäldern am ehesten geschützt werden sollten, ist noch eine Menge an Forschungsarbeit nötig.

Die zweite Frage – wie viele Exemplare erforderlich sind, um die Art zu erhalten – ist noch komplizierter. Spezies gehen zugrunde, lange bevor das letzte Exemplar ihrer Art stirbt. Solange sich die Welt verändert, wird die Fähigkeit, sich zu entwickeln und sich an solche Veränderungen anzupassen, eine Voraussetzung des Überlebens sein. Entwicklungsfähigkeit hängt von genetischer Vielfalt ab. Sobald diese Vielfalt verlorengegangen ist, geht auch die Entwicklungsfähigkeit verloren – und damit die Spezies. Man muß verstehen, daß das Aussterben ein Prozeß ist, kein Ereignis wie der Tod des letzten Dodos (ausgestorbene Riesentaube). Sobald nur noch weniger als zwei Dutzend Exemplare in Gefangenschaft übrig sind, ist zum Beispiel der riesige kalifornische Kondor gleichzeitig sehr lebendig und rettungslos verloren.

Welche Anzahl stellt das Minimum dar? Die Antworten von Wissenschaftlern, die diese Frage diskutieren, reichen von zweihundert bis zehntausend.[92] Sir Otto Frankel und Michael Soule schreiben in ihrem Buch, das noch nicht alt genug ist, um ein Klassiker zu sein, daß das Minimum an brutfähigen Exemplaren aus zweihundertfünfzig Männchen und gleichvielen Weibchen besteht. Um diese Anzahl von fortpflanzungsfähigen Tieren im entsprechenden Alter zu erzielen, müßten insgesamt etwa tausend oder mehr Exemplare überlebt haben.[93] Diese Schätzung von Frankel und Soule zählt zu den niedrigsten und ist daher zur Beurteilung der Zulänglichkeit heutiger Reserven vielleicht als konservativ anzusehen. Neuere Studien haben außerdem die Methoden in Zweifel gezogen, auf denen manche solcher Schätzungen basieren,[94] woraus hervorgeht, daß wir immer noch nicht sicher wissen, wie viele genug sind. Wie dem auch sei, die beiden Wissenschaftler weisen daneben darauf hin, daß nur 3,5 Prozent der Nationalparks dieser Welt größer als 10000 Quadratkilometer sind, daß aber «selbst diese Größe viel zu klein ist, um lebensfähige Populationen der größten Raubtiere zu gewährleisten...» Sie kommen zu dem Schluß, daß es «ohne intensive Gegenmaßnahmen wahrscheinlich ist, daß die Mehrzahl aller Vögel und aller großen (mehr als ein kg schweren) Säugetiere in ein paar tausend Jahren ausgestorben sein werden und daß diese Ausrottung komplexe Kettenreaktionen in Gang setzen wird, die zur Auslöschung vieler anderer Arten aller Klassen führen wird».[95]

Wann wird dieser Prozeß einsetzen? Das ist natürlich bereits geschehen! Soule schätzt, daß die größten Reservate (die allerdings zu klein sind, um Vielfalt zu schützen und Evolution zu sichern[96]) in den nächsten fünfhundert Jahren einen 30prozentigen Verlust ihrer großen Säugetiere erleben werden.[97]

Unsere Kenntnis der Ökosysteme des Tropenwalds ist noch rudimentär. Es ist, nicht völlig im Scherz, gesagt worden, daß wir mehr über die Rückseite des Mondes wüßten als über tropische Feuchtwälder. In den kommenden Jahren werden die Wissenschaftler mehr herausfinden, und manches davon könnte von den gegenwärtigen Experten stammen – den einheimischen Jägern und Sammlern und den Wanderfeldbauern.

Doch alle Forschung und alles Wissen sowie das ausgeklügeltste System von Naturschutzparks und Reservaten wird seine Konservierungszwecke nicht erreichen, wenn nicht in der Gesellschaft selbst grundlegende Veränderungen stattfinden. «Zäune und Schußwaffen werden die Wälder nicht vor dem Hunger schützen», bemerkte Jack Westoby zu Recht. Nur politische Veränderungen und die aktive Mitwirkung und Unterstützung der einheimischen Bevölkerung kann das bewirken. Ohne diese Veränderungen wird kein Naturschutzprogramm Erfolg haben, so gut es auch geplant sein mag.

Gentechnik
und
Politik

Der Siegeszug der Gen-Industrie

Die einzelne Blüte der Rosenart American Beauty
mit ihrer Pracht und ihrem Duft... erhält man nur,
indem man die Knospen opfert, die ringsherum
sprießen.

John D. Rockefeller sen.

Als amerikanische Forscher der Nationalen Akademie der Wissenschaften die genetische Anfälligkeit der wichtigsten Nutzpflanzen studierten, kamen sie zu dem Schluß, daß «mächtige wirtschaftliche und gesetzgeberische Kräfte» zur Einförmigkeit unserer Nahrungsversorgung beitragen.[1] In den letzten drei Jahrzehnten hat die private Saatgutindustrie die Verteilung der «Hochreaktionssorten» im Norden in ihre Hände genommen, und sie wendet ihre Aufmerksamkeit nun verstärkt dem Süden und den Zentren der genetischen Vielfalt zu.

Während der Saatguthandel expandiert, verwandelt er sich gleichzeitig in eine «genetische Zulieferindustrie», in der die transnationalen Unternehmen dominieren, welche die Agrarchemikalien herstellen. Eine Industrie, die ihre Herkunft von den wandernden Kesselflickern und Kurpfuschern vergangener Zeiten ableitet, pfuscht jetzt am ersten Glied unserer Nahrungskette herum. Der Erhalt der genetischen Vielfalt und damit unser aller Überleben liegt schon heute in den Händen dieser Industrie.

Ein Samenkorn auf Reisen

Die Verwandlung der Saatgutbranche in die exotischere genetische Zulieferindustrie ist bereits so gut wie abgeschlossen. Die bunte Palette risikobereiter Anleger schließt immer noch die Unternehmer ein, die neue Sorten züchten; internationale Saatgutmakler und -discounter (für «alte» Saaten); Saatgutreiniger und -aufbereiter und das breite Spektrum von Grossisten und Einzelhändlern, von großen Versandhäusern bis zum Tante-Emma-Laden. Zu dieser Branche hinzugekommen sind heute aber auch Saatgutpathologen, Pflanzenphysiologen, Bodenwissenschaftler, Pflanzenzüchter, Genetiker, Mikrobiologen, Toxikologen und hin und wieder ein einsamer Ernährungswissenschaftler. Manche Saatgutfirmen arbeiten ausschließlich mit Gemüse und Kräutern. Andere handeln mit Futtermitteln und Getreide. Ihr Endprodukt erreicht die Felder und Gärten über Vertreter, Kataloge, Blumenhandlungen oder Spezialläden für den landwirtschaftlichen Bedarf.

Auf dem Weg zum Kohlbeet beginnt eine neue Sorte vielleicht mit einer Sammelexpedition in den Nahen Osten, finanziert von einer UNO-nahen Institution in Rom. Das von der Expedition mitgebrachte Keimplasma wird von einem staatlichen Institut in Warwick, England, bewertet. Nach der Kreuzung mit einheimischen Landsorten wird das verbesserte Material einem privaten Pflanzenzucht-Konzern in England zur Verfügung gestellt, der es an ein gemüsezüchtendes Schwester-Unternehmen in Holland weitergibt.

Um von der jahreszeitlichen Wachstumsperiode in Holland unabhängig zu sein, beauftragt der holländische Konzern vielleicht einen Partner in Neuseeland oder Chile mit weiteren Züchtungen. Zuletzt wird die neue Kohlsorte von einer anderen Schwesterfirma in Arusha / Tansania vermehrt (das heißt der Samen wird immer wieder neu gezüchtet, bis genügende Mengen für den kommerziellen Vertrieb vorhanden sind). Billiges Land und billige Arbeitskräfte, ein günstiges Klima und ein geringes Krankheitsvorkommen wirken zusammen, um Arusha zu einem der größten Züchtungszentren für Gemüsesamen und zur zweiten Heimat für ein Dutzend internationale Saatgutunternehmen zu machen.[2]

Sobald die neue Sorte marktfähig ist, wird sie von ihren Eigentümern an Groß- und Einzelhändler in Lizenz vergeben. Dank den Bemühungen von Saatgutmaklern kann dieser «holländische» Kohl im Katalog eines kanadischen Versandhandels erscheinen oder in koreanischen Kaufläden angeboten werden. Zum Teil wird er vielleicht auch seinen Weg zurück zu den Gemüsebauern im Nahen Osten finden.

Landwirtschaftliches Saatgut (wie Getreide und Futtermittel) entsteht auf ganz ähnlichem Wege – mit ein paar zusätzlichen Schlenkern. In den meisten Industrieländern (aber nicht in den USA) wird die neue Sorte einer Serie von Freilandtests unterzogen, um zu überprüfen, ob sie tatsächlich eine Verbesserung gegenüber anderen Sorten darstellt. Falls die Tests erfolgreich sind, wird der genehmigte Samen in die «nationale Liste», oder im Falle der EG in den «gemeinsamen Katalog», aufgenommen. Sorten, die dabei durchfallen, kommen entweder auf den Müll, oder sie werden als neue «Wundersorte» zu Dumpingpreisen in die Dritte Welt verschoben.

Heutzutage wird das gepflegte landwirtschaftliche Saatgut in Lehm verpackt und in chemischen Substanzen gebadet, bevor es in den Handel gelangt. Nachdem der Samen verkauft und angebaut wurde, werden seine Nachkommen im folgenden Jahr oft zu den Konzernen zurückgebracht, um «gesäubert» oder auch «ausgeräuchert» zu werden, bevor sie erneut mit der Erde in Kontakt kommen.

Trotz all der vielgeschilderten Vorzüge der genetischen Manipulation sind es wohl die Zusatzstoffe – die Wachstumsregulatoren, Beizmittel und Impfstoffe –, die die größten Wachstumsraten der genetischen Zulieferindustrie aufweisen. Vorbei sind die Zeiten, da man den Samen aufheben und im nächsten Frühling nackt und allein in die Welt hinausschicken konnte.

Der jährliche Einzelhandelsumsatz mit Saatgut betrug Mitte der achtziger Jahre auf der ganzen Erde nahezu 51 Milliarden Dollar.[3] Niemand weiß es genau. Da in dieser Zahl der Handel mit Setzlingen, der Austausch zwischen Landwirten, konserviertes Saatgut und staatlich subventionierte Samenauslieferung inbegriffen sind, dürfte der tatsächliche kommerzielle Umsatz eher bei 32 Mrd. Dollar liegen.[4] Aber das Gengeschäft ist von entscheidender Bedeutung für die 17,4-Mrd.-Dollar-Pestizidindustrie.[5] Darüber hinaus bilden die Saaten eindeutig den Schlüsselfaktor in der Multi-Billionen-Dollar-Nahrungsmittelbranche – dem größten und wichtigsten Industriezweig der Welt.

Die erzielten Gewinne könnten eine klarere Vorstellung von den Größenordnungen vermitteln, um die es geht. Aus einer inoffiziellen Erhebung der Kartellrechtsbeamten der EG in Brüssel geht hervor, daß sich bei Einbeziehung aller Aspekte des Saatguthandels – einschließlich Saatgutvermehrung und Lizenzierung – eine Gewinnspanne von 40–45 Prozent ergeben würde, ein fabelhafter Profit nach jeglichem Maßstab.[6]

Einer Aufstellung der FAO von 1986 zufolge bieten fast 7000 staatliche und private Quellen in 150 Ländern Saatgut für etwa 250 Fruchtarten an.[7] Die OECD führt 743 staatliche und private Saatgutfirmen aus den 36 Ländern an, die an ihrem internationalen Sortengenehmigungsverfahren für Getreide und Futtermittel teilnehmen.[8] Da viele Samenfirmen kleine Familienbetriebe sind, werden wir vielleicht nie ein vollständiges Bild vom Umfang dieses Industriezweiges erhalten. Eine fundierte Schätzung würde von einer Gesamtzahl von weit über 2000 aktiven Zucht- und/oder Vertriebsunternehmen ausgehen, von denen sich mehr als drei Viertel in den westlichen Industrieländern befinden.[9]

Alchemie

Die genetische Zulieferindustrie ruht auf drei Säulen. Die eine – wenn nicht die früheste, so sicher die stärkste und produktivste – ist im öffentlichen Sektor zu finden: das Netz an botanischen Gärten, Colleges, staatlichen Forschungseinrichtungen und internationalen Forschungszentren, denen die Industrie viele ihrer echten Innovationen verdankt. Eine zweite, vermutlich noch ältere Säule bildet heute zum großen Teil der private Sektor. Die dritte Quelle der genetischen Zulieferer für die Landwirtschaft sind offensichtlich die Bauern selbst. Die Genossenschaftsbewegung hat viele neue Sorten hervorgebracht und ist auch heute noch ein wichtiger Saatgutlieferant für Landwirte in aller Welt.

Im modernen Zeitalter sind die Züchtung und der Vertrieb von Saatgut die Aufgabe staatlicher Institutionen, öffentlich finanzierter Universitäten und Institute sowie eines Netzes von gemeinnützigen, halbstaatlichen internationalen Forschungsstationen. Die weitreichenden Funktionen der öffentlichen Einrichtungen sind grenzüberschreitend und ohne ideologische Bindungen; sie bilden ebensosehr einen Bestandteil der Agrargeschichte der Vereinigten Staaten wie Schwedens oder der Sowjetunion. Die Regierungen haben seit langem erkannt, daß die Landwirtschaft sowohl ein Gewerbe wie auch ein Lebensstil ist und daß man von den Familienbetrieben nicht erwarten kann, die volle Last der landwirtschaftlichen Forschung zu tragen, da doch die gesamte Gesellschaft Nutznießer dieser Forschung ist. Von allen Industrien ist die Landwirtschaft am wenigsten imstande, Forschungs-

und Entwicklungkosten allein über die Preise an die Gemeinschaft weiterzugeben.

Mit einem jährlichen Budget von etwa 230 Millionen Dollar[10] – das zum größten Teil der Züchtung und verwandten Forschungsprojekten gewidmet ist – spielen die Internationalen Landwirtschaftlichen Forschungszentren (IARCs) eine zentrale Rolle bei der Entwicklung von Keimplasma und der Weitergabe von Proben an andere Institute in fast jedem Land. Die IARCs sind führend in der Entwicklung von Mais, Weizen, Gerste, Sorghum, Hirse, Hülsenfrüchten aller Art, Maniok und Reis. Das berühmteste IARC ist das Internationale Mais- und Weizenforschungszentrum in Mexiko, CIMMYT, von dem die grüne Revolution ihren Ausgang nahm. Erst später gegründet, aber beinahe ebenso berühmt und heute vielleicht sogar noch renommierter, ist das Internationale Reisforschungsinstitut auf den Philippinen – IRRI. Zusammengenommen repräsentiert das IARC-Netzwerk die Forschungselite für die Verbreitung westlicher Agrartechnologie in der Dritten Welt. Die IARCs spielen darüber hinaus eine wichtige Rolle beim Sammeln des Keimplasmas in den Entwicklungsländern und seiner Weitergabe an die Industriestaaten.

Nun sind die IARCs ein Phänomen der siebziger Jahre unseres Jahrhunderts, während die führenden nationalen Züchtungsinstitutionen der Welt bereits hundert Jahre früher gegründet wurden. Die Hochschule für Bodenkultur in einem Außenbezirk von Wien gilt als das älteste Pflanzenzüchtungsinstitut der Welt, gefolgt von der ersten staatlichen Versuchsanstalt der USA, die 1875 in Connecticut gegründet wurde,[11] lange bevor das Pflanzenzuchtinstitut in Cambridge/England, 1912, offiziell seine Pforten öffnete.

Das älteste Saatguthaus des europäischen Kontinents, Vilmorin-Andrieux in Paris, wurde 1727 gegründet. Seine Emissäre folgten den französischen Truppen um den Erdball und sammelten exotische neue Pflanzen, die sie an die Aristokratie des vorrevolutionären Frankreich verkauften. Cuthberts in England blickt auf eine noch längere Geschichte zurück, die sich mindestens bis in das letzte Viertel des 17. Jahrhunderts erstreckt, als die Firma exotische Kamelien und Azaleen für die stattlichen Herrenhäuser und Gärten des britischen Landadels importierte.

Die Weltwirtschaftskrise nach dem Ersten Weltkrieg bedeutete einen tiefen Einschnitt. Unternehmen, die sie überlebten, wurden zu Zielobjekten für Übernahmen durch größere Konzerne. Cuthberts war mehr als dreihundert Jahre alt, als es von Ciba-Geigy aufgekauft wurde.

Im 19. und in der ersten Hälfte des 20. Jahrhunderts schlossen sich die Bauern zu Genossenschaften zusammen, nicht nur, um faire Preise zu erzielen, sondern auch zu Zwecken der Pflanzenzucht und Saatgutverteilung. In Deutschland und Österreich spielen die Baywa sowie Zweige der Raiffeisen-Genossenschaftsbewegung eine Schlüsselrolle in der Versorgung der Landwirte mit Saatgut. Die meisten der alten Kooperativen wurden allerdings von jenen Multis geschluckt, zu deren Abwehr sie ursprünglich gegründet worden waren.

Laut Österreichischem Bergbauernbund, einer gutorganisierten Gruppe innovativer Landwirte, die Alpenhänge und abgelegene Täler bewirtschaften, haben drei Multis – Pioneer Hi-Bred, Ciba-Geigy und Continental Grain – die Genossenschaften zur Markteinführung ihres Markensaatguts benutzt. Sehr zum Bedauern der Pflanzenzuchtanstalten dieser Genossenschaften köderten diese drei Konzerne den Einzelhandelszweig der Bewegung mit Angeboten, die den Einzelhändlern höhere Gewinnspannen auf importiertes Saatgut sicherten, als sie durch den Verkauf ihrer eigenen Sorten erzielten. Einst starke und unabhängige nationale Zuchtprogramme werden jetzt auf die untergeordnete Funktion reduziert, ausländische Sorten zu testen und das Saatgut zu vermehren.

In Frankreich verfuhren die Multis nach dem gleichen Prinzip, wie Jean-Pierre Berlan, ein Wirtschaftswissenschaftler des Institut Nationale pour la Recherche Agronomie (INRA, das führende staatliche Agrarforschungsinstitut) berichtet: zuerst boten die Multis den Genossenschaften hohe Gewinnspannen, um ihren Marken durch das gut organisierte genossenschaftliche Absatzsystem den Weg zu ebnen; dann, sobald ihre eigenen Marken Fuß gefaßt haben, werden die Genossenschaften beiseitegedrängt.

Manche bezeichnen den Begriff «Genossenschaft» allerdings inzwischen als romantischen Schein. Die französische Limagrain und die holländische Suiker Unie (in der 18000 Rübenproduzenten zusammengeschlossen sind) verhalten sich viel eher wie multinationale Konzerne, nicht wie Bauernverbände. Die daran beteiligten Landwirte haben in ihrer «Co-op» faktisch etwa soviel Mitsprache wie Kleinaktionäre bei der Unternehmenspolitik von Ciba-Geigy oder Occidental Petroleum – zwei weiteren Saatgut-Konzernen. Da die Landwirtschaftsminister in allen Teilen der Welt großen Wert auf die

Genossenschaftsbewegung legen und neue gesetzgeberische Initiativen häufig nur dann unterstützt werden, wenn den Kooperativen Vorteile daraus erwachsen werden, ist es wichtig, sich nicht durch Romantik den Blick für die Realität trüben zu lassen. Ohne die Ziele der Co-ops abzuwerten oder die Schlüsselrolle, die viele kleine und effektive Co-ops in vielen Ländern spielen, in Zweifel zu ziehen, läßt sich sagen, daß zahlreiche dieser Gemeinschaften nichts weiter als ein Zusammenschluß von Unternehmen sind.

Dennoch hat sich die Marktstellung vieler neuer Saatgutfirmen der Welt in durchaus organischer Weise entwickelt. Bei Getreidesaatgut sind die Produktionsmittel identisch mit dem Endprodukt für den Verbrauch. Es war daher fast unvermeidlich, daß die Mühlenbesitzer und Getreidehändler in dieser Branche mitmischen würden. Es konnte auch nicht überraschen, daß der riesige britische Mühlenkonzern Ranks Hovis McDougall auch zum größten Getreidesaatenanbieter dieses Landes aufsteigen würde (bevor der Saatgutzweig 1984 an Dalgety-Spillars verkauft wurde). Auch daß Viehfutterlieferanten wie Bibby's in der Branche eine wichtige Rolle spielen, kann nur als natürlich angesehen werden. Auch die Tatsache, daß nahrungsmittelverarbeitende Firmen wie Pillsbury, Campbell Soup und die britische Unilever in jüngster Vergangenheit immer häufiger Saatgutfirmen erwarben und/oder in die Pflanzenzucht einstiegen, dürfte kaum überraschen.

Multinationale Alchemisten

Die Welt der traditionellen Saatgut-Handelshäuser geriet erst ins Wanken, als ihnen die Aufkäufer von transnationalen petrochemischen und pharmazeutischen Konzernen auf den Fersen waren. Unseren Recherchen zufolge haben multinationale Giganten von Shell bis ITT seit 1970 fast eintausend früher unabhängige Saatgutfirmen aufgekauft oder sonstwie unter ihre Kontrolle gebracht. Große Unternehmen haben das Saatgutgeschäft in vielen Ländern rasch dominiert. In Großbritannien beherrschen drei Firmen – zwei davon ausländische (Ciba-Geigy aus der Schweiz und Volvo aus Schweden) – fast 80 Prozent des Gartensamenmarktes. In den Niederlanden kontrollieren drei Unternehmen 70 Prozent des Agrarsaatenmarktes, und vier Unternehmen – nur eines davon holländisch – beherrschen 90 Prozent der Garten- und Baumschulen. In den USA hält eine einzige Firma 38 Prozent des lukrativen US-Maissamenmarktes.

Nach jahrelangem sorgfältigem Studium, zum Teil von der holländischen Regierung finanziert, schätzen Ton Groosman, Anita Linnemann und Holke Wierema vom Entwicklungsforschungsinstitut Tilburg, daß transnationale Saatguthäuser auf der nördlichen Erdhälfte etwa 25 Prozent und auf dem expandierenden Markt der Dritten Welt zwischen 5 und 10 Prozent der Marktanteile besitzen. Ihren Berechnungen zufolge erzielt die Saatgutindustrie im Süden Umsätze in Höhe von 3,8 Mrd. Dollar pro Jahr.[12]

Einem Bericht von Seed Industry vom Mai 1989 zufolge sind die zehn führenden Saatgut-Konzerne der Welt Pioneer, Sandoz, Upjohn, Limagrain, Cargill, Volvo, ICI, France Mais, Dekalb-Pfizer und Claus. Von den marktbeherrschenden dreißig Unternehmen zählen elf zum Chemiesektor. Nur sechs sind traditionelle Saatguthäuser.

Die Unternehmenskonzentration hatte auch eine Konzentration des Angebots zur Folge. Je größer die Unternehmen wurden, die den traditionellen Saatguthandel beherrschten, desto kürzer wurde die Liste ihrer wirklich unverwechselbaren Angebote. Die aggressive Vermarktung neuer Sorten hat, wie wir gesehen haben, das Tempo der genetischen Erosion erheblich beschleunigt, da ältere, traditionelle Arten von glänzenderen Neuankömmlingen vom Markt bzw. von den Feldern verdrängt werden. Davon sind sowohl die Landwirte wie auch die Gärtner betroffen.

Wie unter dem Stichwort «genetische Erosion» ausgeführt, limitiert die kommerzielle Vermarktung nicht nur die Anzahl der angebotenen Sorten, sondern bewirkt auch das Verschwinden traditioneller Arten. Es ist allgemein bekannt, daß das größte deutsche Saatgutunternehmen – Kleinwanzlebener Saatzucht (KWS) – vor einigen Jahren durch die Einführung seiner Rübensorte *Detroit Globe* auf einen Streich den Gen-Pool für Rüben in der Türkei auslöschte.[13]

Im Informationsblatt des Internationalen Rats für Pflanzengenetische Ressourcen schreiben Dr. Brian Ford-Lloyd und Dr. Peter Crisp, daß in den Speichern kleiner europäischer Saatgutfirmen zwar noch eine erhebliche genetische Vielfalt zu finden sei, daß sich diese Situation jedoch ändere, weil «die kleinen Häuser rasch von größeren, oft internationalen Unternehmen geschluckt werden, die mehr daran interessiert sind, Sorten anzubieten, die sich für große Anbauflächen überall auf der Welt eignen, mit der Folge, daß die einheimischen Sippen verdrängt werden».[14]

So gravierende Folgen eine Reduzierung des Saatgutangebots für die genetische Erosion im Garten auch haben mag, die umfassenderen Vermarktungsstrategien der internationalen Unternehmen haben noch viel weitreichendere Auswirkungen. Die neuen Saatgut-Konzerne, motiviert nicht zuletzt durch die Aussicht auf exklusive Monopol-Patente, haben viele Sorten und Fruchtarten zumindest auf regionaler Ebene hinweggefegt.

Wie nicht anders zu erwarten, wird die Rolle, die die transnationalen Unternehmen für die genetische Erosion spielen, dabei durchaus öffentlich diskutiert. Als einer der leidenschaftlichsten Verfechter des Unternehmensstandpunkts hat sich ein knorriger, über achtzigjähriger Wissenschaftler namens Sir Otto Frankel hervorgetan, der sich seit langem mit genetischer Konservierung befaßt. In Reden und Referaten, die er in Canberra, Vancouver und Rom hielt, hat Frankel unsere Behauptung, daß Unternehmen und deren Patente zur genetischen Erosion beitragen, als unfundierte, unwissenschaftliche Polemik bezeichnet.

Daneben hat Frankel aber auch – im Zusammenhang mit der Viehzucht – die «kommerziellen – und damit biologischen – Monopole» angeklagt, «die die genetische Vielfalt ersticken».[15] Er zitierte den Vorschlag seines Kollegen J. M. Rendel, die Gesellschaft sollte «durch gesetzgeberische Maßnahmen den Aktionsradius von einzelnen bzw. Firmen, die Zuchtmaterial herstellen, limitieren». Auf diese Weise, fügte Frankel hinzu, könnte «gewährleistet werden, daß die regionale Vielfalt im Bereich des jeweiligen Staates wie etwa der USA erhalten bleibt...»

Seiner höflichen Umschreibung entkleidet, könnte durch den Vorschlag Rendels (und implizit auch Frankels) die Verbreitung einer neuen Sorte auf ein Gebiet nicht größer als Texas oder die Ukraine beschränkt werden. Multinationale genetische Zulieferer würden sich dann entweder gewaltig anstrengen oder aufgeben müssen.

Frankel und Rendel sind aber keineswegs die ersten, die die Frage der Monopolisierung von Keimplasma angesprochen und den Zusammenhang zwischen Unternehmensmonopol und genetischer Konservierung hergestellt haben. Schon Nicolaj Wawilow sprach sich vor mehreren Jahrzehnten gegen genetische Monopole aus, als er sich über das faktische Monopol beklagte, das die Briten im 19. Jahrhundert in der Viehzucht innehatten.

Und in ihrer Untersuchung über die genetische Anfälligkeit der wichtigsten Nutzpflanzen kam die amerikanische Akademie der Wissenschaften 1972 zu dem Schluß, daß die «[genetische] Gleichförmigkeit... eine Folge mächtiger ökonomischer und gesetzgeberischer Kräfte» ist.[16] Einer der Verfasser dieser Studie war Peter Day, der spätere Direktor des Pflanzenzuchtinstituts von Cambridge. Als er 1980 eingeladen wurde, vor dem Ausschuß für Genetische Experimente der Internationalen Wissenschaftlichen Union über die Ursachen der Einförmigkeit zu sprechen, verwies Day auf Pressionen, Hochertragssorten zu verwenden, auf die Tendenz, klonare Vermehrungsmethoden einzusetzen und «auf den großen Einfluß, den die landwirtschaftliche Großindustrie, unterstützt durch Sortenschutzgesetze, auf die Pflanzenzucht ausübt».

Nach einer quälenden internen Debatte brachte das FAO-Sekretariat ebenfalls die Patentierung von Saatgut mit dem Problem der genetischen Gleichförmigkeit in Verbindung. In ihrem daraufhin entstandenen Memorandum über die Beziehung der FAO zum Internationalen Verband zum Schutz von Pflanzenzüchtungen (UPOV), die Pflanzenpatentierungsbehörde in Genf, hätte sich die FAO kaum kritischer über die negative Auswirkung von Patentmonopolen äußern können: «Die folgende kommerzielle Konkurrenzsituation, die durch den UPOV herbeigeführt wurde, hat zu einer intensiven Züchtung neuer Sorten auf limitierter genetischer Basis geführt, was in mehreren Fällen den Ausbruch von Krankheitsepidemien zur Folge hatte.»[17]

Vormarsch der Agroindustrie

In den letzten Jahren ist eine heftige internationale Debatte über die chemische Industrie und ihre Beteiligung an der Pflanzenzucht in Gang gekommen. Im Jahr 1979 waren die Chemie-Konzerne bereits derart empfindlich gegenüber der Behauptung, sie würden sich in das Saatgutgeschäft drängen, daß sie den Sachverhalt entschieden leugneten, und zwar mit dem Hinweis, daß nur hier und dort eine Saatgutfirma aufgekauft worden sei, was aber insgesamt nicht ins Gewicht falle.

Der Schleier wurde endgültig gelüftet, als Thomas Urban von Pioneer gegenüber der *New York Times* zugab, daß die Chemie-Konzerne tatsächlich in die Pflanzenzucht eindrangen. Der Grund? «Der Trend basiert auf der Annahme», erklärte Urban, «daß die neuen Besitzer die Widerstandskräfte der Pflanzen wesentlich effektiver verbessern können als die alten Saatgutfirmen.» [18]

Die chemische Industrie hat engere Verbindungen zur Saatgutbranche, als dies in der Wall Street auf den ersten Blick zu erkennen wäre. Die meisten der heute führenden Unternehmen haben sich aus dem Faser- und Farbstoffhandel entwickelt, eine Herkunft, die enge Verbindungen zur Pflanzenwelt verrät. Erst recht die pharmazeutische Industrie hat natürlich botanische Wurzeln. Apotheker arbeiteten ja von frühester Zeit an mit Kräutern, aus denen sie sowohl magische als auch sehr reale und wirksame Heilmittel gegen menschliche Krankheiten gewannen. Selbst heute noch basiert ein Viertel unserer rezeptpflichtigen Medikamente auf pflanzlichen Grundstoffen, und die meisten der übrigen Arzneien werden aus Pflanzen synthetisiert.

Die zweite Verbindung der neuen Alchemisten mit dem Samensektor ist unmittelbarer Art. Ein Medikamentenforscher von Bayer hatte 1935 entdeckt, daß sich ein roter Farbstoff, der in der Textilindustrie Verwendung fand, auch gegen Lungenentzündung und Scharlach bewährte. Die Konkurrenz nahm sich daran ein Beispiel und testete daraufhin jedes vorstellbare Gebräu in der Hoffnung, irgendein Leiden damit kurieren zu können.

Die Synthetisierung chemischer Stoffe aus Pflanzen ebnete der Ölindustrie den Weg. Die «Petrochemie» wurde zur Grundlage der Erzeugung von Kunststoffen, Harzen, pharmazeutischen Produkten und Pestiziden. Die großen Ölkonzerne stiegen massiv in die chemische Industrie ein, um den pharmazeutischen Sektor mit Rohstoffen zu beliefern und eigene Forschungen für die Herstellung landwirtschaftlicher Chemikalien zu betreiben.

Es war also nur eine Frage der Zeit, bis die Ölriesen den Saatgutsektor entdeckten und sich der Agrochemie zuwandten. Von diesen Giganten spielt keiner eine größere Rolle in der Landwirtschaft als Royal Dutch / Shell – nach eigenem Eingeständnis der größte Pestizidhersteller der Ölindustrie und inzwischen eines der größten Saatgutunternehmen der Welt.

Nach den «leichten» Siegen der fünfziger und sechziger Jahre fiel es den pharmazeutischen Firmen zunehmend schwerer, die hohen Anfangsgewinne zu behaupten. Auf ähnliche Schwierigkeiten stießen die Pestizidhersteller. Gesundheitliche Bedenken und Umweltschutzmaßnahmen engten den Spielraum der agrochemischen Unternehmen ein; die zügellose Forschungs- und Entwicklungstätigkeit sowie die beispiellosen Wachstumsraten der vorangegangenen Jahrzehnte schienen für immer vorüber. Die besorgten Unternehmensführer erkannten, daß der Absatz ihrer Produkte über kurz oder lang zurückgehen würde. Eine Ausweitung der Aktivitäten in die Pflanzenzucht und den Saatgutvertrieb schien einen besonders attraktiven Ausweg zu bieten, da Saaten und Pestizide ein ähnliches Vertriebssystem erfordern und da jeder Rückgang in der Verwendung chemischer Substanzen wahrscheinlich größere Aussaaten und neue Sorten nötig machen würde.

Die Forschungs- und Entwicklungsleiter der Unternehmenssparten Arzneimittel und Pestizide konnten sich mit der neuen Sparte Saatgut leicht anfreunden. Alle drei Produkte benötigen bis zur Marktreife mindestens sechs bis zwölf Jahre; alle drei erfordern umfangreiche Testserien; alle drei Produktionsbereiche haben eine «wissenschaftliche Basis» und erfordern hohe Kapitalaufwendungen.

Um 1970 entstand noch eine weitere Gemeinsamkeit. Mit der Verabschiedung des US-Pflanzensortenschutzgesetzes wurden Saaten insofern mit Pestiziden und Pharmazeutika gleichgesetzt, als die Kontrolle über neue Produkte unter einen patentähnlichen Schutz gestellt wurde. Ohne die durch Patente gesicherte monopolartige Kontrolle über Vermarktung und Lizenzvergabe hätte den Agrochemie-Konzernen eine ihrer wichtigsten Waffen gefehlt.

In den vierziger Jahren war es diese sich abzeichnende Verbindung zwischen Saatgut und chemischen Produkten, die einen Prozeß in Gang setzte, der schließlich in die grüne Revolution mündete. Trotz gegenteiliger Theorien war die mit der grünen Revolution einsetzende Partnerschaft zwischen Düngemittel- und Saatgutsektor viel weniger das Ergebnis eines schlauen Komplotts seitens der Düngemittelhersteller als die unvermeidliche Konsequenz der Ausdehnung von Agrarmodellen der westlichen Industrie auf die Dritte Welt. Wissenschaftler der grünen Revolution, die auf staatlichen Colleges ausgebildet worden waren, welche eng mit für den landwirtschaftlichen Bedarf produzierenden Unternehmen zusammenarbeiteten, exportierten ihre Vorurteile bedenkenlos nach Asien, Afrika und Lateinamerika. Kein Komplott war notwendig. Als junger Mann verließ Norman Borlaug die biochemischen Labors von DuPont, um an dem von der Rockefeller-Stiftung unterstützten Forschungszentrum in Mexiko mit der Weizenzucht zu beginnen. Dieser Werdegang brachte ihm den Friedensnobelpreis für die Züchtung des «Wunderweizens» ein, dem die grüne Revolution ihre Durchschlagskraft verdankte. Borlaugs frühe Bekanntschaft mit Pflanzenkrankheiten und seine Jahre bei DuPont beeinflußten zweifellos seine Einstellung zur Agrochemie.

Die von Borlaug und seinen Kollegen in anderen Forschungseinrichtungen rund um die Welt entwickelten Sorten verbuchten fabelhafte Ertragssteigerungen bei Nahrungspflanzen wie Weizen, Mais und Reis – aber nur unter bestimmten Bedingungen. Um hohe Erträge zu erwirtschaften, waren Düngung und Bewässerung notwendig. Mit ihrer enormen Fähigkeit, mehr Nährstoffe in mehr Getreide umzuwandeln,[19] zogen die Hochertragssorten auch die Verwendung von mehr Pestiziden nach sich, weil die Düngemittel auch das Unkrautwachstum förderten und durch die Bewässerung die Insekten besser gediehen. Der zunehmende Einsatz von Chemikalien tötete seinerseits die Fische auf den Reisfeldern und beraubte die asiatischen Bauern damit einer wichtigen Einkommens- und Proteinquelle.[20] Inzwischen übte die genetische Gleichförmigkeit der Fruchtarten zusätzlich Druck zugunsten des Einsatzes weiterer Insektizide und landwirtschaftlicher Maschinen aus.

Die grüne Revolution konnte ihr Versprechen, das Problem des Welthungers zu lösen, nicht einhalten. Sie scheiterte, weil das Problem nicht bloß aus Nahrungsmangel entstand und daher nicht einfach durch Mehrproduktion zu lösen war. Hunger beruhte und beruht noch immer auf einer falschen Verteilung und letztlich auf dem Mangel an Macht und Chancen der Hungrigen in den Entwicklungsländern, am Prozeß der Nahrungsproduktion – und des Verbrauchs – teilzunehmen. Indem sie den wenigen Landwirten in der Dritten Welt, die überhaupt imstande waren, in das neue Saatgut und die nötigen flankierenden Maßnahmen zu investieren, verlockende Erträge und Gewinne in Aussicht stellte, trug die grüne Revolution bedauerlicherweise zu einer weiteren Konzentration des ländlichen Reichtums und der Macht in den Händen einiger weniger bei – und verschärfte damit ebenjenen Prozeß, der den Hunger eigentlich erst verursacht hatte.

Die grüne Revolution hat jedoch zweifellos eines bewirkt: sie hat den Agrochemiekonzernen die ganze Welt erschlossen. Die neuen Saaten waren von Düngemitteln, Pestiziden und landwirtschaftlichen Maschinen abhängig. Und diese Abhängigkeit eröffnete neue Märkte für Shell Oil, Ciba-Geigy, Monsantro, Massey-Ferguson und eine Reihe anderer multinationaler Gesellschaften. Innerhalb weniger Jahrzehnte hat die Weltwirtschaft in den Händen dieser Konzerne ihr Gesicht dramatisch verändert. Wie der finnische Agrarpolitiker Hilkka Pietila seinen Zuhörern in Helsinki auseinandersetzte, hat das letzte Jahrhundert wissenschaftlicher Züchtung die Landwirte von ihrem eigenen Saatgut getrennt und die Anzahl der Züchter von Millionen Bauern auf ein paar hundert Saatgutfirmen reduziert.[21]

Die bäuerliche Bodenkultur trat den Rückzug an. Landsorten verschwanden. Und Unternehmen, die ursprünglich in diesen Sektor einstiegen, um Agrarchemie zu liefern, stellten fest, daß sie noch mehr Geld scheffeln konnten, wenn sie gleichzeitig Sorten verkauften, die von diesen Chemikalien abhängig waren. Größere Erträge seien gut für die Menschheit, erklärten die Unternehmen der Öffentlichkeit – noch besser aber waren größere Erträge für die Industrie.

In ihren ersten Jahren konzentrierte die grüne Revolution die globale Forschung auf bloß drei Fruchtarten – Weizen, Mais und Reis. Nur wenige Länder der Dritten Welt verfügten damals über eine nennenswerte Forschungsinfrastruktur. Dennoch veränderte die grüne Revolution die Zielsetzung der vorhandenen Forschungseinrichtungen. Wissenschaftler wurden ermutigt, sich auf diese drei Fruchtarten zu konzentrieren. So wurden zum Beispiel in Indien innovative Arbeiten über integrierte Schädlingsbekämpfung[22] und in Afrika Forschungen über Hirse und Sorghum eingestellt.[23] Gegen Ende der siebziger Jahre hatte politischer Druck die internationalen landwirtschaftlichen Forschungszentren (IARCs) zu umfassenderen Arbeiten über Agrar-Management und zur Erforschung von fast dreißig verschiedenen Fruchtarten gedrängt. Unterschiedlichen Schätzungen zufolge wird heute nicht mehr als ein Drittel des Gesamtbudgets der IARCs für Weizen, Reis und Mais aufgewendet – um den Löwenanteil konkurrieren die 27 anderen Hauptfruchtarten.[24]

Es kann kaum überraschen, wenn über die Vermarktungsstrategien von Unternehmen, die ihren Kunden sowohl Saatgut als auch Agrochemie anbieten können, vielfach Besorgnis geäußert wird. Solche Kopplungsgeschäfte gehen auf das frühe 20. Jahrhundert zurück.

Deutsche Zuckerrübenanbauer sahen sich durch ihre Verträge mit Zuckerraffinerien häufig gezwungen, eine Saatgut-Chemikalien-Kombination zu akzeptieren. Der bisherige Gipfel unter den Kopplungsgeschäften ist ein dreifacher Cocktail, der gegenwärtig von Ciba-Geigy vermarktet wird. Wie Dr. M. H. Hahmoud von der *Sudan Mechanized Farming Corporation* berichtet, hat Ciba-Geigy versucht, der sudanesischen Regierung ihre eigene Marke von Hybrid-Sorghum in einem Paket zusammen mit drei neuen, patentierten Ciba-Geigy-Chemikalien zu verkaufen.[25] Zwei dieser Substanzen, Bizep und Milozep, sollen eine lange Liste von Unkräutern unter Kontrolle halten. Die dritte, Concep, gilt als ein Herbizid-Gegengift, das eigens entwickelt wurde, um die Pflanzen vor Ciba-Geigys patentiertem zweifachen Herbizid zu schützen, das andernfalls das Saatgut schädigen könnte. Wie Branchenblätter berichteten, hat dieses Paket den «Vorteil», daß die Bauern alljährlich zu der Firma zurückkehren müssen, um auch die nächste Saat chemisch behandeln zu lassen. Die *Sudan Mechanized Farming Corporation* lehnte diesen Deal ab. Der Konzern ließ sich davon nicht beeindrucken. Im Frühsommer 1985 wurde der Konzern erneut in Afrika vorstellig, um sein Hybrid-Sorghum diesmal im hungergeplagten Äthiopien anzubieten.[26]

Ähnlicher Praktiken bediente sich auch der schwedische Konzern Kemanobel. Der Chemieriese bezeichnet sich seit langem als europäischer Marktführer für Obst- und Gemüse-Räuchermittel. Inzwischen ist der Konzern auch Europas führender Einzelhandels-Saatgutlieferant. Seine – oft in chemische Substanzen verpackte – Gartensamen beherrschten Anfang der achtziger Jahre den Handel auf dem europäischen Festland.

Als die Gegner der Übernahmen von Saatgutfirmen durch die agrochemische Industrie Ende der siebziger Jahre erstmals ihre Besorgnisse äußerten, versuchten Sprecher der Industrie, sie mit ihrem Spott aus den Konferenzsälen zu jagen. Natürlich stimmt es, daß Chemie- und Saatgutforschung ineinandergreifen können, aber niemand, von Ciba-Geigy bis zum kanadischen Agrarinstitut, war gewillt, zuzugeben, daß sich solche intensiven Forschungsanstrengungen auch lohnen würden. Dr. Bryan Harvey, Leiter eines Teams des kanadischen Agrarinstituts, das diese Frage sondierte, bemerkte «die Pflanzenzucht hat es heute schon schwer genug, auch ohne daß ihr neue Probleme wie ihre Verstrickungen mit der chemischen Industrie aufgebürdet werden».[27] Das mag wohl so sein. Interessant ist dagegen, daß

Angehörige des gleichen Instituts heute eifrig damit beschäftigt sind, eine Sorte von Canola (eine in Kanada entwickelte nährstoffreiche Rapsart) zu züchten, die das ursprünglich von Ciba-Geigy patentierte Herbizid Atrazin verträgt.

Dennoch bestehen viele Unternehmen darauf, daß ihr Chemiesektor und ihre Saatgutinteressen voneinander unabhängig seien, weil es angeblich nicht möglich ist, Forschung und Entwicklung von Agrochemie einerseits und Saatgut andererseits aufeinander abzustimmen. Andere Unternehmen behaupten hingegen, daß genau diese Verbindung dem Landwirt nützen könne und daß jede künstliche Trennung als schlechte Geschäftspolitik zu betrachten sei.

Mike Carver von Shells Saatgut-Tochter Nickerson behauptet, britische Landwirte könnten bis zu zwanzig Pfund (Sterling) pro Acre sparen, wenn sie sich an die Ratgeber-Broschüren hielten, die Shell ihren Saatgutsorten gratis beilegt. In den Broschüren werden Bedarf, Zeitpunkt, Menge und Anwendungsverfahren von Wachstumsregulatoren, Düngemitteln und Pestiziden für jede Sorte genau angegeben. Chemikalien der Konkurrenten sind in den Broschüren zwar auch angeführt, aber die Befürchtung liegt nahe, daß Shells eigene Produkte darin besser wegkommen.

Shell Chemicals patentiert die Saaten des Konzerns schließlich in Italien ebenso wie in Südafrika. Shell Petroleum vertreibt das Saatgut des Konzerns auf den Inseln Mittelamerikas, und in den USA arbeitet die Shell Development Corporation an Sterilität bewirkenden Chemikalien für ihr Hybrid-Weizenprogramm. In deutschen Zeitschriften preist Shell seine Maissorten wie auch seine Herbizide in denselben Inseraten an.[28] Warum auch nicht? Der Vorsitzende der etwa siebzig Saatgut-Töchter des Unternehmens war gleichzeitig Leiter von Shell Chemicals, und, wie eine Anzeige in afrikanischen Wirtschaftszeitschriften stolz verkündet: *«Wir züchten sie, und wir schützen sie auch.»*[29]

Es mag zutreffen, daß moderne Züchtungsmethoden den Einfluß der Agrochemie faktisch garantieren. Auf die Gefahren «chemischer Züchtung» wurde 1987 auf einer FAO-Expertenkonferenz über integrierte Schädlingsbekämpfung in scharfen Worten eingegangen. In einem unveröffentlichten, kompromißlosen Referat stellte Dr. O. M. B. de Ponti von der Landwirtschaftlichen Universität Wageningen unmißverständlich fest, daß der Einsatz von Insektiziden und Herbiziden auf Testfeldern die Schädlingsresistenz der getesteten

Sorten zurücktreten lasse und damit zwangsläufig zur Abnahme und zum Verlust der Gene führen werde, die Schutz bieten könnten.[30] Diese Methode der Sortenentwicklung garantiere geradezu die langfristige Abhängigkeit unserer Nahrungsproduktion von der chemischen Keule.

Der entscheidende Punkt ist, daß Chemiefirmen mehr Chancen haben, aus der Pflanzenzucht Gewinn zu ziehen, als traditionelle Saatgutfirmen in Familienbesitz. Die unkonventionelle Forschungsarbeit, die heute im Bereich etwa der Trockenbeize oder der Wachstumsregulatoren durchgeführt wird, bringt großen Konzernen zweifellos größeren Nutzen ein als Familienunternehmen.

Historisch gesehen haben Chemiekonzerne stets von Kartellen und anderen Preisabsprachen profitiert, mit denen es ihnen gelungen ist, die Konkurrenz wirksam auszuschalten.[31] Dies wurde 1960 deutlich, als die damalige EWG von allen Branchen forderte, Absprachen bekanntzugeben, die den neuen Antitrust-Bestimmungen des Vertrags von Rom widersprachen, mit dem 1957 der Gemeinsame Markt geschaffen worden war. Die von der chemischen Industrie enthüllten Abkommen blieben zahlenmäßig nur hinter denen der metallverarbeitenden Industrie zurück und schlossen eine Unzahl von Preisabsprachen und territorialen Aufteilungen ein.[32] Dabei schätzten Beobachter damals, daß nur ein Bruchteil – zwischen fünf und 50 Prozent – aller Kartellvereinbarungen tatsächlich bekanntgegeben wurden. In den seither vergangenen Jahren sind viele, wenn nicht die meisten der Gesellschaften, die heute Saatgutfirmen besitzen oder aufbauen, auf beiden Seiten des Atlantiks kartellrechtlichen Prüfungen unterzogen worden.[33]

Es ist durchaus plausibel, anzunehmen, daß sich auch in der Saatgutindustrie dieselben kommerziellen Praktiken breitmachen werden. Mit Gebiets- und Lizenz-Absprachen könnten es sich die Agrochemiekonzerne in der Tat eher leisten, die Züchtung krankheitsresistenter Pflanzenstämme ohne Furcht vor Konkurrenz zu vernachlässigen.

Anzeichen dieser Vernachlässigung sind bereits sichtbar. In einer Untersuchung des US-amerikanischen Amtes für Technologiekontrolle wird auf einen Trend zur Verwendung von Bohrer-anfälligen Hybrid-Maissorten hingewiesen, was zu erhöhtem Befall und verstärktem Einsatz von Insektiziden geführt habe.[34] Der Bericht stellte gleichfalls eine deutliche Abnahme der Züchtung von Weizensorten fest, die gegen die Gelbe Halmfliege und die Hessische Fliege resistent sind. Er fügte hinzu: «Kommerzielle Saatgutfirmen haben auch ihre Anstrengungen verringert, Neuzüchtungen mit Insekten- und sogar gewissen Krankheits- und Nematodenresistenzen zu versehen.» An öffentlichen Forschungsstationen wurde Kritik geübt, weil sie sich von dieser Züchtungsarbeit in der Annahme zurückgezogen hätten, daß fortan Privatfirmen diese Aufgabe übernehmen würden. Dieser Trend, der bis zur Verabschiedung des neuen amerikanischen Saatgut-Patentgesetzes im Jahr 1970 zurückverfolgt werden kann, hat die Farmer eines einzigen amerikanischen Präriestaates allein 1978 schätzungsweise mehr als 25 Millionen Dollar gekostet.[35]

Ein ähnlicher Fehlschlag der Züchtung krankheitsresistenter Pflanzensorten war in Großbritannien zu verzeichnen. In einer 1978 erschienenen Studie von Valerie Silvey vom *National Institute of Agricultural Botany* (NIAB) in Cambridge hieß es zwar, daß sich die Weizenerträge in Großbritannien in den vergangenen dreißig Jahren stetig erhöht hätten,[36] daß aber die Gerste erhebliche Ernteeinbußen erlitten habe. Silvey führt dieses Versagen darauf zurück, daß man sich bei der Pflanzenzucht auf die «Resistenz durch ein einziges Gen» verlassen habe.

Diese Züchtungsstrategie führte zu einem «Boom- und Flop-Zyklus», wie Silvey es nennt. Die Landwirte hätten sich begeistert auf die neue Sorte gestürzt, die faktisch völligen Schutz vor Schädlingsbefall geboten habe, nur um festzustellen, daß das Gen innerhalb von drei Jahren von mutierten Schädlingen überwunden worden sei. Die Folge waren laut Silvey ein rasches Umsteigen auf neue Sorten und die verstärkte Anwendung von Fungiziden.

Der Pathologe Dr. J. K. Doodsen behauptet, die inzwischen abgelehnte Einzel-Gen-Strategie werde auch heute noch von manchen kommerziellen Züchtern (Doodsen nennt sie «chemische Züchter») praktiziert.[37] Nach seiner Auffassung verlassen sich manche Unternehmen viel zu stark auf die Agrochemie, um ihre neuen Sorten zu schützen. Das britische Problem des Gersteanbaus ist akut genug, um auch in der Landwirtschaft selbst Debatten auszulösen. Peter Wormell, langjähriger Agrar-Reporter und Autor, schrieb 1981 unter dem Titel «Sind hohe Erträge notwendig?» einen ketzerischen Artikel in den *Agri-Trade News*. Darin behauptet er, die neuen Sorten seien «noch anfälliger gegen gewöhnlichen Schnupfen als manche ihrer robusteren Vorfahren». In Erinnerung an die historischen Probleme des

Landes während der Rost-Epidemien meinte er bedauernd: «Heute sind Chemikalien da, um der Pflanze jede Arbeit abzunehmen.»[38]

Wie es aussieht, können die Chemie-Saatgut-Konzerne in Zukunft vor der Wahl stehen, ob sie ihre Gewinne über den Verkauf von Pestiziden oder durch die Züchtung krankheits- und schädlingsresistenter Pflanzen erzielen wollen. Diese Alternative wurde 1982 von der Europäischen Wirtschaftskommission (ECE) in einer Untersuchung der Chemiebranche ins Gespräch gebracht.[39] Die ECE stellte fest, daß die Züchter drei Ziele hätten: Ertrag, maschinelle Ernte und Verarbeitung und Krankheitsresistenz. Sie fügte hinzu, die Züchter seien gern bereit, die Krankheitsbeherrschung zu «opfern», wo immer Pestizide zur Verfügung stünden – wahrlich kein sehr schmerzhaftes Opfer, wenn der Züchter mit dem Pestizidhersteller identisch ist.

Aber die Landwirte sind ja nicht dumm. Wenn sie die Wahl zwischen einer krankheitsresistenten und einer chemieabhängigen Sorte haben, dann werden sie sich für das anspruchslosere Saatgut entscheiden. Bis zum verbreiteten Rückgang der staatlichen Züchtung erforderte eine solche Entscheidung tatsächlich noch die Wahl zwischen zwei ernstzunehmenden Alternativen. Staatliche Sorten wurden nur dann auf den Markt gebracht, wenn man sie im Vergleich zu den vorhandenen Rassen als wirklich überlegen ansah. Wie der Soziologe Jack Kloppenburg von der Universität Wisconsin feststellt, disziplinierten die staatlichen Züchter den Markt «in bezug auf Qualität, Preis und Struktur», und schränkten dadurch die Möglichkeiten ökologischen Fehlverhaltens erheblich ein.[40] Damals konnten die Landwirte auf die chemische Keule verzichten. Jetzt, da die marktbeherrschenden Saatgutanbieter Chemie-Konzerne sind, nehmen die Wahlmöglichkeiten ab.

Die chemischen Züchter mischen seit weniger als zwei Jahrzehnten mit, und es ist noch viel zu früh, um die Konsequenzen ihres Engagements zu beurteilen. Es dauert mindestens acht Jahre, um ein neues Pestizid auf den Markt zu bringen, und ebensolang oder länger, um eine neue Pflanzensorte zu entwickeln. Die endgültigen Auswirkungen der Koppelung dieser zwei wichtigen landwirtschaftlichen Betriebsmittel werden sich wohl erst in den neunziger Jahren zeigen.

Der neuralgische Punkt ist folgender: Die Chemiefirmen können auf zweierlei Weise profitieren, wenn eine Fruchtart von einer Krankheit befallen wird. Sie haben faktisch die Wahl. Sie können entweder eine «organische», pflanzenzüchterische Lösung für das Problem suchen, indem sie eine verbesserte Sorte entwickeln, oder sie bieten den

Landwirten ein chemisches Präparat an, das bereits im Regal steht. Auch letzteres impliziert keine böse Absicht gegenüber den Züchtern. Die Chemiefirmen brauchen nur auf die biologischen Gesetze zu verweisen, die Schädlinge und Krankheiten veranlassen, zu mutieren und die Abwehr der neuen Sorten schließlich zu überwinden. Familieneigene Saatgutfirmen haben keine solchen Vorteile. Erstens fehlt ihnen der agrochemische Gewinnanreiz, und zweitens fehlt ihnen im Gegensatz zu den Multis die ökonomische Schlagkraft, um ihre Märkte vor anderen Saatgutfirmen zu schützen.

Die vielleicht bemerkenswerteste Leistung, die man den Saatgutunternehmen neuen Schlages in den letzten zehn, zwölf Jahren zuschreiben muß, besteht darin, daß sie die Konkurrenz des öffentlichen Sektors aus dem Felde schlugen. Bis zu den siebziger Jahren stammte ein Großteil der Innovationskraft in der Pflanzenzucht von Universitäten und staatlich betriebenen Instituten. Die Großmächte der Pflanzenzucht waren das INRA in Frankreich, die CSIRO des britischen Commonwealth in Australien und das Pflanzenzüchtungsinstitut (PBI, jetzt Unilever) in England. Diese großen wissenschaftlichen Zentren hatten die Forscher und die nötige Disziplin, sich auf langfristige Züchtungsstrategien einzulassen, die jedes Jahr Gewinne abwarfen, sei es durch Mais in Frankreich, neue Futtermittel in Australien oder Weizen und Gerste in Großbritannien. Inzwischen liegen diese öffentlichen Institutionen – die letzte Barriere gegen eine komplette Vorherrschaft der multinationalen Agrochemie – darnieder.

In einem Vortrag auf einem Saatgutsymposium in Lima, Peru, sprach Dirk Boringer – ein hochrangiger Saatgut-Experte der Bonner Regierung – Ende der siebziger Jahre über die Verlagerung der Züchtungstätigkeit aus den öffentlichen Händen in den privaten Sektor. Heute widmen sich die Saatgutforscher an deutschen Universitäten überwiegend der Erforschung von Keimplasma und anderer Aspekte der Agronomie. Die Ergebnisse dieser Grundlagenforschung werden dann häufig Unternehmen zur Verfügung gestellt, und zwar zu Preisen, die vom deutschen Steuerzahler subventioniert werden. An der Universität Hohenheim in Stuttgart findet zwar noch Getreidezucht statt, doch werden die Züchter durch einen die Forschung finanzierenden Firmenausschuß gezwungen, die daraus resultierenden Sorten dem Handel zur Verfügung zu stellen!

Im Jahre 1983 kündigte auch der damalige amerikanische Landwirtschaftsminister John Block an, daß sich «die staatliche Forschung dort aus den herkömmlichen Pflanzenzuchtprogrammen zurückzieht, wo der Privatsektor diesen Bedarf decken kann».[41] Die Saatgutunternehmen haben kein Interesse daran, daß ihnen staatliche Institute in der Pflanzenzucht Konkurrenz machen. Unternehmensvertreter ziehen es vor, von einer «Arbeitsteilung» zu sprechen, bei der öffentliche Institutionen neues Zuchtmaterial entwickeln, das dann den Firmen zur «endgültigen Nutzung auf dem Markt» übergeben wird.[42] Im Klartext bedeutet das, daß der Staat die kostspielige und innovative Grundlagenforschung betreibt, während die großen Unternehmen die Gewinne einstreichen. In den USA wird der öffentliche Sektor auf dem Sortenmarkt sehr bald gar nicht mehr mit den Unternehmen konkurrieren; das Landwirtschaftsministerium hat jüngst empfohlen, die in der Züchtung engagierten Wissenschaftler mit Projekten der «Keimplasmaverbesserung» zu beauftragen.[43] Die Unternehmen haben gesiegt.

Zweifelsohne wird es noch lange Zeit staatliche Forschungstätigkeit geben, aus der neue Sorten hervorgehen. Aber werden die Neuzüchtungen auch auf den Bedarf von Landwirten zugeschnitten sein, die Nutzpflanzen geringerer Bedeutung anbauen oder die in Randlagen wirtschaften – beides wegen der beschränkten Nachfrage unattraktiv für die großen Multis? Oder werden die staatlichen Züchter gezwungen sein, sich wegen der hohen Kosten auch von diesen Märkten abzuwenden? Wird die öffentliche Forschung imstande sein, mit dem Forschungs- und Entwicklungsbudget sowie nicht zuletzt mit den Werbeetats der großen Unternehmen zu konkurrieren, die an der Züchtung der wichtigsten Anbauarten beteiligt sind? Welchen Weg der öffentliche Sektor auch einschlägt, seine Fähigkeit, die Privatindustrie zu beeinflussen und zu regulieren, wird bald der Geschichte angehören.

Ironischerweise wird der private Sektor auch weiterhin Universitätsprofessoren engagieren, um den Forschungsbedarf der Unternehmen unmittelbarer zu decken, wie Martin Kenney in seinem Buch, *Biotechnology: The University-Industrial Complex*, darlegt.[44] Aber der Rückgang an öffentlicher Unterstützung für die universitäre Pflanzenzucht wird sicherlich die Fähigkeit der Universitäten beeinträchtigen, jene künftigen Pflanzenzüchter auszubilden, die vom privaten Sektor benötigt werden.

Die Vereinigten Staaten haben nicht als einzige den Rückzug angetreten. Als das elehrwürdige Pflanzenzuchtinstitut in Cambridge die Pforten eines neuen Laborkomplexes öffnete, freuten sich die Wissenschaftler auf einen neuen Aufschwung in der Agrarforschung. Doch kurz vor dem 75. Jubiläum des PBI versteigerte die Thatcher-Regierung das erste öffentliche Pflanzenzuchtinstitut – an Unilever, dem höchsten Bieter unter allen Konkurrenten, zu denen angeblich ICI, Shell und Ciba-Geigy zählten. Am 6. August 1987 kaufte Unilever das PBI für 66 Millionen Pfund Sterling und zählte damit zu den größten Saatgutkonzernen der Welt.

Die Saatgutindustrie hat eine lange Geschichte. Aber ihre eigentlichen Wurzeln liegen bei den heutigen Subsistenzbauern und ihren und unseren steinzeitlichen Vorfahren. Lange vor Darwin und Mendel lag die Pflanzenzucht in den Händen kundiger, fähiger Menschen, die ihre Felder mit einem scharfen Blick für die besten Pflanzen abschritten, deren Samen sie für die Aussaat aufhoben. Wie Wawilow mehr als einmal bemerkte, waren die Landsorten das Resultat intelligenter, innovativer Köpfe – und oft das Werk von Genies.

Heute hat die Zahl der Saatgutinnovatoren abgenommen, und dasselbe gilt für die Zahl wirklich verschiedener Sorten und für den Bestand an Genen, aus denen sie bestehen. Dies war nicht die Folge kommerzieller Komplotte, und ebensowenig ist die Wissenschaft oder sind ihre Vertreter daran schuld. Aber die Ergebnisse der Wissenschaft kommen einer Elite zugute und nicht denjenigen, die unsere Nahrung erzeugen.

Es ist keine Nostalgie, wenn wir die Übernahme von Saatgutfirmen durch multinationale, petrochemische und pharmazeutische Konzerne beklagen. Jetzt, da uns die Ausbreitung der neuen Biotechniken bevorsteht, ist die Kontrolle der Saatgutindustrie eine notwendige Voraussetzung für die Beherrschung aller Agrarmärkte. Um sich diese Kontrolle zu sichern, schrecken die Manager der genetischen Zulieferindustrie nicht davor zurück, Samen, Gene, ja die Prozesse des Lebens selbst zu patentieren.

Die Entwicklung der Biotechnik

Wir haben ein Feuer entfacht.
Nichts ist mehr unmöglich.
Waclaw Szybalski

Schweinekoteletts, die auf Bäumen wachsen. Kühe, so groß wie Elefanten. Wenn man den Pressemitteilungen und Medienberichten glauben soll, dann sind dies die frappierenden Erfindungen, die uns die Biotechnik in Zukunft bescheren könnte.

Biotechnologie beziehungsweise Biotechnik sind Begriffe zur Beschreibung einer Vielzahl von Methoden, mit denen unter Verwendung und Manipulation lebender Organismen kommerzielle Produkte hergestellt werden. Gewebekultivierung, Verklonung und Genmanipulation zählen zu den bekanntesten Methoden der Biotechnik. Durch diese Technik sind Wissenschaftler zunehmend imstande, Gene, die für ein bestimmtes Merkmal kodieren, von einem Organismus auf einen anderen zu übertragen. Und es fällt ihnen immer leichter, zahllose identische Kopien einer Pflanze herzustellen, zum Beispiel durch Kultivierung und Klonierung von Zellen des ursprünglichen Exemplars.

Obwohl sie als einer der größten wissenschaftlichen Durchbrüche aller Zeiten begrüßt wurde, hat die Biotechnik noch nicht dieselbe Bedeutung erlangt wie die neolithische Revolution, die uns die Kulturpflanzen bescherte. De facto sind trotz der einschüchternden Terminologie manche Aspekte der Biotechnik banal. Praktisch jeder, vom Gärtner, der Erdbeerpflanzen ausgräbt und vermehrt, bis zum Amateurbierbrauer, hat, ohne es zu wissen, bereits Erfahrungen mit der Biotechnik gesammelt. Der Unterschied ist, daß Wissenschaftler solche Prozesse beschleunigen, sie raffinierter gestalten und umfassender anwenden.

Am bedeutsamsten ist, daß sie lernen, Erbanlagen von einer Spezies auf die andere zu übertragen. So sind bereits Gene von Leuchtkäfern auf Tabakpflanzen transferiert worden.[1] Und an der Universität von Kentucky haben Wissenschaftler den Versuch unternommen, eine Sojabohnenpflanze widerstandsfähiger gegen Kälte zu machen, indem sie ihr ein Gen einer Flunder, eines Salzwasserfisches, applizierten.[2] Das Aufkommen der Biotechnik wirft viele Fragen über die allgemeine Rolle der Technik in unserer Gesellschaft und über die möglichen wirtschaftlichen, sozialen und politischen Folgen eines so mächtigen neuen Werkzeugs auf. Es ist nicht Zweck dieses Buches, auf diese Fragen einzugehen. Dieses Kapitel wird sich darauf beschränken, die Art und Weise zu skizzieren, wie sich die Biotechnik auf die genetische Vielfalt auswirken könnte.

Manipulierte Evolution

Biotechnologie lenkt das Leben auf die Überholspur. Gegenwärtig werden verschiedene Techniken entwickelt, die es Pflanzenzüchtern ermöglichen, den erforderlichen Zeitaufwand, um neue Sorten hervorzubringen, drastisch zu reduzieren. Bei *SunGene* in San Jose, Kalifornien, überprüft ein Computer innerhalb von Stunden zwei Millionen «Pflanzen» in einer Petrischale und sucht die brauchbaren Varianten heraus, ein Vorgang, der früher viele Hektar Land und einen Zeitaufwand von mehreren Monaten erfordert hätte.[3] Züchtung, Überprüfung, Evaluation und Vermehrung werden mit Hilfe genetischer Kartierung, genetischer Manipulation und mittels Gewebekulturen in kürzester Zeit vollbracht. Für unsere unmittelbaren Zwecke ist es nicht wichtig, diese Techniken genau zu definieren. Wichtig ist zu erkennen, welche Folgen sie für den Prozeß der Pflanzenzucht und Sortenentwicklung haben werden. Bei einjährigen Fruchtarten wie Sojabohnen und Weizen kann die benötigte Zeit, um eine neue Sorte zu erschaffen, halbiert werden. Bei mehrjährigen Pflanzen wie der Ölpalme läßt sich die Züchtungszeit von dreißig oder vierzig Jahren auf bloß sieben oder acht verkürzen.[4]

Das Tempo beschleunigt sich je nach Stadium des Keimplasmas. Wissenschaftler von *Plant Genetics* in Davis, Kalifornien, nehmen ein einziges Gramm Kallus (das ist ein Bündel von undifferenzierten Pflanzenzellen, die im Labor gezogen wurden) und «brauen» daraus in einem Kultivationstank in sechs Monaten bis zu zehn Millionen Pflanzenembryos. Davon werden jeweils 20000 eingekapselt oder, falls wünschenswert, in Herbizide, Fungizide und Düngemittel eingepackt und als «künstliche Samen» auf den Markt gebracht.[5] Statt die Saatgutproduktion und -lagerung mindestens zwei Jahre im voraus zu planen und die Ungewißheiten und Kosten der Saatenvermehrung zu riskieren, ist die genetische Zulieferindustrie also in der Lage, wenige Monate vor Eintreffen der Bestellungen all jene Embryos auszubrüten, die sie für vermarktbar hält, und damit die klassischen Pflanzenzüchter ebenso wie die Händler auszuschalten. Der eingekapselte Embryo wird später auf alle Pflanzenschutz-, Dünge- und Schädlingsbekämpfungsmittel ansprechen. Und durch die garantiert keimfreie Pflanzenvermehrung reduzieren die neuen Methoden zugleich die Probleme der Krankheitsübertragung beim Saatgutversand und erleichtern dadurch die Ausfuhr.

Welche Eigenschaften werden die neuen Sorten aufweisen? An Versprechungen mangelt es nicht. Zumindest können wir mit signifikanten Ertragssteigerungen rechnen. Manche Beobachter sagen voraus, daß die Ernten in den Entwicklungsländern mindestens 40 Prozent höher sein werden als heute [1988]. Und sie prognostizieren Steigerungen von 20 bis 40 Prozent in den entwickelten Ländern.[6]

Bei einzelnen Anbauarten könnten noch höhere Steigerungen möglich sein. Bei der Ölpalme, die künftig große Bedeutung als Lieferantin von hochkarätigem Pflanzenöl haben wird, könnte die Produktion dank Sortenverbesserung sowie durch rapide Vermehrung und Verbreitung von hochwertigen Ölpalmenklonen[7] um mehr als 200 Prozent in die Höhe schießen. Intensive Züchtungsverfahren kombiniert mit neuen, biotechnisch erzeugten Sorten von Kakao könnten Steigerungen von unglaublichen 750 Prozent gegenüber dem heutigen Durchschnitt zur Folge haben.[8]

Die Auswirkung solcher Ertragssteigerungen auf die genetischen Ressourcen – auf traditionelle Landsorten wie auf die modernen, heute auf den Feldern befindlichen Rassen – könnte jedoch verheerend sein. Landwirte, die in der Vergangenheit bereit oder gezwungen waren, traditionelle zugunsten solcher modernen Sorten aufzugeben, die nur mäßige Ertragssteigerungen – in der Regel weniger als fünf Prozent pro Jahr[9] – versprachen, werden feststellen, daß sie keine andere Wahl haben, als ihre Äcker mit den Produkten der Biotechnik zu bestellen. Auf dem konkurrenzorientierten Agrarmarkt werden Landwirte, die es ablehnen, sich für 200prozentige Ertragssteigerungen zu entscheiden, ihre Existenzgrundlage verlieren.

Das Tempo der biotechnischen Durchbrüche ist so rapide, daß man davon ausgehen muß, daß es kein genetisches Konservierungssystem gibt, welches die traditionellen Sorten so schnell sammeln könnte, wie sie wahrscheinlich durch die Biotechnik eliminiert werden.

Pflanzen nach Maß

Untersuchungen des Internationalen Fonds zur Förderung der Landwirtschaft haben ergeben, daß sich auf der ganzen Welt mindestens 65 Forschungsprogramme damit befassen, Nutzpflanzen gegen Herbizide resistent zu machen. Konzerne wie Monsanto, DuPont, Ciba-Geigy und Bayer arbeiten daran, Gene zu isolieren, die Pflanzen resistent gegenüber bestimmten Herbiziden – gewöhnlich gegen die vom eigenen Konzern hergestellten Mittel – machen, um ihr Saatgut in Koppelungsgeschäften verkaufen zu können und ihren Absatz an Agrochemie zu steigern. Die ökologische Gefahr liegt darin, daß die Felder oft von Unkräutern gesäumt und bedroht werden, die mit den Pflanzen auf dem Feld verwandt sind. Besonders häufig ist dieses Phänomen in der Dritten Welt anzutreffen; wir finden es aber auch in den USA bei so unterschiedlichen Nutzpflanzen wie Sorghum, Rettich, Kopfsalat und Sonnenblumen.[10] Neuere Untersuchungen an der Universität von Kalifornien haben ergeben, daß es leicht zu «genetischer Übertragung durch Pollen zwischen Populationen kommt, die hundert, tausend und noch mehr Meter voneinander entfernt sind».[11]

Dr. David Ehrenfeld von der Rutgers-Universität meint, «es wird nur ein paar Jahre dauern, bis sich diese manipulierte Herbizidresistenz auf natürlichem Wege, auf dem Feld, auf die Unkräuter selbst überträgt».[12] Dies könnte, insbesondere in der Dritten Welt, die Notwendigkeit vermehrter und stärkerer Herbizide zur Folge haben. Und es könnte unvorhergesehene Konsequenzen für die empfindliche und komplexe Koevolution nach sich ziehen, die für uns unmerklich in Feld und Wald stattfindet. Die kalifornischen Wissenschaftler, offensichtlich besorgt, daß manipulierte Gene auch auf andere Pflanzen übergehen könnten, kommen zu dem Schluß, daß ein ökologischer Schaden wahrscheinlich oder gar gewiß ist, wenn die Genmanipulation nicht entscheidend gebremst wird.[13]

Doch die Forschung geht weiter. Unternehmen wie Unilever und

DNA Plant Technology entwickeln neue Nutzpflanzen wie Thaumatin, einen westafrikanischen Regenwaldstrauch mit einer Beere, die hunderttausendmal süßer als Zucker ist.[14] Andere Firmen arbeiten an Methoden, um Aromastoffe wie Vanille im Labor herzustellen und machen damit sowohl die Vanilleorchidee wie auch den Vanillezüchter überflüssig. Bei kommerzieller Nutzung könnten solche Entwicklungen Kulturarten entbehrlich machen und deren Fülle an genetischer Vielfalt zu einem Zeitpunkt eliminieren, da es immer schwieriger und um so notwendiger wird, für die Erhaltung der Vielfalt einzutreten.

Denn sie muß natürlich erhalten bleiben. Wir können unmöglich voraussagen, wieweit die genetisch schmale Basis der biotechnisch präparierten Monokulturen den Anforderungen der Wirklichkeit gewachsen sein wird. Gentechniker können Pflanzen planen und manipulieren, wie es ihnen beliebt. Aber die mangelnde Kenntnis der zahllosen Interaktionen zwischen Pflanzen und Umwelt wird ihnen immer Grenzen setzen. Schon heute kommt es zu Überraschungen. So begannen 1983 gepflanzte Ölpalmenklone bereits 1986, abnorme Blüten und Früchte hervorzubringen. Dies mußte auch ein leitender Wissenschaftler von Unilever eingestehen: «Die praktischen Versuche mit den im Labor erzeugten Klonen verliefen günstig, aber als wir vom Labor auf die Felder gingen, traten Probleme auf.»[15]

Soweit es ihr gelingt, attraktive neue Sorten hervorzubringen, wird die Biotechnik die vorhandenen Rassen verdrängen. Je spektakulärer der Durchbruch, desto rapider und vollständiger werden die traditionellen Landsorten wie die heute bekannten Kulturpflanzen ausgerottet werden. Dieser Verlust wird einen hohen Tribut fordern. Und die immer schmaler werdende pflanzengenetische Basis, auf der die Biotechnik trotz aller Dementis arbeitet, wird zusätzliche Probleme schaffen. Wir können nur hoffen, daß sich die neuen von der Biotechnik hervorgebrachten Wunderpflanzen und -tiere in der Realität bewähren, weil sie stark dazu beitragen werden, alle anderen Optionen zu beseitigen.

Die Ironie der Biotechnik

Veränderung ist eine Konstante in unserer Welt. Es entstehen ständig neue Schädlinge und Krankheiten. Das Klima verändert sich, vielleicht sogar schneller als erwartet. Die Industriegesellschaft transformiert alles, von unseren Eßgewohnheiten bis zur chemischen Zusammensetzung des Bodens und der Beschaffenheit des Regens, der darauf fällt. Die sich vermehrenden menschlichen Populationen drängen die Landwirtschaft in neue und oft wenig ergiebige Regionen. Alle diese Entwicklungen bürden den genetischen Ressourcen die schwere Last auf, die nötigen Anpassungsleistungen zu erbringen.

Obwohl das Potential der Biotechnik groß ist, sind ihre Fortschritte zumeist langsam und nicht selten enttäuschend gewesen. Die Genomanalyse, eine Methode zur Identifizierung genetischer Variation und deren Nutzung, ist nicht so schnell vorangekommen wie manche vorhersagten. Genmanipulation ohne das Wissen, wo Gene, die bestimmte Merkmale übertragen, auf dem Chromosom lokalisiert sind, ist in ihren Möglichkeiten eingeschränkt.

Darüber hinaus kann die Komplexität der Interaktionen zwischen Genen deren Transfer von einer Spezies zur anderen komplizieren. Wie oben erwähnt ist es Forschern zwar gelungen, ein Flunderngen in die Zellstruktur von Sojabohnen einzubauen, aber dieses Gen hat sich noch nicht exprimiert (= angeschaltet), ohne daß die Wissenschaftler den Grund dafür kennen. Auch Gentechniker brauchen Modelle. Diese Modelle in den bereits existierenden Pflanzen auch der entferntesten Gegenden von Amazonien zu entdecken, könnte sich als leichter erweisen, als sie in Form «künstlicher Gene» von Grund auf neu zu erfinden. Wäre unsere Kenntnis der Umwelt vollständig und unsere Techniken narrensicher, dann könnte der Gentechniker Julian Davies mit seiner Behauptung recht haben, daß die gesamte genetische Vielfalt, die wir benötigen, im Labor zu finden sei. Aber so weit sind wir noch nicht und werden es vielleicht nie sein.

Die heute vorhandene genetische Vielfalt stellt einen Reichtum an bereits erprobten und bewährten genetischen Kombinationen dar. Selbst mit dem eindrucksvollen Instrumentarium der Biotechnik dürfte es Jahre dauern, die Vielfalt, die uns bereits zur Verfügung steht, zu bewerten, geschweige denn zu begreifen. Noch haben wir kaum damit begonnen, sie auch nur zu untersuchen. Unsere Genbanken, so unzulänglich sie sind, werden von Pflanzenzüchtern viel zu wenig genutzt.[16] Dennoch glauben Wissenschaftler inzwischen, Gene nach Belieben planen und neue Arten hervorbringen zu können, die jedem vorstellbaren Bedürfnis gerecht werden.

Andere, darunter auch wir, haben von genetischen Ressourcen als dem «Rohmaterial» der Pflanzenzucht und Biotechnik gesprochen. Aber sie sind nicht Rohstoffe im gleichen Sinn wie Eisenerz oder Kupfer. Selbst nach ihrer Förderung verrät eine Schaufel voll Erz keine menschliche Genialität und keinen Erfindungsreichtum. Die Landsorten von Kleinbauern repräsentieren dagegen *verbesserte* Materie. In ihnen stecken die Gedanken und Erkenntnisse, die Findigkeit und die harte Arbeit früherer und heutiger Bauern.

Die Farmer des Südens mögen keine weißen Kittel tragen oder komplizierte Geräte verwenden, aber sie haben ein Auge für Varianten, sie bemerken Mutationen, praktizieren Selektion und beschäftigen sich mit der Züchtung und Vermehrung von Saatgut – im Grunde mit all dem, was ihre Pflanzenzüchter-Kollegen im Norden auch tun. Der Unterschied ist, daß es in den Industrieländern Gesetze gibt, die dem Zweck dienen, individuelle Leistungen anzuerkennen. Der «Erfinder» erhält ein Patent oder einen patentähnlichen Schutz. Das Innovationssystem der Dritten Welt ist informeller und gemeinschaftlicher strukturiert, so daß hier ein formalisiertes Patentrecht nur schwer greifen kann. Die Beiträge der Bauern werden daher nicht anerkannt, nicht belohnt und nicht geschützt – ja sogar abgewertet.

Ironischerweise könnte das Bedürfnis der Industrieländer, ihre Patentgesetze angesichts der Biotechnik neu zu fassen, der Dritten Welt Gelegenheit geben, für eine Anerkennung ihres informellen Innovationssystems einzutreten. Jetzt, da in verschiedenen Gremien der UNO die Notwendigkeit diskutiert wird, all jene zu fördern und zu belohnen, die in der Biotechnik engagiert sind, zeichnet sich auch die Möglichkeit ab, ein Kompensationssystem für die Dritte Welt einzuführen.

Die noch existierende und von manchen für belanglos gehaltene Vielfalt sollte als ein Schutz gegen die möglichen negativen Auswirkungen der Biotechnik betrachtet werden – als Versicherung gegen Fehler und als unausgeschöpfte Reserve. Es ist beunruhigend, daß die junge Wissenschaft der Biotechnologie, so wie sie von den PR-Abteilungen ihrer kommerziellen Sponsoren dargestellt wird, uns zu dem Glauben verführen könnte, wir hätten einen verringerten Bedarf an Vielfalt und dürften daher in unseren Bemühungen um Konservierung nachlassen.

Welche Ironie, daß dies zur gleichen Zeit geschieht, da die Biotechnik aus ebenjenem Rohmaterial genetischer Vielfalt ihre Wunder formt. Und wie absurd, daß die Annahme, die Evolution sei völlig kontrollierbar, Wissenschaftler veranlassen könnte, jene Mannigfaltigkeit und Variabilität selbst abzuwerten und vielleicht zu übersehen, von der die Evolution doch abhängt – und auf der ihre eigene Karriere basiert. Und wie naiv müßten wir sein, zu glauben, daß sich verarmte Nationen der Dritten Welt darum reißen werden, ihre Rohmaterialien der biotechnischen Industrie in der Hoffnung zu schenken, irgendwann, am Ende des Regenbogens, dafür belohnt zu werden. Die Armen haben den Reichen selten vertraut – zu Recht!

Die hier geäußerte Besorgnis über den Verlust an genetischer Vielfalt durch die landwirtschaftliche Biotechnik sollte nicht als prinzipielle Fortschrittsskepsis seitens der Autoren interpretiert werden. Diese Technologie ist aufregend und birgt große Möglichkeiten auf Gebieten – etwa dem Gesundheitswesen –, deren Erörterung den Rahmen dieses Buches sprengen würde. Aber ebenso wie andere Technologien, die ihr vorangingen, wird auch die Biotechnologie höchstwahrscheinlich mit unbeabsichtigten und unvorhergesehenen Folgen einhergehen – unter anderem mit der Verdrängung und Ausrottung traditioneller Fruchtarten.

Vielfalt gewährt uns Optionen und es empfiehlt sich, diese Optionen offenzuhalten. Heute, zu Beginn des Zeitalters der Biotechnik, kann die Frage «Warum Vielfalt retten?» am besten durch eine Gegenfrage beantwortet werden: Können wir es uns tatsächlich leisten, auf Vielfalt zu verzichten? Und falls ja, in welchem Umfang?

Ansätze zu einer globalen Konservierung

Alle Spezies sind potentielle Humpty Dumpties: wenn sie erst einmal zerstört sind, dann sind die Prozesse der Evolution, so wie wir sie kennen, nicht in der Lage, sie in identischer Gestalt erneut hervorzubringen.

David Ehrenfeld

Die Erkenntnis, daß die genetische Vielfalt der Welt geschützt werden muß, hat sich bei den Regierungen nur ganz langsam durchgesetzt, beginnend mit der Pionierarbeit Wawilows in den zwanziger Jahren und tastenden Initiativen in den Vereinten Nationen Ende der vierziger Jahre. Und erst Ende der achtziger Jahre mündeten diese Initiativen in Vorschläge zur Einsetzung einer FAO-Kommission über Biologische Vielfalt.

Der Weg zur Verwirklichung ist steinig gewesen. Die in den sechziger Jahren gestarteten Sammelbemühungen wurden einer internationalen Körperschaft überantwortet, die den Regierungen keine Rechenschaft schuldet. Es entstand der Internationale Rat für Pflanzengenetische Ressourcen (IPBGR), auf den wir in diesem Kapitel noch näher eingehen werden. Bei der folgenden Konservierungskampagne haben allerdings stets die kurzfristigen Interessen des Nordens dominiert und dazu geführt, daß der Großteil des im Süden gesammelten Keimplasmas in den Kühlhäusern des Nordens landete. Die gleichen kurzfristigen Interessen hatten auch eine mangelhafte Finanzierung der langfristigen Lagerungsmöglichkeiten und eine Reihe großer technischer Schwierigkeiten zur Folge, die bewirkten, daß genetische Erosion auch *innerhalb der Genbanken* zu einem erheblichen Problem wurde.

In seiner ersten Besprechung mit dem Stab des Allunionsinstitut für Angewandte Botanik und Neue Nutzpflanzen beschwor Nikolaj Wa-

159

wilow schon 1923 seine Mitarbeiter, daß ihre Aufgabe nicht nur darin bestehe, Pflanzen für die unmittelbaren Zuchtbedürfnisse der sowjetischen Landwirtschaft zu sammeln, sondern auch darin, Samen vor dem Aussterben zu bewahren. Der große Geobotaniker und Pflanzenforscher erkannte als erster die genetische Erosion als globale Gefahr für die Nahrungsversorgung und sah in der Einlagerung von Saatgut eine wirksame Schutzmaßnahme.

Außerhalb der Sowjetunion vernahmen nur wenige diese Warnung. Einer davon war Harry Harlan, der zweite große Pflanzenforscher dieses Jahrhunderts und ein alter Mitkämpfer Wawilows. Wie erwähnt, warnte Harlan 1936 seinerseits erstmals vor genetischer Erosion durch Einführung neuer Fruchtarten.

Pflanzensammler, ob sie für laufende Zuchtprogramme oder für langfristige Konservierung arbeiten, brauchen einen Platz, wo sie ihr Saatgut dauerhaft vor Schädlingen, Feuchtigkeit und Hitze schützen können. Die Russen behaupten, über Sammlungen zu verfügen, die weit in das letzte Jahrhundert zurückreichen, und es ist wahrscheinlich, daß jedes landwirtschaftliche Forschungsinstitut zumindest seit den siebziger Jahren des vergangenen Jahrhunderts über bescheidene Arbeitskollektionen verfügte. Ohne Zweifel waren die Russen in dieser Arbeit führend. Die Genbank von Leningrad reicht bis in die zwanziger Jahre zurück. Sowohl Deutsche wie Italiener sammelten in den dreißiger Jahren Gerste in Äthiopien (Harry Harlan war 1923 dort, und Wawilow durchkämmte 1927 das Land), und das gefundene Saatgut soll «langfristig» gelagert worden sein. Die Österreicher besitzen seit Ende der dreißiger Jahre einen Saatgutspeicher hoch oben in einem Tiroler Gletscher, und in den Vereinigten Staaten hat es kurzfristig angelegte Sammlungen mindestens seit dem Zweiten Weltkrieg gegeben, obwohl die Nationale Genbank der USA (NSSL) erst 1958 gegründet wurde.

In den sechziger Jahren, als die grüne Revolution Früchte zu tragen begann, besaßen, falls überhaupt, nur wenige Regierungen auch nur eine Papierstrategie für die Erhaltung genetischer Vielfalt. Von einigen Ausnahmen abgesehen, geschah das Sammeln auf subnationaler Universitätsebene ohne finanzielle Unterstützung des Staates. Diese begrenzten Aktionen beschränkten sich darüber hinaus auf das Sammeln von Nutzpflanzensamen oder auf eine problemspezifische, das heißt an aktuellen Erfordernissen orientierte Sammlung und Speicherung in Kühlräumen mit halbwegs gesicherter Temperatur- und

Feuchtigkeitskontrolle, die das Saatgut zumindest einige Jahre keimfähig erhalten sollte.

In den siebziger Jahren, als die grüne Revolution Orkanstärke erreichte und über die Felder Asiens, Afrikas und Lateinamerikas hinwegfegte, stand ihr nur eine kleine, unverbundene Gruppe unterfinanzierter, improvisierter Genbanken und eine Handvoll engagierter und isolierter Pflanzensammler gegenüber. Wawilow war tot, und Harry Harlan hatte die Fackel an seinen Sohn Jack weitergegeben. Da und dort ertönten in obskuren und esoterischen Zeitschriften warnende Rufe. Fast niemand schenkte ihnen Beachtung.

Die Geschichte der Genbanken setzte erst spät ein. Kurze historische Zeitspannen fördern Kurzsichtigkeit und tendieren dazu, das Schlaglicht eher auf einzelne zu richten als auf die geschichtlichen Bewegungen und Ereignisse, die die Menschen schließlich zum Handeln zwangen. Man macht es sich daher allzu leicht, wenn man die Geschichte der Saatkonservierung auf Wawilow und die Harlans, auf Bennett, Frankel, Swaminathan und T. T. Chang oder auf eine Aufeinanderfolge von UNO-Konferenzen und internationalen Kongressen reduziert.

Obwohl Personen und Orte wichtige Wegweiser sind, sah die Wirklichkeit Anfang der siebziger Jahre so aus, daß die grüne Revolution die genetische Vielfalt vernichtete, obwohl die Gleichförmigkeit sowohl der sowjetischen Weizen- als auch der amerikanischen Maiskulturen gerade die politischen und wirtschaftlichen Kosten genetischer Anfälligkeit demonstriert hatte. Erst Fortschritte in der Mikrobiologie und neue kommerzielle Chancen in der Saatgutbranche, unterstützt durch die Umweltschutzbewegung, die nach den sechziger Jahren in Schwung kam, machten die Keimplasmakonservierung zu einer sozialen, politischen, wirtschaftlichen und unternehmerischen Notwendigkeit.

Auch Menschen spielten natürlich eine Rolle. Und da die Ereignisse nicht weit zurückreichen, sind die meisten der handelnden Hauptpersonen noch heute aktiv.

Erna Bennetts Kritiker führen die FAO-Gründungskonferenz in Quebec von 1946 als Beweis dafür an, daß die internationalen Maßnahmen gegen genetische Erosion nicht erst an dem Frühlingstag 1966 begannen, als die irische Züchterin zum erstenmal die Zentrale der FAO am römischen Circus Massimus betrat. In gewissem Sinne haben sie recht. Es stimmt, daß schon auf der Eröffnungssitzung des Agrarausschusses der FAO 1946 – ein Jahrzehnt nach Harlans Warnung und zwei Jahrzehnte bevor Bennett zur FAO ging – über genetische Ressourcen gesprochen worden war. Und im Jahre 1961 hat die FAO zusammen mit dem Internationalen Biologischen Programm (IBP) eine entscheidende Konferenz über Pflanzengenetik veranstaltet.

Aber es war die vitale, offenherzige irische Revolutionärin aus Ulster, die den Begriff «genetische Konservierung» prägte, die diesen Begriff mit Substanz und Strategie erfüllte und ihn schließlich weltweit transparent machte.

Da sie die Zeichen der Zeit erkannte, verbrachte Bennett ihr erstes Jahr bei der FAO nicht in Rom, sondern am Pflanzenforschungszentrum in Izmir in der Türkei, wo sie Saaten sammelte und selegierte, die zum Grundstock der Konservierungstätigkeit in diesem von Wawilow identifizierten nahöstlichen Zentrum der Vielfalt werden sollten. 1967 kehrte sie nach Rom zurück, um dort die zweite FAO/ IBP-Konferenz über Genetische Ressourcen zu organisieren, auf der sie die nötigen Schritte unternahm, um im folgenden Jahr bei der FAO eine Arbeitsgruppe für Kulturpflanzenökologie ins Leben rufen zu können.

Da man ihr die Leitung dieser Arbeitsgruppe vorenthielt (weil sie eine Frau war, und weil sie sich in der FAO-Hierarchie bereits mißliebig gemacht hatte), tat sich Bennett mit Harero León aus Costa Rica zusammen und gründete mit ihm aus FAO-Mitteln ein bescheidenes Sekretariat. Zu ihren Leistungen zählen die Schaffung eines Dokumentationszentrums sowie die Gründung des ersten weltweiten Informationsblattes, in dem auf die Krise der genetischen Erosion aufmerksam gemacht wurde. Noch wichtiger ist vielleicht, daß Erna Bennett trotz heftigen Widerstands in der FAO darauf beharrte, daß sich die Organisation selbst an den Sammlungen vor Ort beteiligen müsse, bevor es zu spät sei.

Ende der sechziger und Anfang der siebziger Jahre konnte man ihr vom Rande der westlichen Sahara bis zum Hochland Afghanistans bei der Bestandsaufnahme, dem Sammeln und der Berichterstattung begegnen. Zwischen manchmal gefährlichen Expeditionen (sie wurde wiederholt von Banditen bedroht, auf Gebirgsstraßen fast umgebracht und einmal, in der Annahme, daß sie die Untergebene ihres Chauffeurs sei, in einen Harem geworfen) gab Bennett mit Sir Otto

Frankel das erste klassische Werk über genetische Ressourcen heraus. Dieses 1970 erschienene Buch, in dem alle damals verfügbaren Einsichten versammelt waren, zwang die Gemeinschaft der Wissenschaftler zur Kenntnisnahme.

Auf der Grundlage dieses Buches und Bennetts Missionstätigkeit in ihrem Informationsblatt gelang es Otto Frankel – dem grantigen, aus Österreich stammenden und in Australien lebenden Wissenschaftler –, die Stockholmer Umweltschutzkonferenz von 1972 zur Annahme einer Resolution zu bewegen, in der eine konzertierte globale Aktion zur Konservierung pflanzengenetischer Ressourcen gefordert wurde.

Die Stockholmer Konferenz bescherte der allgemein vernachlässigten Frage genetischer Konservierung fast so etwas wie Popularität. Zugleich löste sie in internationalen Fachkreisen auch einen hitzigen Streit darüber aus, wem denn die Verantwortung zur Kontrolle der pflanzengenetischen Ressourcen zu übertragen sei.

Unter den Gruppen, die um das entsprechende «Mandat» rivalisierten, befand sich auch die Beratungsgruppe für Internationale Agrarforschung, CGIAR, die erst kurz zuvor gegründet worden war. Ein Jahr vor der Stockholmer Konferenz hatten die Rockefeller- und die Ford-Stiftung ihren Einfluß geltend gemacht und die Industrieländer dazu angeregt, aus dem Erfolg der grünen Revolution Kapital zu schlagen und ein völlig neues landwirtschaftliches Forschungsnetz aufzuziehen, dem die politischen Grabenkämpfe und die Bürokratie der UNO-Einrichtungen erspart bleiben könnten. Diese neue Körperschaft war die CGIAR, unter deren Schirmherrschaft sich nun bis dahin privat finanzierte Zentren wie CIMMYT und IRRI versammelten, um gemeinsam höhere Subventionen fordern zu können. Man könnte einwenden, daß dieses zusätzliche Geld andernfalls der FAO zugute gekommen wäre. Andere meinen hingegen, die UNO-Behörde sei an Forschungstätigkeit nicht ernsthaft interessiert gewesen.

Die stiftungsfinanzierten Pflanzenforschungsinstitute einschließlich CIMMYT und IRRI galten jetzt als «IARCs» (Internationale Agrarforschungszentren) unter dem Patronat der CGIAR. Angesichts ihrer politisch exponierten Stellung in der Dritten Welt hofften diese Institute Rückhalt und Sicherheit unter dem nun UNO-nahen Dach zu finden. Die CGIAR etablierte sich in der Zentrale der Weltbank in Washington. Dieser Pseudo-UN-Status war von großer Wichtigkeit. Die Stiftungen konnten den Anschein erwecken, daß die IARCs unter dem Schutz der UNO stehen, und es gelang ihnen gleichzeitig, ein von Spendern finanziertes Forum zu schaffen, in dem die übliche Nord-Süd-Problematik praktisch keine Rolle spielte – die beste aller möglichen Welten.

Der Schutz genetischer Ressourcen zählte 1971 allerdings noch nicht zu den Aufgaben der CGIAR. Angestrebt wurde vielmehr die rapide Verbreitung von Techniken zur Förderung der grünen Revolution sowie die Gründung von IARCs in neuen Regionen, um auch dort höhere Erträge zu erzielen.

Erst nach Abschluß der konstituierenden Gründungsversammlungen kam die CGIAR-Hierarchie auf die Idee, daß die Geberstaaten vielleicht auch Geld für die Keimplasmakonservierung zur Verfügung stellen könnten. Der Maisbrand von 1970 in den USA hatte zumindest ein finanzstarkes Geberland bereits von der Notwendigkeit überzeugt, das vorhandene Genmaterial durch Konservierungsmaßnahmen zu schützen.

Anfang 1972 ergriff die CGIAR die Initiative. Otto Frankel wurde als Erna Bennetts UNO-ferner Gesinnungsgenosse nach Beltsville/Maryland eingeladen, um dort mit einer Arbeitsgruppe eine globale «Strategie» auszuarbeiten. Bennett – wie kaum einer ihrer Forscherkollegen sowohl durch praktische wie durch theoretische Kenntnisse ausgewiesen – wurde bewußt ausgeschlossen. Obwohl Frankel und seine Mitarbeiter sich etwas anderes und sicher mehr erhofft haben mögen, bestand das Ziel der Übung vor allem in dem Nachweis, daß bislang zu wenig unternommen worden war, und in der Etablierung der CGIAR als «Expertengremium», das imstande ist, das bisher Versäumte nachzuholen. Frankel entwarf einen Mehrjahresplan für den Aufbau eines Netzes regionaler Genbanken, eines Netzwerks allerdings, das keiner zentralisierten Kontrolle durch die Geldgeber unterliegen durfte.

Die Konferenz war hochkarätig besetzt. T. T. Chang, als Vertreter des IRRI, der das Treffen später als frustrierend bezeichnen sollte, war der einzige Teilnehmer chinesischer Herkunft[1]; Jack Harlan und John Creech vertraten die USA, Jack Hawkes repräsentierte Großbritannien und Dieter Bommer die Deutsche Genbank in Braunschweig. T. T. Chang und Mario Gutierrez von CIMMYT sprachen für die IARCs, während Jorge León als einziger den FAO-Standpunkt vertrat. Im üblichen UNO-Stil gaben ein Costa Ricaner, ein Türke, ein Inder und ein Äthiopier dem Treffen einen multikulturellen Anstrich.

Die Überraschungsgäste waren zwei Wissenschaftler vom Wawilow-Institut in Leningrad. Da die Winterweizenernte in der Ukraine dem Untergang geweiht war, zeigte die Sowjetunion starkes Interesse an genetischen Ressourcen. Chang erinnert sich, daß sich der leitende sowjetische Wissenschaftler durch große Freundlichkeit auszeichnete – bis er erfuhr, daß Chang mit einem taiwanesischen Paß angereist war.

Trotz der Rivalitäten setzte sich Otto Frankel mit seinem Vorschlag für ein stark dezentralisiertes Netz von neun regionalen Genbanken durch. Sie sollten über ein Budget um die drei Millionen Dollar verfügen.

Die CGIAR hingegen hatte nichts für Dezentralismus übrig. Ihr Technischer Beratungsausschuß (TAC), der die Beltsville-Konferenz einberufen hatte, lehnte den Plan zwei Wochen später auf einer Sitzung in Rom ab. Frankel, Hawkes und Chang trafen sich daraufhin erneut im April in Izmir, Türkei, um ihn zu überarbeiten. Doch auch diese zweite Fassung entsprach nicht den Wünschen der CGIAR. Das ganze Projekt wurde schließlich an M. S. Swaminathan übergeben und drastisch revidiert, um Raum für eine zentrale Keimplasma-«Polizei» zu schaffen. In dieser Version wurde es schließlich ein Jahr später in Washington angenommen. Zehn Monate darauf hielt der Internationale Rat für Pflanzengenetische Ressourcen (IBPGR) in Rom seine erste Sitzung ab. Inzwischen war T. T. Chang schon wieder auf den Philippinen und kümmerte sich dort um seine Reissammlung. Und Jack Harlan versuchte, mit Artikeln wie «Genetics of Disaster» Alarm zu schlagen.

Frankel zeigte sich durchaus nicht bereit, die Ausweichmanöver der CGIAR hinzunehmen, und versuchte im darauffolgenden Sommer, die internationalen Umweltschützer auf der Stockholmer Konferenz zu mobilisieren. Deren diesjährige Hauptsorgen galten aber vor allem den Walfischen und Pandas, und so taten sie nichts weiter, als eine sympathisierende Resolution zu verabschieden, die allerdings immerhin ausreichte, um einer Neugründung den Weg zu ebnen – dem Umweltschutzprogramm der UNO (UNEP), das fortan seinen Beitrag zur allgemeinen Passivität leistete.

Gegen Ende 1972 betrachteten sowohl die CGIAR in Washington wie auch das neugegründete UNEP die genetischen Ressourcen als einen Teil ihres natürlichen Aufgabenbereichs. Inzwischen setzte Erna Bennett in der FAO ihre ganze Kraft dafür ein, in dem von einer Dürre heimgesuchten Afghanistan Weizen zu retten.

Irgendwo zwischen Beltsville, Izmir, Rom und Stockholm und dem Abschmettern des Beltsville-Berichts in Washington wurde der Internationale Rat für Pflanzengenetische Ressourcen (IBPGR) gegründet, nachdem die «Fehler» des Beltsville-Planes von dem eklektischen Swaminathan, damals wissenschaftlicher Berater des indischen Kabinetts, «korrigiert» worden waren.

Am Ende wurde der IBPGR der CGIAR untergliedert und gleichwohl von der FAO mit Büros und Personal ausgestattet. Dem UNEP – dem schwächsten der drei Rivalen – wurde der Knochen eines ständigen Sitzes am Tisch des IBPGR zugeworfen.

Eine Schlüsselrolle bei den entscheidenden Weichenstellungen spielte Richard Demuth, ein für das State Department tätiger Washingtoner Anwalt, der sich auf die Landwirtschaft in der Dritten Welt spezialisiert hatte. Demuth arbeitete mit Swaminathan an der Entwicklung des IBPGR zusammen und wurde dessen erster Vorsitzender. Nachdem er 1974 aus dem State Department ausschied, eröffnete er wieder seine Anwaltspraxis und übernahm gleichzeitig den Vorsitz des neuesten Stars der CGIAR, des IBPGR. So kam es, daß der IBPGR, der sich selbst als rein technisches, wissenschaftliches Gremium definierte, in einem Washingtoner Anwalt mit Verbindungen zum State Department seinen ersten Vorsitzenden fand.

Im byzantinischen politischen Umfeld der Vereinten Nationen war Demuth (und er ist es immer noch, trotz einer schweren Herzoperation Mitte seiner Siebziger) ein großer Taktierer. Otto Frankel galt nur so lange als aussichtsreicher Kandidat für den Vorsitz – oder zumindest den Vorstand –, bis seine politische Naivität die CGIAR fast um ihre Beute gebracht hätte.

Der IBPGR erfüllte freilich nicht den Traum von Beltsville, neue regionale Hauptsamenbanken zu gründen, ergänzt durch eine Kette von fruchtartspezifischen Banken und einem Etat, der groß genug sein würde, um die genetische Erosion einzudämmen. Vielmehr war er – angeblich – ein «katalytisches» Koordinierungsgremium, das zur Sammlung und Konservierung anregen und die vorhandenen Institutionen zu einem Genbankennetz ausbauen wollte.

Die Gelder für diese Arbeit sollten überwiegend von der FAO kommen. Und selbst das nötige Personal wurde aus der pflanzenökologischen Abteilung der FAO rekrutiert. Kurz, die lieben Leute der CGIAR und des UNEP reagierten auf den Appell der FAO, endlich zu handeln, indem sie deren Tätigkeitsbereich, deren Finanzen und deren Personal schlicht übernahmen, um ein bißchen strukturelle Vielfalt zu schaffen und die Saat für künftige Reibereien zu säen. Bennett und die FAO wurden Opfer eines interbürokratischen Raubzugs.

Was sich zwischen der pflanzenökologischen Abteilung und dem IBPGR abspielte, muß im Kontext der Politik der frühen siebziger Jahre gesehen werden. Norman Borlaugs Nobelpreis von 1970 hatte die industrialisierten Geberstaaten überzeugt, daß die Zukunft der landwirtschaftlichen Entwicklung in den Technologien der grünen Revolution liege. Gleichzeitig hatte die Entwicklung der Debatte zwischen Norden und Süden im Rahmen der UNO bei den entwickelten Ländern Bedenken hinsichtlich der Funktionstüchtigkeit des UN-Systems ausgelöst. Neue Strukturen wie die CGIAR konnten dem politischen Wirrwarr dieses Systems entgehen und vielleicht einige der berechtigten und eingebildeten Besorgnisse hinsichtlich der Qualität der Arbeit der FAO ausräumen.

Die Industrieländer und ihre Wissenschaftler konnten auf diese Weise die Dritte Welt «retten» und sich des lästigen Anspruchs entledigen, permanent rechenschaftspflichtig zu sein. Die genetischen Ressourcen – als Grundlage der Hochertragssorten – sollten unter der Verantwortung der CGIAR und ihrer internationalen landwirtschaftlichen Forschungszentren stehen. Die Tatsache, daß die FAO in diesem Bereich bereits tätig war und dort eine lange Geschichte hatte, war ein Schönheitsfehler, der mit ein bißchen Jonglieren überwunden wurde.

Mehr als ein halbes Jahrhundert nachdem Wawilow Alarm geschlagen hatte, konnte die internationale Fachwelt behaupten, über die Anfänge einer globalen Saatgutstrategie zu verfügen.[2]

Das Saatgutsyndikat

Am Vorabend seines zehnjährigen Jubiläums konnte der Internationale Rat für Pflanzengenetische Ressourcen eine eindrucksvolle Liste von Leistungen vorlegen. Über 300 Sammelexpeditionen waren organisiert worden und hatten nahezu 120000 neue Samenproben erbracht, ein Genpool, der 120 Fruchtarten in 80 Ländern umfaßte.[3] Die Arbeit des Sammelns und Konservierens von Keimplasma war in Zusammenarbeit mit mehr als 550 beratenden («katalysierten») Wissenschaftlern und einer fast ebenso großen Zahl von Institutionen ausgeführt worden. Mehr als 700 Forscher hatten an IBPGR-unterstützten Ausbildungsprogrammen teilgenommen, und der IPBGR hatte über 300 Publikationen herausgegeben, die von Sortenbeschreibungen (zur Dokumentation von Genbankmaterial) bis zu Katalogen von Pflanzensammlungen und Lehrbüchern über Saatgutlagerung, Quarantäne und Verjüngung reichten. Als Herz all dieser Aktivität wurde ein «Netzwerk» globaler und regionaler Basissammlungen für 38 Fruchtarten angesehen, die in den größeren Genbanken untergebracht waren, welche sich schriftlich zu deren langfristiger Lagerung und ungehindertem Austausch verpflichtet hatten – all dies bei einem bescheidenen Jahresbudget, das erst 1985 die Fünf-Millionen-Dollar-Grenze überschritt.[4]

Diese Wunder waren von einem kleinen Koordinierungsstab von sechs Wissenschaftlern in der Zentrale und zwei in Washington, unterstützt von fünf regionalen Beamten, vollbracht worden, die in Syrien, Thailand, Obervolta, Kenia und Kolumbien stationiert waren.[5]

Dennoch ist die Arbeit des IBPGR nur ein Teil der globalen Konservierungsbemühungen. Die Deutsche Gesellschaft für Technische Zusammenarbeit (GTZ) hat den Aufbau langfristiger Speicherkapazitäten in Addis Abeba/Äthiopien und in Turrialba/Costa Rica gefördert. Die Inter-Amerikanische Entwicklungsbank hat in Brasilien Unterstützung geleistet. Neue Lagerhäuser wurden auch in Thailand eingerichtet, und Genpools wurden oder werden in Sri Lanka (mit Unterstützung Japans), Pakistan (Weltbank), Indien (Großbritannien), China (Rockefeller-Stiftung), Bangladesh (Asiatische Entwicklungsbank), Peru und Chile (mit japanischer Unterstützung) sowie in Bulgarien (UNO-Entwicklungsbank) gegründet. Die Nordische Genbank, ein gemeinsames skandinavisches Projekt, arbeitet mit den neun Staaten Südafrikas (SADCC) mit dem Ziel zusammen, in Lusaka/Sambia eine große Genbank zu installieren, deren Existenz für die nächsten zwanzig Jahre mit über dreißig Millionen Dollar gesichert ist. Die Deutsche Gesellschaft für Technische Zusammenarbeit baut gleichzeitig eine Genbank in Kenia auf. Weitere Unterstützung kommt von der FAO, dem Umweltschutzprogramm der UNO, der Ford-Stiftung und der Regierung von Australien.[6]

Nach Angaben von Mitarbeitern der CGIAR wurde die pflanzengenetische Ressourcenkonservierung Mitte der achtziger Jahre weltweit mit 60 Millionen Dollar unterstützt.[7] Diese Zahl genau aufzuschlüsseln ist nicht leicht. Etwa zehn Millionen fließen über die der CGIAR unterstellten Internationalen Landwirtschaftlichen Forschungszentren; der IBPGR verfügt über fünf Millionen Dollar; weitere dreizehn Millionen Dollar stammen aus den Vereinigten Staaten. Es fällt jedoch schwer zu glauben, daß diese Summen tatsächlich für das Sammeln und Konservieren genetischer Ressourcen aufgewendet werden. Zweifel sind durchaus berechtigt.

An der Peripherie des «offiziellen» Systems befindet sich die Internationale Union für die Erhaltung von Natur und Naturschätzen (IUCN) und ihre Schwestergesellschaft, der Worldwide Fund for Nature (früher World Wildlife Fund), der 1984 von den Pandas zu den Pflanzen überging. Während sich die Regierungen fast ausschließlich auf das Sammeln und Lagern gefährdeter Samenarten in Genbanken konzentrierten (die sogenannte «*ex situ*-Konservierung»), widmet sich die IUCN wilden Pflanzenrassen und der Notwendigkeit, Biotop-Reservate einzurichten («*in situ*»).

Mit der einzigen und bescheidenen Ausnahme der IUCN hat sich die internationale Wissenschaftlergemeinde in ihrer Konservierungsstrategie auf artenspezifische Sammelexpeditionen beschränkt, deren Erträge in temperatur- und feuchtigkeitskontrollierten Genbanken kühl gelagert werden. Die FAO schätzt, daß weltweit gegenwärtig mindestens eine halbe Million Samenproben eingelagert sind. Interessanterweise listen die Unterlagen des IBPGR aber nahezu zwei Millionen konservierte Proben auf.

Obwohl Kritik zu erwarten und unserer Meinung nach auch gerechtfertigt ist, sollte man doch anerkennen, daß vieles von dem, was bisher getan wurde, auf die schnellste und sicherste Weise geschehen ist. Dennoch kann man die Konservierungskampagne mit dem Bestreben vergleichen, ein paar erlesene Eier zu sammeln und sie in einem einzigen, löchrigen Korb aufzubewahren. Lawrence Hills von der Henry Doubleday Research Association in England vergleicht die bisherigen Bemühungen gar mit dem Versuch, eine «repräsentative Stichprobe» von Goyas und Rembrandts zu retten.

Abgesehen von der sachlich-systematischen Kritik sind die Regierungen der Dritten Welt auch darüber besorgt, *wer* die Goyas und Rembrandts hortet. Für eine UNO-nahe Körperschaft muß man dem IBPGR entweder unglaubliche Taktlosigkeit oder krasse Machtpolitik vorwerfen, da er es für angebracht hielt, einen überwältigenden

169

Teil der Keimplasmaproben in den westlichen Industrieländern und insbesondere in den USA einzulagern. Sowohl die sachlichen als auch die politischen Kritikpunkte verdienen eine nähere Untersuchung.

Der IBPGR war seiner eigenen Einschätzung zufolge so erfolgreich, daß er am Ende seines ersten Jahrzehnts mit radikalen Plänen aufwartete, sein Mandat neu zu formulieren und von seinem ursprünglichen Sammelschwerpunkt zur Keimplasma-Dokumentation und -Evaluation überzugehen. Glaubt man dem IBPGR, dann ist der größte Teil des genetischen Spektrums der Hauptfruchtarten inzwischen sicher eingelagert. Die meisten der Genbanken, die man zur Erhaltung der Vielfalt benötige, seien bereits «im Einsatz oder einsatzbereit».

Dieser Optimismus scheint auf zwei Berichten zu basieren. Der eine stammt von der Rockefeller-Stiftung und wurde Anfang 1985 vom IBPGR in Umlauf gebracht; der andere ist ein Eigenprodukt des IBPGR aus etwa derselben Zeit.[8]

Dem eigenen Report des IBPGR zufolge sind 95 Prozent der pflanzengenetischen Vielfalt von Weizen, Kartoffeln und Gerste sowie 90 Prozent der Maissorten der Welt inzwischen sicher in Genbanken aufbewahrt. Etwas weniger, 80 Prozent der Sorghumsorten sowie 70 Prozent der kultivierten Reisarten und der Erdnüsse, seien ebenfalls in Sicherheit. Bei anderen Fruchtarten wie zum Beispiel Bohnen sieht die Lage mit nur 20 Prozent weniger günstig aus. Dennoch seien die Prozentsätze – nach nur einem Jahrzehnt – geradezu als spektakulär zu bezeichnen.

Während es Wissenschaftler bisher nicht gewagt hatten, die Gesamtzahl an Sorten einer Nutzpflanzenart auch nur bis auf eine Fehlermarke von 50 000 zu schätzen, erklärte der IBPGR wundersam selbstgewiß, Landwirte und Natur hätten (einschließlich Landsorten) etwa 110 000 Weizenarten und zwischen 12 000 und 12 500 Wildweizensippen hervorgebracht, und fast alles davon sei in Gen-Pools sicher verwahrt.

Bei näherer Untersuchung der beiden Studien zeigen sich jedoch Probleme. Obwohl beide hinsichtlich der Menge des eingelagerten Keimplasmas übereinstimmen, gehen ihre Auffassungen darüber, wieviel von diesem Material «einmalig» sei, drastisch auseinander. Bei den neun Fruchtarten, die in beiden Berichten behandelt werden, beträgt diese Differenz etwa 125 000 Proben. Und obwohl beide Studien vorgeben, die gesamte genetische Vielfalt ihrer neun Fruchtarten zu überblicken – und ihre prozentuellen Schätzungen, wieviel davon sicher gelagert ist, weichen nicht stark voneinander ab –, differieren ihre absoluten Zahlen um 180000 Proben. Legt man die Zahlen der Rockefeller-Stiftung zugrunde, dann beläuft sich die gesamte Sortenvielfalt bei Mais auf etwa 41000 Muster. Der IBPGR spricht von 67000. Bei Kartoffeln zählt die Stiftung etwa 35000 Arten, doch das entspricht nur etwas mehr als der Hälfte der entsprechenden IBPGR-Angabe, wonach das gesamte Spektrum dieser Fruchtart eher bei 63000 Sorten liege. Alles in allem weisen die Zahlen des IBPGR und der Rockefeller-Stiftung also erhebliche Unterschiede auf, Differenzen von einem Drittel oder mehr.[9]

Während die meisten Menschen in der Dritten Welt wenig Informationen über genetische Ressourcen haben oder kein Interesse dafür aufbringen, finden zumindest die FAO-Vertreter der Entwicklungsländer die Diskrepanzen zu Recht beunruhigend. Tatsächlich hat der IBPGR die erwähnten Zahlen dazu benutzt, um eine Verlagerung des Schwerpunkts vom Sammeln auf züchterorientierte Keimplasmaauswertung zu rechtfertigen. Die Vertreter der Entwicklungsländer bezweifeln, daß die bisherigen Sammelergebnisse selbst bei den wichtigsten Getreidearten zu einem Gefühl der Sicherheit Anlaß geben. Sie machen sich darüber hinaus Sorgen, daß die Fortschritte bei den Hauptgetreidearten jetzt als Vorwand dienen, um regionale Fruchtarten und die Hauptnahrungsquellen der Armen zu vernachlässigen.

Das Sammeln von Saatgut hat inzwischen durchaus Fortschritte gemacht. Blieb zunächst vieles dem Zufall überlassen, so entwickelten sich mit der Zeit systematische Sammeltechniken. Während Pflanzenforscher in der Anfangsphase die Samen von unbekannt aussehenden Pflanzen einfach abschüttelten und sich dann nach weiteren Exotika umsahen, wurde später auf den Feldern der Landwirte nach Varianten gesucht. Obwohl das ein Fortschritt war, ließ man sich bei der Suche doch sehr stark von der Pflanzenmorphologie leiten und tat somit wenig, um subtilere Merkmale zu konservieren. Solche hemdsärmligen Strategien sind wahrscheinlich für den größten Teil des Keimplasmas verantwortlich, das sich heute in den Genbanken befindet. Eine weniger subjektive Rasterfahndung wurde inzwischen von der FAO und dem IBPGR angeregt, blickt aber erst auf eine kurze Geschichte zurück.

Die meisten Samensammler leiden an einer Art botanischer Xenophobie, die dazu führt, daß sie bei der Suche nach einer dringend benötigten Gerstensippe alles andere ignorieren und die Hirsearten, das Abessinische Liebesgras und die Heilkräuter am Wegesrand keines Blickes würdigen.[10] All diese Arten mögen ebenfalls gefährdet sein, aber nur die Gerste hat bei ihnen zu Hause einen kommerziellen Wert. Internationale Expeditionen können so von einer Aufgabe beseelt und von der Notwendigkeit, ein bestimmtes Krankheitsproblem zu lösen, motiviert sein, daß ihre Mitglieder ausschließlich nach Sorten suchen, die eine Resistenz gegen die jeweilige Krankheit versprechen. Alles übrige wird ungesammelt und unerwähnt auf den Feldern zurückgelassen. Künftige Exkursionen werden dann leicht zu der Annahme fehlgeleitet, daß eine Region bereits wissenschaftlich abgegrast worden sei.

Und selbst heute noch entfernen sich die Pflanzensammler nur ungern von ihren Fahrzeugen, um ausgiebig durchs Gelände zu streifen. So entdeckte Erna Bennett, daß Getreideproben aus der Türkei fast ausnahmslos entlang der Hauptverkehrswege gesammelt wurden. Nicht daß die Rasterfahndung der einzige Weg zu größerer Vielfalt wäre. Die altbewährten Pflanzenforscher Brian Ford-Lloyd und Peter Crisp haben hundert zuvor ungesammelte Proben von Blumenkohl, Brokkoli und Roter Bete entdeckt, die der italienischen Genbank bisher entgangen waren, indem sie einfach dreißig familieneigene Saatgutfirmen anriefen.[11]

Doch abgesehen von den Sammelmethoden läßt auch die Berichterstattung stark zu wünschen übrig. Nach eigener Schätzung des IBPGR fehlen bei 65 Prozent aller Samenproben selbst die rudimentärsten Angaben – was es für jeden Wissenschaftler sehr schwierig macht, abzuschätzen, ob die unbeschrifteten Säcke in den Lagerhäusern tatsächlich einen bestimmten Prozentsatz der Vielfalt einer Fruchtart abdecken.

«Wieviel» und «Woher» sind ebenso wichtige Fragen wie «Wovon». Bis 1980 machten die wichtigsten Getreidearten den überwiegenden Anteil (drei Viertel oder mehr) aller vom IBPGR gesammelten Saaten aus. Nach 1980 wurden die Bemühungen auf Hülsenfrüchte und Kartoffeln, auf mehr aber auch nicht, ausgedehnt.

Obwohl es plausibel ist, sich auf die Haupt-Getreidearten zu konzentrieren, so sind dies doch nur jene Fruchtarten, auf die die nördlichen Züchter den größten Wert legen. Gefährdete Nahrungspflanzen von großer regionaler Bedeutung – Arten von begrenztem ökonomischem Wert, aber wichtige Nährstoffquellen für arme Menschen – wurden ignoriert.

Die Frage der wichtigsten Nutzpflanzen der Armen – einschließlich Heilkräuter – sprengte einmal beinahe eine Konferenz, die im Frühjahr 1981 vom IBPGR zusammen mit der FAO und der UNEP einberufen wurde. Insbesondere die lateinamerikanischen Staaten waren aufgebracht über die Entschlossenheit des IBPGR, auch weiterhin das Schwergewicht auf hochwertige internationale Fruchtarten zu legen. Sie drohten, die Konferenz zu boykottieren, solange nicht auch die Bedürfnisse der Dritten Welt ernsthaft diskutiert werden würden. Als sich die Debatte auf der zweijährlichen FAO-Konferenz später im gleichen Jahr von der inhaltlichen auf die politische Ebene verschob, wurde der IBPGR zu größerer Kooperationsbereitschaft veranlaßt.

Der Fairneß halber sollte erwähnt werden, daß der IBPGR bereits 1980 begonnen hatte, seine Sammlungen zu diversifizieren und auf Hülsenfrüchte, Futtermittel und Knollenfrüchte auszudehnen. Am Beginn seiner zweiten Dekade, 1984, schlug der Rat vor, die Gewichtung seiner Samensammlungen zu korrigieren. Der Anteil an Getreidearten sollte von 56 Prozent im ersten Jahrzehnt auf 25 Prozent verringert werden; die Hülsenfrüchte sollten von 20 auf 15 Prozent abnehmen, andere Sorten hingegen – Obst, Gemüse, Knollenfrüchte und Holzarten – von 24 auf 60 Prozent der Sammlungen ansteigen.

Diese Korrekturen waren jedoch alles andere als ein Triumph für die Menschen der südlichen Hemisphäre. Die Neuordnung war nur ein vermeintlicher Sieg, da der IBPGR nicht nur die Torte anders aufteilte, sondern auch ein Törtchen daraus machte. Hatte der Rat im ersten Jahrzehnt fast ein Drittel seines Gesamtbudgets für die Sammlungen aufgewendet, so kündigte er nun in seinem Jahresbericht an, daß die Finanzierung der Sammeltätigkeit künftig nur noch ein Fünftel seines Haushalts ausmachen sollte. Obwohl also der Anteil der Subventionen für das Sammeln von Frucht- und Gemüsearten drastisch steigen würde, sollte sich an der absoluten Zahl der gesammelten Pflanzen kaum etwas ändern.

Mitte der achtziger Jahre wechselte der IBPGR plötzlich die Pferde mitten im Galopp. Ohne Erklärung stoppte die Organisation ihre Warnungen an die Welt der Wissenschaft, daß die genetische Erosion katastrophal sei, und behauptete statt dessen, die Krise sei nahezu gelöst. Hinter diesem Umschwung stand Trevor Williams, der

Generalsekretär des IBPGR und dessen designierter Direktor. Noch 1982 hatte er die Leser der Zeitschrift *Nature* gewarnt: «Wenn die Arbeit nicht in den nächsten fünf bis zehn Jahren geleistet wird, dann sind wir erledigt.»[12] Doch als Williams 1983 die Einführung zum Jahresbericht des IBPGR schrieb, hatte er keine Bedenken, eine Reihe einschneidender Programmänderungen anzukündigen: «Insbesondere wird das flächendeckende Sammeln von Proben mit Ausnahme nachweislicher Krisensituationen gebremst werden...»[13]

Was war 1983 geschehen, um den Standpunkt des Rates so drastisch zu verändern? Etwa 10000 Samenproben waren in diesem Jahr gesammelt worden. So gut dies auch klingt, so blieb es doch weit hinter den Leistungen des Vorjahres zurück, ganz zu schweigen von den Rekordergebnissen des Jahres 1978, als fast 18000 Neuzugänge registriert worden waren. Ließ sich die Kluft zwischen Desaster und Sicherheit so leicht schließen? Dr. Gary Nabhan vom Wüstenbotanischen Garten in Arizona bietet eine andere mögliche Erklärung an: Die alten Genbanken des Nordens erstickten in Saatgut, das noch nicht ausgewertet worden war, und deshalb erließ der IBPGR die Anweisung, den Sammeleifer zu bremsen, um den Kuratoren eine Chance zu geben, aufzuholen und ihre Neuzugänge zu testen. Der IBPGR hat diese kaum weniger peinliche Erklärung jedoch nie bestätigt.

Was auch immer oder wieviel der IBPGR gesammelt hat, es läßt sich daraus nicht zwangsläufig schließen, was und wieviel davon dann auch tatsächlich konserviert wurde. Obwohl man sich nach außen hin immer wieder zu Konservierungsstrategien wie Biosphäre-Reservaten (eine Art Nationalprogramm für Wildpflanzen) und Botanischen Gärten bekennt, haben der IBPGR und die internationale Gemeinschaft praktisch alle ihre genetischen Eier in denselben Korb gelegt: die Genbank.

Das Leben in einer Genbank

Auf ihre prosaische Grundstruktur reduziert, ist eine Genbank nichts weiter als ein Saatgutspeicher – ein abgedichteter Raum, in dem Samenproben in kleinen Behältern bei niedriger Temperatur und kontrollierter Feuchtigkeit gestapelt werden. Die Proben befinden sich oft in Blechdosen, es können aber auch Glasbehälter, Umschläge aus beschichteter Aluminiumfolie oder gewöhnliche alte Papiersäcke sein. Worauf es ankommt ist, die Samen sauber, kühl und trocken zu halten und sie so lange wie möglich so wenig wie möglich zu stören. Unter idealen Bedingungen können Weizensamen 390 Jahre lang keimfähig bleiben, und manche Gerstenarten sind angeblich nach 33 500 Jahren wieder zum Leben erwacht.[14] In sogenannten langfristigen Genbanken werden die Muster bei einer Temperatur von 10–20 Grad Celsius mehrere Jahrzehnte oder gar ein Jahrhundert lang gelagert. In mittelfristigen Einrichtungen wird das Saatgut bei 0–5 Grad Celsius bis zu zwanzig Jahre aufbewahrt, und in kurzfristigen Banken halten sich die Proben oft bei bloßer Zimmertemperatur vielleicht nur ein paar Jahre.

Saatgut jeder Fruchtart und jeder Sorte der einzelnen Fruchtarten reagiert unterschiedlich auf das Leben in einer Genbank. So widerstandsfähig der Samen auch sein mag, so degeneriert er doch früher oder später bis zu einem Punkt, wo er verjüngt, d. h. in einem Treibhaus oder auf dem Feld ausgesät, geerntet und wieder in die Genbank zurückgebracht werden muß. Im Durchschnitt sollte eine Genbank jedes Jahr ungefähr ein Zehntel ihres Bestands aussäen beziehungsweise ihre ganze Sammlung im Zeitraum von zehn Jahren erneuern.

Genbanken mögen nicht alles retten können, aber sie leisten doch einen sehr wertvollen Beitrag. Das Problem ist nur, daß sie das einzige Instrument sind, über das der IBPGR verfügt. Andere Optionen sollten hinzukommen.

Eine persönliche Erfahrung der Autoren mag die Problematik verdeutlichen. Im Juli 1985 besuchten wir das Internationale Pflanzenforschungsinstitut für die Semiariden Tropen (ICRISAT) in Hyderabad/Indien, eines der internationalen Landwirtschaftsforschungszentren der CGIAR, das speziell für die Lagerung von Sorghum- und Hirsearten verantwortlich ist. Nach einer langen und beschwerlichen Fahrt tauchte das ICRISAT am ausgedörrten Sommerhorizont als eindrucksvoller Komplex niedriger, moderner Gebäude auf. Drinnen erwarteten uns rebenbewachsene Laubengänge, antike tamilische Kunstgegenstände und moderne Mikrocomputer. Abgesehen von einem riesigen Wasserturm befand sich das imposanteste Exponat im zentralen Innenhof – eine große Steinurne, die vor tausend Jahren zur Aufbewahrung von Getreidesamen für die Aussaat des nächsten Jahres diente. Wenn man an der Urne vorbei bis ans Ende des Ganges geht, stößt man schließlich auf die Abteilung für Genetische Ressourcen mit ihren Büros und Kühlräumen.

Wir hofften, Dr. Melak Mengesha anzutreffen, den hochangesehenen äthiopischen Leiter dieser Abteilung. Bedauerlicherweise verbrachte Mengesha zur Zeit unseres Besuchs gerade ein Forschungssemester in Iowa, und sein Stellvertreter, der pensionierte Leiter der Genbank von Ames/Iowa, Dr. Willis Skrdla, erwies sich zwar als Maisfachmann, kannte Hirse dagegen nur vom Hörensagen. Auf einer kurzen Führung gelangten wir auch in das Saatgut-Lagerhaus und fragten nach den Verfahren für die Trocknung. Getreidesamen müssen langsam und bei niedrigen Temperaturen getrocknet werden, damit ihre langfristige Keimfähigkeit in der Bank nicht leidet. Dr. Srkdla gab zu, daß die Saaten gewöhnlich unter der heißen indischen Sonne trockneten – bei einer Temperatur, die an diesem Tag fast 40 Grad Celsius betrug. Der IBPGR empfiehlt dagegen eine Temperatur von 15 Grad Celsius.

Als wir den ersten Kühlraum betraten, brauchten wir ein paar Augenblicke, um zu erkennen, daß etwas nicht in Ordnung war. Uns war heiß. Anstelle der gewöhnlich warm gekleideten Saatgutkuratoren bastelten hemdsärmlige Mechaniker an Rohren herum und wischten Pfützen auf, die sich am Boden des wichtigsten künstlichen Gen-Pools für Sorghum gebildet hatten. In dieser peinlichen Situation fiel es uns schwer, danach zu fragen, wie lange die Kühlung in diesem Raum schon kaputt war, obwohl es auf der Hand lag, daß ein so lückenlos abgedichteter Raum nicht über Nacht warm werden konnte.

Das bedeutet nicht, daß der gesamte Bestand von ICRISAT vernichtet war. Das Institut besaß mehrere Lagerräume, und nur einer war beschädigt. Die meisten – aber nicht alle – Samen in diesem einen Lagerraum dürften den Schock der veränderten Temperatur und die Feuchtigkeit zudem überlebt haben. Was uns Sorge macht, ist vielmehr, daß es sich dabei nicht um einen Einzelfall handelt, sondern daß diese Erfahrung zeigt, daß die Probleme des Sammelns noch durch Probleme der Konservierung kompliziert werden können, insbesondere wenn man alle seine Eier in dem einen sprichwörtlichen Korb aufbewahrt.

Die jüngste Geschichte hat gezeigt, daß Genbanken ebenso anfällig für Fehlschläge sind wie ihre Geldgeber – aber ihre Verluste können durch keine Druckerpresse wettgemacht werden. Manche Einbußen waren einfach dadurch bedingt, daß sich die Genbank zum falschen

Zeitpunkt am falschen Ort befand. Die Studentenunruhen in den sechziger Jahren bewirkten zum Beispiel unwiederbringliche Verluste, weil den Technikern damals kein Zutritt zu den hochschuleigenen Genbanken gewährt wurde.[15] In anderen Fällen verwandelten sich Kühlräume durch Schlamperei in Treibhäuser. Am lückenlosesten sind die Pannen in der Dritten Welt dokumentiert, wo es ständig zu Zusammenbrüchen der Stromversorgung kommt.

Selbst Sammlungen, von denen es an anderer Stelle Duplikate gibt, haben Probleme. Zweihundert der vierhundert Bohnenproben an der Universität von Viscosa in Brasilien gingen Mitte der siebziger Jahre durch einen Brand der Stromkabel verloren. Erst viel später wurde bekannt, daß der identischen Sammlung an der Purdue-Universität vom IBPGR «zweifelhafte Überlebenschancen» bescheinigt wurden.[16] In einem anderen Fall waren 4000 Bohnensamen in Honduras und ihre Duplikate am Internationalen Zentrum für Tropenlandwirtschaft in Cali/Kolumbien gefährdet, als man die Keimfähigkeit in beiden Sammlungen auf ein riskant niedriges Niveau absinken ließ.

Manchmal verschwinden unschätzbare Sammlungen, sobald sich der ursprüngliche Sammler beziehungsweise Kurator in den Ruhestand zurückzieht. Das könnte im Fall von Dr. Wisalks Osloer Bohnenbank geschehen sein, die die Pensionierung des guten Doktors nicht überlebt zu haben scheint. Auch eine Bohnensammlung in Schweden dürfte mit dem unerwarteten Tod ihres Verwalters verschwunden sein.[17] Wichtige Gemüsesamen in Holland bedürfen laut einer 1981 durchgeführten Untersuchung des IBPGR dringend einer Verjüngung. Eine wichtige Maissammlung ging beim Transport verloren, während ihr Duplikat bei einer Überschwemmung vernichtet wurde. Sogar die Logbücher wurden fortgespült, so daß die Maiszüchter nur darüber spekulieren können, was ihnen damit entgangen ist.[18] In mehreren anderen Fällen sind Maisproben aus den vierziger und fünfziger Jahren einfach weggeworfen worden oder bei desinteressierten Züchtern verkommen.[19]

Dies alles sind keine Einzelfälle. Weit mehr noch ist über Pannen im Süden bekannt, vor allem bei Fruchtarten wie Bohnen und Mais – so die Nachforschungen einzelner Wissenschaftler, die auf den Sitzungen des Rates ihre Besorgnis äußerten. 1979, noch bevor das Thema der genetischen Ressourcen große politische Aufmerksamkeit fand, überschritt bereits einmal eine Futtermittel-Arbeitsgruppe des IBPGR ihren wissenschaftlichen Kompetenzbereich, indem sie erklärte: «Selbst in entwickelten Ländern wie den USA und Australien sind schätzungsweise die Hälfte bis zwei Drittel der in mehreren Jahrzehnten gesammelten Proben verlorengegangen.»[20] Um ihre Besorgnis zu unterstreichen, hoben die Fachleute hervor, daß sie sich «der enormen Verluste von wertvollem Material» bewußt seien. Wenn der Süden Stromausfälle hat, dann gibt es im Norden bürokratische Pannen.

Aus Gründen, die uns unerklärlich sind, blieb diese Mahnung ungehört. William Brown, der frühere Vorsitzende von Pioneer und ein Mitglied dieser Futtermittel-Arbeitsgruppe, warnte die amerikanische Öffentlichkeit 1983 und nochmals 1984, daß wir mindestens bei einer Fruchtart «in den Banken mehr genetische Vielfalt verlieren als auf den Feldern».[21] Aber es nahm immer noch niemand Notiz, und der IBPGR trat weiterhin für die Lagerung in Genbanken ein, ohne sich über Alternativstrategien den Kopf zu zerbrechen.

Als Generalsekretär des IBPGR hintertrieb der schon einmal erwähnte Trevor Williams sogar die Veröffentlichung einer umfassenden Untersuchung über *In-situ*-Konservierungsoptionen, die 1980/81 von Robert und Christine Prescott-Allen verfaßt wurde, obwohl sie vom IBPGR in Auftrag gegeben worden war. Die Verfasser wiesen in knappen Worten auf einige der Probleme hin, mit denen eine hochtechnisierte Genbank konfrontiert ist. Williams strich persönlich alle negativen Äußerungen über die Sicherheit von Genbanken.

Obwohl eine beträchtliche Anzahl der Probleme von Genbanken durch technische Pannen beziehungsweise Stromausfälle bedingt sind, beruhen doch die meisten, wie die IBPGR-Arbeitsgruppe anmerkte, auf menschlichem Versagen. Die vielleicht deutlichsten Beispiele der menschlichen Seite des Problems stammen aus den Vereinigten Staaten. Allein die amerikanische Regierung hat sich die Mühe gemacht, Fehler öffentlich zu dokumentieren, die woanders vermutlich häufig vertuscht werden.

Die ersten Anzeichen, daß US-amerikanische Genbanken in Schwierigkeiten gerieten, tauchten im November 1979 auf, als eine Untersuchungskommission der CGIAR die Nationale Genbank der USA in Fort Collins/Colorado besuchte – möglicherweise die größte und wichtigste Genbank der Welt. Die Kommission mußte zu ihrem Entsetzen feststellen, daß die Lagerung von internationalem Saatgut in beklagenswerter Weise vernachlässigt wurde. Die Mitglieder der Kommission beschränkten ihre Kommentare zwar diskret auf Ausdrücke wie «Lagerhausbedingungen», hielten aber gegenüber amerikanischen Regierungsvertretern nicht mit ihrer Meinung hinter dem Berg.[22]

Ihr Alarm bewirkte eine Untersuchung durch das US-Landwirtschaftsministerium, die im Oktober 1980 veröffentlicht wurde und die Warnung enthielt, daß «die Finanzierung und die geleistete Arbeit schlicht unzulänglich sind ...»[23]

Sechs Monate später veröffentlichte der amerikanische Bundesrechnungshof einen zwar gedämpften, aber doch sehr alarmierenden Bericht über das gesamte amerikanische Genbankensystem. Die Schlußfolgerungen der Regierung sollen hier deshalb vollständig angeführt werden:

«Das gegenwärtige System bietet keine umfassende Lösung für die eigentlichen Risiken der genetischen Anfälligkeit. Potentielle Pflanzenverluste sind ein Grund nationaler und internationaler Besorgnis, und die regionalen Anstrengungen sind bisher nicht zu einem wirksamen nationalen Programm verschmolzen. Entscheidende programmatische Fragen, die darauf hindeuten, daß die Schutz- und Konservierungsmechanismen für das Keimplasma unzulänglich sind, wurden nicht angegangen, und es liegen bisher keine umfassenden Pläne vor, was gegen die momentanen und künftigen Probleme unternommen werden könnte. Die vorhandene Organisationsstruktur kann jedenfalls mit diesen Problemen nur unzureichend fertig werden, und auch die jüngsten vom Ministerium durchgeführten Änderungen in der Keimplasmakonservierung werden aller Wahrscheinlichkeit nach die Probleme nicht lösen.»[24]

Wie vorauszusehen, stellten die staatlichen Kontrolleure fest, daß es der Regierung nicht einmal gelang, «die Aufgaben des Sammelns, der Erhaltung und Auswertung des Keimplasmafundus angemessen wahrzunehmen».[25]

Dieser gedämpfte Alarmruf verhallte ungehört – bis zu jenem Herbst, als Ann Crittenden in der *New York Times* eine ätzende Kritik an der größten amerikanischen Genbank in Fort Collins veröffentlichte. «In dieser unbedarften und ungeschützten Einrichtung», empörte sie sich, «die Stromausfällen ausgeliefert und so überfüllt ist, daß die Samenproben in braunen Kartons und Papiersäcken auf dem Boden herumstehen, soll das Keimplasma, das die Grundlage der gesamten globalen Landwirtschaft bildet, für alle Zeiten konserviert werden.»[26]

Doch selbst diese harsche Kritik übersah die eigentlichen Probleme. Als K. L. Tao vom IBPGR im Frühjahr 1984 Fort Collins besuchte, äußerte er sich besorgt darüber, daß bei dem damaligen Akquisitionstempo die Bank offiziell bereits 1988 ausgelastet sein würde. Noch größere Sorgen machte ihm jedoch, daß *«die Trocknungstemperatur am NSSL zu hoch ist»*.[27] Darüber hinaus bemerkte er: *«Es ist dringend nötig, die Anzahl der gelagerten Samen je Saatgutprobe zu erhöhen.«* [28]

Zweifellos hat sich die Situation seither gebessert. William Brown von Pioneer ist der Ansicht, daß das NSSL heute weniger Probleme hat als vor zehn Jahren. Möglicherweise hat er das amerikanische System mit dem kanadischen verglichen. Die kanadische Öffentlichkeit machte sich in den achtziger Jahren erhebliche Sorgen über die Sicherheit der Samenbestände in ihrer nationalen Genbank. Die Leitung der Bank nahm daraufhin Verbesserungen vor und erklärte Mitte 1986, daß die nationalen und internationalen Sammlungen nun völlig sicher seien. Wenige Monate später entdeckte ein Reporter, daß Mitarbeiter der Bank in Briefen davor warnten, daß die Welthafersammlung allmählich herunterkomme. «Die Situation erreicht jetzt kritische Ausmaße», stellte ein Insider fest und fügte hinzu, daß eine oder mehrere der internationalen Sammlungen anderswo untergebracht werden sollten, um ihre Sicherheit zu gewährleisten.[29]

Dr. Eric Roos, ein Pflanzenphysiologe am NSSL in Fort Collins, kam gegenüber Ann Crittenden zu dem alarmierenden Schluß: «Innerhalb von fünf bis zehn Jahren nach Beginn der Lagerung kann die Hälfte des genetischen Ausgangsmaterials verdorben sein.» [30]

Saatgut wird in Genbanken eingelagert, weniger um der Samen willen, als vielmehr in der Absicht, die genetische Vielfalt, die Bandbreite innerhalb bestimmter Arten zu erhalten. Das ist nicht immer dasselbe. Samen, die auf dem Feld eines Bauern der Dritten Welt gesammelt wurden, sind in der Regel nicht einheitlicher Art. Das typische Bohnenfeld enthält hier häufig eine Mischung, wie man leicht an den unterschiedlichen Farben erkennen kann. Genbanken – die guten – bemühen sich, den Sippenreichtum auf dem Feld in ihrer Samenprobe zu erhalten. Das ist nicht leicht, selbst wenn alles richtig funktioniert.

Eric Roos führte in den siebziger Jahren Versuche durch, um herauszufinden, was bei langfristiger Lagerung unter guten Bedingungen an Vielfalt verlorengeht. Mit der Zeit büßen alle Samen ihre Keimfähigkeit ein. Aber sie verlieren diese Fähigkeit verschieden rasch. Außerdem korrelieren die genetischen Eigenschaften, die bestimmen, ob eine Saat die Lagerung besser verträgt als eine andere, mit weiteren Merkmalen wie Krankheitsresistenz. Zu Demonstrationszwecken nahm Roos die gleiche Anzahl Samen von acht verschiedenen Bohnensorten und ließ sie künstlich altern, um den Lagerungseffekt zu simulieren. Nach mehrfacher Wiederholung des Alterungsprozesses hatten vier Sorten die Keimfähigkeit eingebüßt. Die Hälfte an genetischer Vielfalt war verloren.

Wenn die Keimungsrate ein zu niedriges Niveau erreicht (wann dieser Punkt unterschritten wird, variiert von Bank zu Bank), oder wenn eine Probe mengenmäßig zusammenschrumpft, dann holt die Genbank diese Saat aus dem Lager und läßt sie auskeimen, um sie zu regenerieren. Am NSSL in Fort Collins läßt man die Keimungsraten um 35–40 Prozent absinken, bevor eine Probe derart «verjüngt» wird,[31] obwohl der Internationale Rat für Pflanzengenetische Ressourcen empfiehlt, nur eine Abnahme von 5–10 Prozent zuzulassen.[32] Die Vorsicht des IBPGR ist berechtigt. Untersuchungen an Kopfsalat haben zum Beispiel gezeigt, daß «sehr erhebliche» chromosomale Schäden auftreten, sobald die Keimungsraten um nur 10–25 Prozent abgenommen hatten.[33] Durch längere Lagerung verschlechtern sich nicht nur die potentielle Wachstums- und Entwicklungsrate des Saatguts, sondern auch seine Haltbarkeit, Gleichförmigkeit und Krankheitsresistenz sowie die Erträge, das Aufgehen im Freiland und das Auftreten abnormaler Keimlinge, bevor die Keimfähigkeit völlig erlischt.

Die Regeneration kann sich unter anderem durch Unterschiede in der Reaktion auf Krankheiten, Insekten und Wetter, durch unterschiedliche Produktivität und menschliches Versagen auf die genetische Vielfalt einer Probe auswirken. Als nächstes testete Roos also die Folgen der Regeneration. Nach fünfzehn Zyklen des Alterns und der Regeneration blieben nur noch zwei der ursprünglichen Sorten übrig.[34] Sechs waren ausgestorben – *infolge* ihrer «Konservierung» in der Genbank. Es war mithin so eine Art natürliche Auslese zu verzeichnen: Die einzelnen Sorten paßten sich in unterschiedlichem Maß an die Samenbank an. Als Roos 1985 die Samenproben jedes Zyklus in einem Fernseh-Dokumentarfilm vorführte, sah man die Vielfalt der Farben der ursprünglichen Probe rasch dahinschwinden. Die letzte Probe enthielt zwar noch reichlich Samen, um die Bestände der

Bank zu ergänzen, doch hatten sie alle dieselbe Farbe. Viele Samen, aber wenig Vielfalt.

Die Regeneration von Samenproben ist nicht so einfach, wie es scheinen mag. Wie erwähnt, können sich Klima, Keimungsraten und Resistenz gegen am Auskeimungsort vorhandene Krankheiten und Schädlinge unterschiedlich auf die Samen einer Probe auswirken und somit die Zusammensetzung und den prozentualen Anteil verschiedener Samenarten in der Probe verändern – Probleme, die sich noch verschärfen, wenn man eine Reihe von Proben gemeinsam auskeimen läßt. Nehmen wir zum Beispiel das Problem, das ein Universitätsmitarbeiter oder Student haben wird, wenn er die «Pflanzenprobe 229772» regeneriert, eines von mehreren tausend Bohnensamenmuster, die die amerikanische Genbank besitzt. Dr. Roos stellte fest, daß die gelbbraun gefleckten Bohnen etwa 47 Tage brauchten, um zu erblühen, während die violettschwarz gesprenkelten Exemplare aus derselben Probe 74 Tage benötigten. Durch den Zeitpunkt des Erntens der Schoten könnte sich die genetische Zusammensetzung dieser Probe also drastisch verändern. Ein früher Frost könnte ebenfalls eine Spielart unverhältnismäßig stark reduzieren. Angenommen, man versucht, dieses Säckchen voll Bohnen auskeimen zu lassen und später eine Probe an die Genbank zurückzugeben, die möglichst genau ihrem ursprünglichen Muster entspricht. Zu bedenken ist dabei, daß die Farbabweichungen nur ein Aspekt der genetischen Vielfalt dieser Probe sind. Manche Unterschiede sind nicht sichtbar. Und nehmen wir weiter an, daß wir nicht nur die Probe 229772 zu regenerieren hätten, sondern ein paar hundert verschiedene Proben. So gewissenhaft wir auch sein mögen, genetische Veränderungen werden sich nicht verhindern lassen.

Das Dilemma ist klar. Wollte man die Keimungsraten in der Samenbank vor der Regenerierung nur um 5–10 Prozent absinken lassen, dann ist ein häufiges Auskeimen erforderlich, was der Probe unvermeidliche Verluste zufügt. Wenn man andererseits die Keimungsraten in der Bank stärker absinken läßt, um die Gefahren der Regenerierung zu vermeiden, dann wird durch die lange Lagerung mehr und mehr an Vielfalt in der Bank selbst verlorengehen. Wieviel von dem genetischen Reichtum, der in den letzten fünfzig Jahren gesammelt und in Genbanken gelagert wurde, ist also noch vorhanden? Wir können nur Vermutungen anstellen. Die Untersuchungen von Roos zeigen aber deutlich, daß man die technischen Gegebenheiten in den

Genbanken zwar verbessern kann, daß sich aber trotzdem ein gewisses Maß – vielleicht ein sehr großes Maß – an genetischer Erosion nicht wird vermeiden lassen.

Die Situation beim Weizen

Die Probleme des gegenwärtigen Systems lassen sich vielleicht am besten anhand einer bestimmten Fruchtart verdeutlichen. Zur selben Zeit, als die Rockefeller-Stiftung und der IBPGR beim Sammeln von Getreideproben eine Art Pyrrhussieg für sich in Anspruch nahmen, berichtete Chris Chapman, der Weizenspezialist des IBPGR, über den Stand der Dinge bei einer der wichtigsten Kulturpflanzen der Welt.[35]

In der Chapman-Studie wird bereitwillig eingeräumt, daß es Mängel beim Sammeln gegeben habe: «Das hat eine Reihe von möglichen Gründen – manche Gebiete sind noch unerforscht; das Auftreten einer Spezies in ihrem allgemeinen Verteilungsgebiet kann zeitlich und räumlich sporadisch erfolgen; die Pflanzen können entweder noch unreif gewesen sein oder ihren Samen schon abgeworfen haben, wenn ein Sammelteam in die Gegend kam; und die angenommene Verteilung könnte teilweise unpräzise sein.»[36]

Darüber hinaus seien zwar – so Chapman – die meisten Länder, in denen Landsorten von Weizen endemisch sind, gründlich abgegrast worden, und dennoch bleiben weiße Flecken auf der Landkarte übrig: «Teile von Osteuropa, der südlichen UdSSR und Nordafrika sind noch gar nicht durchgekämmt worden.»[37]

Nach den Mängeln der Sammelpraxis wendet Chapman sein Augenmerk den Bedingungen in den Saatenbanken zu. So hat zum Beispiel eine «wichtige Sammlung erhebliche Probleme hinsichtlich der Verläßlichkeit und Aktualität ihres Inventars, und dies muß dringend korrigiert werden.»[38]

Trotz aller möglichen Komplikationen des Samentrocknens, von denen Tao sprach, und der von Roos genannten Bedenken bezüglich des Auskeimens sowie der üblichen Risiken wie Stromausfälle und technische Pannen, schreibt Chapman: «Der Verlust einer ganzen Samenprobe durch Überalterung ist höchst unwahrscheinlich.» Dann, im folgenden, widerspricht er jedoch seinem eigenen Optimismus:

«Es gibt jedoch zwei wichtige Ausnahmen: das Wawilow-Institut in Leningrad und das National Bureau of Plant Genetic Resources (NBPGR) in New Delhi. Beide lagern ihr Saatgut bei Raumtemperatur und müssen ihre Proben daher regelmäßig auskeimen lassen, mit allen Gefahren, die das für das Keimplasma mit sich bringt. Im Falle des Wawilow-Instituts wäre die vollständige Duplikation der Sammlung zur langfristigen Lagerung in Krasnodar eine Lösung. Bisher ist das erst mit einem Drittel der Sammlung geschehen. Für das NBPGR wird an einem neuen Lager gearbeitet. Dennoch ist die Duplikation angesichts seiner relativ kleinen Bestände (circa 1100 Proben) wünschenswert.»

Nach diesen kritischen Äußerungen über die Sicherheit der Bestände der größten Weizensammlung der Welt (im Wawilow-Institut) sowie der Präparate in der indischen Bank fügt Chapman später eine vernichtende Kritik an der wichtigsten Weizensammlung Asiens hinzu: «In der Sammlung der Universität von Kyoto werden nur kleine Samenproben eingelagert, und zur Regeneration läßt man nur fünf Pflanzen pro Probe auskeimen. Da dieser Vorgang in Intervallen von etwa fünf Jahren wiederholt wird, muß der Verlust an Varianten innerhalb einer Population beträchtlich sein.»

Nachdem Leningrad und Kyoto gefährdet erscheinen, bleiben von den Genbanken mit Weltklassesammlungen nur noch Bari in Italien und Fort Collins. Nun hat aber Tao vom IBPGR Fort Collins bereits wegen derselben Probengrößenprobleme kritisiert, die Chapman in Kyoto bemängelte. Und in bezug auf Bari bemerkt Chapman: «Vor diesem Hintergrund ist es schwierig zu sagen, welche Sammlungen gut oder weniger gut dokumentiert sind, obwohl hier erwähnt werden sollte, daß die Inventare der Sammlungen von Kyoto und Bari 1979 und 1978 abbrechen.»

Nachdem also die Sicherheit aller großen Weizensammlungen (sowie der indischen Sammlung) sehr zweifelhaft erscheint, geht Chapman auf Probleme vieler wichtiger Banken im Zentrum der Weizenvielfalt ein. Wie er ausführt, gibt es eine Reihe wichtiger Sammlungen, die noch dupliziert werden müßten. Dabei setzt er die Türkei nach Leningrad und New Delhi an die dritte Stelle und bemerkt dazu: «Auch diese Sammlung scheint besonders bedroht, da im neuesten Index Seminum ohne Angabe von Gründen über Verluste von Genmaterial berichtet wird.» Vierte Priorität schreibt Chapman Beständen zu, die sich im Iran in kurzfristiger Lagerung befinden und sowohl der Vermehrung wie der Duplikation bedürften. Schließlich äußerte er auch Sorge um den Zustand der chinesischen Sammlungen und fügt hinzu, «das Ausmaß ihrer Gefährdung ist einfach nicht bekannt». Mit anderen Worten, wir können uns auf keine der großen Weizensammlungen wirklich verlassen.

Nach diesem Überblick über alle Mängel bei der Sammlung, Lagerung und Dokumentation von Weizen scheint es fragwürdig, auch nur eine Schätzung der in Samenbanken «geschützten» Weizenproben zu versuchen. Dennoch berichtet Chapman enthusiastisch: «Die Menge des in den Sammlungen kultivierten Weizen-Erbguts ist in der Tat sehr beeindruckend – die Anzahl unverwechselbarer Landsortenproben übersteigt 60000. Es bleibt also nur noch vergleichsweise wenig zu sammeln.» [39] (Einen Monat zuvor hatten Wissenschaftler der Rockefeller-Stiftung erklärt, es seien 100000 verschiedene Weizen-Landsorten gelagert und weitere 10 Prozent müßten gesammelt werden.) [40]

Chapman räumt ein, daß die Zahlen verwirrend sind. An späterer Stelle erklärt er: «Trotz dreijähriger Arbeit seitens des Weizen-Beauftragten und vor allem aufgrund der Unvollständigkeit der ihm zur Verfügung stehenden Angaben ist der Umfang des in den Sammlungen vorhandenen Weizenkeimguts immer noch unklar...» Trotz dieses traurigen Eingeständnisses empfiehlt Chapman, Weizen auf der Liste der Fruchtarten, die dringend gesammelt werden sollten, auf den «zweiten Dringlichkeitsrang» herabzustufen. Und im Hinblick auf eine der am intensivsten gesammelten und geschützten Fruchtarten bemerkt Chapman: «Den Züchtern scheinen für die *unvorhersehbare Zukunft* ausreichende Reserven zur Verfügung zu stehen» (Hervorhebung durch die Verfasser). [41]

Gescheiterte Bemühungen?

Viele – aber nicht alle – Probleme der gegenwärtigen Konservierungsstrategie sind letztlich durch Geldmangel bedingt. Das deutet auf einen Mangel an politischem Willen hin. Die Kosten des hochtechnisierten Systems internationaler Sammelexpeditionen, des Versands von Keimplasma an entfernte Genbanken und seiner Erhaltung und Verjüngung sind enorm. Als der IBPGR zu sammeln begann, war es möglich, eine Probe von afrikanischem Reis für etwa einen US-Dollar zu beschaffen. 1980 kosteten manche Samenproben bereits 400 Dollar pro Stück.[42] Mitte der achtziger Jahre waren die Durchschnittskosten einer leicht zu beschaffenden Getreideprobe nach vorsichtiger Schätzung bei 42 US-Dollar anzusetzen.[43]

Sobald sie gesammelt und gelagert sind, verursachen die Proben weitere Kosten. Eine einzige Probe auskeimen zu lassen, kann zwischen 50 und 200 Dollar kosten.[44] Auch die passive Lagerung von Saatgut verursachte schon vor einem Jahrzehnt Betriebskosten von schätzungsweise 1,89 $ bis 10,74 $ pro Jahr und Probe.[45] Würde das gegenwärtig vorhandene Material richtig konserviert, dann müßte man bei zwei Millionen Proben mindestens 50 Millionen Dollar pro Jahr ansetzen.

Zahlen wie diese haben Trevor Williams und seine Ratskollegen zu Spekulationen über noch komplexere technologische Alternativen veranlaßt. Auf einer gemeinsamen Konferenz von FAO, IBPGR und UNEP über pflanzengenetische Ressourcen, die 1981 in Rom stattfand, schwärmte Williams geradezu von den energiesparenden Möglichkeiten «in der Natur vorkommender kalter Lebensräume» (sprich Antarktis) und der Energieeffizienz und Sicherheit langfristiger Lagerung in einem Saatgut-Äquivalent von Skylab. – Da kann einem schon schwindlig werden.

In einer Stellungnahme des IBPGR von 1982 über einige dieser Ideen werden ein paar Probleme eingeräumt. Die damit befaßte Arbeitsgruppe gab zwar zu, daß die Samen in der Antarktis kühler gelagert wären, gab aber das Problem zu bedenken, das darin bestünde, die Techniker warmzuhalten. Auch wurden der Energieaufwand und die Kosten bemängelt, die es verursachen würde, sich in den polaren Eisschrank zu begeben, um der Welt ihr Frühstück zu servieren. Schließlich benannte die Gruppe eine ziemlich ernste Gefahr: «Eisbewegung».[46]

Auch Delegierte der Dritten Welt begegneten den Träumen von Williams mit verständlicher Skepsis. Argentinien hat sich bisher vergeblich bemüht, für eine eisfreie, wenig Energie beanspruchende Genbank im trockenen Süden des Landes die Unterstützung des Rates zu gewinnen. Raumfahrtkatastrophen lassen es möglich erscheinen, daß die Beförderung des Lebenswerks von T. T. Chang in eine Umlaufbahn bereits nach kurzem Flug enden könnte.

Freilich ist Sicherheit nicht leicht zu haben. Nachdem die skandinavischen Länder in der Nähe von Lund in Südschweden ihre eigene zentrale Genbank errichtet hatten, hielten sie es für angezeigt, von allen Proben ein Sicherheitsduplikat in den Permafrost der hohen Arktis auszulagern. Sie hatten den idealen Ort ausgeguckt, Spitzbergen, bloß 1300 km vom Nordpol entfernt und unter norwegischem Mandat, aber «internationales» Territorium aus der Sicht der vierzig Länder, die den Vertrag von Versailles unterzeichneten. Die Samenproben wurden in Holzkisten in 270 Meter Tiefe im Schacht eines noch aktiven Kohlenbergwerks untergebracht.[47]

Das ist zwar billig – aber nicht so sicher, wie die Skandinavier gehofft hatten. Da Spitzbergen auf dem Seeweg liegt, der den größten Marinestandort der Welt in Murmansk mit dem Atlantik verbindet, hat die Region große strategische Bedeutung und steht unter ständiger militärischer Überwachung. Zwei Drittel der auf sowjetischen U-Booten stationierten strategischen Raketen und etwa 50 Prozent der sowjetischen Angriffs-U-Boote laufen Murmansk an.[48]

Letzten Endes ist und war die Konservierung pflanzengenetischer Ressourcen immer eine politische Frage. So gesehen zeichnen sich die Länder der Dritten Welt keinesfalls durch besondere Lauterkeit oder Integrität aus. Aber die Samen kommen nun einmal aus dem Süden, und ihre Lagerung vor Ort wäre weniger kostspielig und näher bei den Menschen, die sie am dringendsten brauchen – die armen Bauern. In den folgenden zwei Kapiteln werden wir auf die Verflechtungen von Politik und Wissenschaft eingehen. Und wir werden sehen, warum der Schutz unseres täglichen Brotes in zunehmendem Maß nicht bloß gute Wissenschaft, sondern auch gute Politik erfordert.

Die Politik der genetischen Ressourcenkontrolle

*[Unsere] nationalen Interessen hängen davon ab,
daß uns der Zugang zum Keimplasma der Welt erhalten bleibt.*
> Amerikanischer Saatgut-Handelsverband

Daß beim IBPGR Pflanzen Gegenstand der Politik sind, ist nichts
Neues. Die Menschheit hat sich seit langem um die Kontrolle über die
Früchte der Erde gestritten. Als den Regierungen der Dritten Welt
die Gefahr für die genetischen Ressourcen und der ökonomische
Vorteil derjenigen, die sie kontrollieren, klar wurde, begann in der
Ernährungs- und Landwirtschaftsorganisation der Vereinten Nationen (FAO) ein Ringen um die Vorherrschaft im Internationalen Rat
für Pflanzengenetische Ressourcen (IBPGR) und eine Auseinandersetzung um die Grundregeln, die den «Austausch» von Keimplasma
zwischen allen Ländern in angemessener Weise gewährleisten
würden.

An einem Novembermorgen im Jahre 1981 löste eine mexikanische
Resolution über die Kontrolle und den Austausch von pflanzengenetischen Ressourcen in der FAO-Zentrale in Rom einen Eklat aus.
Diese Resolution traf alle, mit Ausnahme der Lateinamerikaner, un-
vorbereitet. Erst am Abend hatte der US-Vertreter James L. Buckley
die Situation wieder im Griff. In seiner Eröffnungsrede der US-Stra-
tegiekonferenz über Biologische Vielfalt in Washington erklärte er,
man habe es mit «einem internationalen Problem» zu tun, das «einen
internationalen Ansatz» erfordere.[1]

Dr. Jim Murray von der Policy Research Corporation oblag es
dann, deutlicher zu werden: «Die Wichtigkeit biologischer Vielfalt
für die Zukunft der Gentechnologie kann nicht genug hervorgehoben
werden.» Keimplasma sei die grundlegende Ressource, und «die Entwicklungsländer werden insofern im Vorteil sein, als sie die Quelle

eines großen Prozentsatzes der Erbgutreserven dieser Welt sind».[2] Den Zugang zum Keimplasma beschrieb er als «den limitierenden Faktor», mit dem sich gentechnische Unternehmen konfrontiert sehen. Murray forderte einen «Kontext», in dem Industrieländer und Entwicklungsländer die Teilung der Nutznießung aushandeln könnten, und er warnte wiederholt davor, daß sich die Dritte Welt des Wertes ihrer Rohstoffe bewußt werden würde. Jim Murray ermahnte auch die genetische Zulieferindustrie. «Manche Unternehmen behandeln ihr Keimplasma als ihr Eigentum», bemerkte Murray; «... die Heimlichtuerei wird schon auf private Keimplasmasammlungen ausgedehnt... [Unternehmensinteressen] werden Hürden für die weltweite Sammlung, Konservierung und den Austausch von Keimplasma zu errichten wissen.» Murray sah zwar die Möglichkeit, Unternehmen für die Mithilfe an genetischer Ressourcenkonservierung zu gewinnen, warnte jedoch, daß sich, wenn kein entschiedener öffentlicher Standpunkt eingenommen werde, die Beteiligung «des privaten Sektors eher als Hindernis denn als Hilfe erweisen» dürfte.[3]

Anfang der siebziger Jahre hatten die Amerikaner mit der Vernichtung ihrer Maisernte die Kosten der Gleichförmigkeit zu spüren bekommen. Den Russen wurde fast zur gleichen Zeit mit der Vernichtung ihres Weizens dieselbe Lektion zuteil. Während 1981 an die fünfzig Biotechnik-Unternehmen die Genbanken der Welt um Keimplasma bestürmten, bekräftigten Murrays Worte die Rentabilität von pflanzlichem Erbgut.

Bei den Firmenvertretern, die an der Konferenz des State Departments teilnahmen, sowie bei ihren Kollegen in Europa, Australien und Japan kam die Botschaft an und wurde verstanden. Aber die politischen Aspekte waren verzwickt. Dank zweier junger mexikanischer Beauftragter, beides Söhne früherer Präsidenten, zog die Dritte Welt rascher Lehren aus der Situation, als selbst Murray dies erwartet hatte. Die Regierungen der Industrieländer sprachen bei den FAO-Auseinandersetzungen in Rom vom Keimplasma als dem «gemeinsamen Erbe» der ganzen Menschheit, während sie gleichzeitig Gesetze über Patentierung von Saatgut verabschiedeten und Unternehmen berieten, um dieses gemeinsame Erbe im eigenen Land zu monopolisieren. Dies läßt sich bestenfalls als ungeschickte Diplomatie bezeichnen. Um zu begreifen, wie es zu dieser Situation kommen konnte, müssen wir zu den Pyramiden der Pharaonen zurückkehren und im Buch der grünen Revolution abermals zurückblättern.

Das botanische Schachspiel

Im Jahr 1976 mieteten wir an einem glühendheißen Junitag in Luxor Fahrräder und überquerten bei Deir el-Bahri den Nil in westlicher Richtung. Auf der Suche nach einem speziellen Tempel unter den Grabmälern und Ruinen, die sich in der felsigen Landschaft drängen, radelten wir auf der belebten Asphaltstraße durch die ägyptische Wüstensonne. Der Tempel von Königin Hatschepsut war nicht schwer zu finden. Nach Osten, zum Nil hin, ausgerichtet, erhebt er sich imposant am Fuß einer steilen Felswand aus Sandstein. Etwa um 1480 v. Chr. errichtet, fasziniert er durch Säulengänge, an deren Wänden die Militärexpedition der großen Königin nach Punt (Land an der afrikanischen Somaliküste – A. d. Ü.) dargestellt ist. Wie man an den Reliefs auch heute noch ablesen kann, hatte Königin Hatschepsut damit aber auch eine der ersten Pflanzensammelexpeditionen der Welt ausgerichtet.[4]

Das Sammeln von Samen oder Pflanzen ist während des größten Teils der schriftlich überlieferten Geschichte ein Bestandteil aller militärischen Expeditionen gewesen. Tausend Jahre vor Hatschepsut schickte ein anderer Pharao, Sankhkere, eine Expedition an den Golf von Aden, um seinen Hof mit Zimt und Kassie (die Blätter der Kassie finden ihrer abführenden Wirkung wegen medizinische Verwendung – A. d. Ü.) zu versorgen. Kaiser Sheng Nong legte zu etwa derselben Zeit um seinen Palast in China die erste Arzneipflanzensammlung der Welt an.[5] Ein paar Jahrhunderte später errichtete Nebukadnezar seiner Frau die Hängenden Gärten von Babylon, die mit exotischer Flora aus dem ganzen Nahen und Mittleren Osten bewachsen waren.[6]

Aber es bedurfte Hatschepsuts Expedition, um das Pflanzensammeln zu einer vollintegrierten Funktion jedes Feldzugs zu machen. Aufzeichnungen zufolge wurden Pflanzen aus so entfernten Ländern wie Syrien mitgebracht. Schon in den Tagen der Pharaonen hatten manche Samensorten dabei einen kommerziellen Wert, der mit Gold nicht aufzuwiegen war.[7]

Der Wunsch, sich das Monopol über Saatgut oder Nahrung zu verschaffen, ist so alt wie die menschliche Geschichte. Im 7. Jahrhundert v. Chr. gewährten etwa die Sybariten ihren Köchen für ein Jahr das Monopol auf alle Rezepte.[8] Die römischen Kaiser hingegen lehnten beispielsweise die Monopolisierung des Fischfangs ab.[9] Heute wird die Monopolisierung von Keimplasma durch das Zusammenwirken von genetischer Erosion und der Entwicklung der Gentechnologie zu einer globalen politischen Frage.

Im 17. Jahrhundert wurde den Europäern erstmals bewußt, daß die Früchte der Natur keineswegs gleichmäßig über dem Globus verteilt waren, sondern sich in den Tropen und Subtropen konzentrierten. Und englische Entdecker gingen daran, die botanisch Reichen zu bestehlen und die genetisch Armen – sich selbst – zu beschenken. Das Tempo der britischen Pflanzeneinfuhr läßt sich dabei mit der Ausbreitung politischer Macht verknüpfen. Zwischen 1731 und 1763 verdoppelte sich die Zahl exotischer Pflanzen, die auf die Britischen Inseln gelangten. Vor der Krönung von Königin Victoria züchteten die Briten bereits 13 000 Arten an exotischer Flora.

Die Ausschmückung der Gartenanlagen englischer Landhäuser wurde zu einer Angelegenheit von höchster Wichtigkeit. Waren im 16. Jahrhundert weniger als hundert Pflanzen neu auf die Britischen Inseln gelangt, so trafen im 17. Jahrhundert an die tausend und im 18. Jahrhundert bereits fast neuntausend exotische Pflanzen ein.[10]

Die Folgen für den heimischen Markt waren spektakulär. Die Ernährung verbesserte sich unmittelbar durch eine Vielzahl neuer Nahrungspflanzen wie Kartoffeln und Tomaten, und sie gewann mittelbar an Qualität durch die Einführung neuer Weidepflanzen aus Afrika und Lateinamerika.[11] Die neuen Pflanzen wirkten sich auch auf die Textilindustrie und alle Bereiche der in Schwung kommenden Chemikalienerzeugung von Farben, Färbemitteln und Harzen bis zu medizinischen Präparaten aus. Ein beträchtlicher kommerzieller Handel entwickelte sich auch mit exotischer Flora für die Gärten und Treibhäuser der europäischen Aristokratie.

In einem Ausmaß, das man bisher immer unterschätzt hat, ist die Geschichte des Kolonialismus eine Geschichte des Kampfes um die Aneignung und Monopolisierung botanischer Naturschätze gewesen. Die europäischen Mächte dirigierten Truppen und Flotten um den Erdball, um sich die Produktion und den Handel kommerziell wichtiger Pflanzen zu sichern. Mit der Entdeckung geeigneterer Mittel zum Transport lebender Pflanzen nahm der Kampf um Monopole die Form eines botanischen Schachspiels an. Die führenden Mächte rotteten ganze Fruchtarten auf einem Kontinent beziehungsweise in einer Kolonie aus und siedelten sie um strategischer Vorteile willen auf einem anderen Kontinent beziehungsweise in einer anderen Kolonie an.

Im Zuge der europäischen Kampagne, die Ungerechtigkeiten der

Natur auszugleichen, vernichteten die Holländer drei Viertel der Nelken- und Muskatnußbestände auf den Molukken, um die Produktion auf drei leicht zu verteidigende Inseln zu beschränken. In ihrer traditionell egalitären Haltung fügten die Franzosen dem Ruf nach «Gleichheit... oder Tod» eine botanische Variante hinzu, indem sie jeden der Guillotine überantworteten, der beim Diebstahl lebender Indigo-Pflanzen von der Insel Antigua, ihrem Bollwerk, erwischt wurde – Pflanzen, die die Franzosen einst selbst gestohlen hatten. Als John Donne «Kein Mensch ist eine Insel» schrieb, hatte jede Pflanze ihre Insel. Der Transfer von Gewürzen von Südostasien nach Afrika und in die Karibik wurde zu einer absurden Verfolgungsjagd, als untereinander rivalisierende europäische Interessenvertreter wertvolle Spezies von den Molukken nach Penang und weiter nach Réunion, Ascension, Sansibar, Grenada und Antigua schmuggelten. Das Insel-Hüpfen vollzog sich auch von West nach Ost, als die Holländer ihren Inselstützpunkt Curaçao dazu benutzten, die spanische Vorherrschaft über den Kakaohandel zu brechen. Nachdem sie die Produktion nach São Tomé verlagert hatten, wurden die Holländer von wagemutigen Sklaven ausgetrickst, die schließlich Kakaosamen an die afrikanische Küste brachten.

Europas Kampf um die Pflanzenwelt wurde oft durch nationale Embargo-Gesetze abgestützt. Bereits 1556 verabschiedete der spanische Rat für Westindien in Madrid Gesetze, die es anderen Ausländern verboten, in den spanischen Besitzungen in der Neuen Welt nach Pflanzen zu suchen.[12] Solchen juristischen Spitzfindigkeiten wurde freilich wenig Beachtung geschenkt, denn alle europäischen Mächte empfanden es als ihr unveräußerliches Recht, gegen die nationalen Gesetze anderer Staaten zu verstoßen, um sich die Kontrolle über wirtschaftlich nützliche Pflanzen zu verschaffen.

Gewürze und Zierpflanzen waren aber nicht die einzigen Schachfiguren. In ihrem ausgezeichneten Buch *Science and Colonial Expansion* dokumentiert Lucile H. Brockway eindringlich die Bedeutung tropischer Pflanzen für die Kolonialmächte. Zu Beginn des 17. Jahrhunderts transferierten die Holländer die Kaffeeproduktion vom Halbmond des Indischen Ozeans nach Surinam und in einen Großteil Lateinamerikas. Die Verpflanzung des Kakaos von Zentralamerika nach Westafrika hatte ebenfalls tiefgreifende Folgen. Im 19. Jahrhundert verpflanzte man den Tee von China nach Südasien und Ostafrika sowie Sisal von Zentralamerika nach Ostafrika. Die aus Westafrika stammende Ölpalme begründete neue Plantagen in Südostasien. Gummi aus dem Amazonasgebiet gesellte sich auf neuen Gütern in Süd- und Südostasien zum Fieberrindenbaum (*Cinchona*) aus den Anden (aus dem Chinin gewonnen wird). Asiatische Bananen bildeten die Grundlage der karibischen Produktion. Baumwolle, Zuckerrohr, Zitrusfrüchte und ein Dutzend andere tropische Fruchtarten, die sich in der Antike von ihren Genzentren aus verbreitet hatten, wurden zum Zweck der kommerziellen Produktion in neue Gebiete verpflanzt.

Die Auswirkungen dieser botanischen Transfers übersteigen buchstäblich die Möglichkeiten wirtschaftlicher Berechnung.[13] Die Andenrepubliken, die einst die Produktion von Chinin zur Behandlung der Malaria beherrscht hatten, verloren fast den gesamten Markt, als in Asien neue Plantagen gegründet wurden. Brasiliens Anteil – bis dahin der einzige Gummiproduzent – sank auf weniger als fünf Prozent des Weltmarktes ab, als in Afrika und Asien neue Produktionsstätten aus dem Boden schossen. China verlor einen Großteil des Teehandels, Mexiko büßte die Sisalproduktion ein (für Seilereiwaren und Schiffstaue), und Westafrika wurde der Ölpalme (die inzwischen 15 Prozent des wichtigen, Multimilliarden Dollar umsetzenden Pflanzenölhandels ausmacht) beraubt – all dies hatte schwer vorstellbare ökonomische Konsequenzen für die Entwicklung der betroffenen Länder.[14]

Von mancher Seite wurde behauptet, daß das Hinundherschieben von Pflanzen um den Erdball allen Beteiligten genutzt habe. Tatsächlich gediehen manche der wichtigen Kulturpflanzen besser in ihrer neuen, weit von ihrem Herkunftsland entfernten Heimat, wo sie vor den üblichen Schädlingen und ihren unkultivierten Rivalen sicher waren. Wenn die Vorherrschaft in der Erzeugung einer Fruchtart verlorenging, trat mit Sicherheit eine andere, neu eingeführte Kulturart an ihre Stelle. Was Lateinamerika an Gummi und Kakao verlor, erhielt es an Kaffee und Zitrusfrüchten zurück. So habe sich – behaupten die Schlichter – alles ausgeglichen.[15]

So willkommen diese Vorstellung auch sein mag, sie widerspricht der tatsächlichen Auswirkung auf die Bevölkerung der Dritten Welt sowohl zur damaligen Zeit wie auch später. Die Cinchona-Arbeiter in den Anden und die Kautschuk-Zapfer am Amazonas kehrten nicht nach einem freien Wochenende zurück und stiegen begeistert auf Kaffee- und Zitrusplantagen um; ihr Leben war aus den Angeln gehoben.

Außerdem waren manche Länder und Kontinente eindeutige Gewinner oder Verlierer. Asien zählte zu den Gewinnern, Afrika zu den Verlierern. Aber die eindeutigsten Sieger waren die Kolonialmächte in Europa und Nordamerika. Der Mehrwert all der neuen und gesteigerten Produktionen kam denjenigen zugute, die die Pflanzentransfers eingefädelt hatten. Wo auch immer die Pflanzen schließlich landeten, die Gewinne flossen immer nach London, Paris und in andere Hauptstädte des Nordens.

Der Kaffee stammt, wie bereits erwähnt, aus Äthiopien. Arabische oder persische Händler brachten die Pflanze vor mindestens eintausend Jahren zur Kultivierung in den Jemen, und ganze sieben Ableger wurden später nach Indien geschickt, um dort und in Sri Lanka (damals Ceylon) den Anbau in Gang zu bringen. Als die Holländer Sri Lanka von den Portugiesen übernahmen, erbten sie auch den Kaffee. Ein Baum wurde nach Indonesien (Java) verpflanzt, und ein Ableger dieses Baumes wiederum gelangte 1706 unversehrt in den Botanischen Garten von Amsterdam, wo wir noch 1982 seine lebenden Überreste besichtigen konnten. Die ersten gesunden Abkömmlinge dieses Baumes wurden als Geschenk an Ludwig XIV. von Frankreich geschickt, der sie in dem berühmten Chateau Marly in Paris in einem speziell dafür errichteten Glashaus aufziehen ließ.[16]

Neun Jahre nach seiner Ankunft in Holland wurden Ableger des Amsterdamer Baumes in die holländische Kolonie Surinam verfrachtet. Andere Setzlinge aus König Ludwigs Jardin Royale verpflanzte man 1723 über den Atlantik nach Martinique.[17] Somit basiert die gesamte Kaffeeproduktion Lateinamerikas letztlich auf sieben Pflanzen, die vor tausend Jahren aus dem Jemen geholt worden waren, sowie einem davon abstammenden Baum, der vor weniger als dreihundert Jahren aus Java kam.

Der zentrale biologische und ökologische Faktor, den die Kolonialgeschichtsschreibung verschweigt, ist in diesen Reisen und dem wechselhaften Schicksal des Kaffees verkörpert. Ein einziger Baum repräsentiert die genetische Basis für die gesamte lateinamerikanische Kaffeeindustrie. Und der Kaffee ist keine Ausnahme. Vier nigerianische Palmen, die um 1848 nach Indonesien verfrachtet wurden, stellen die gesamte genetische Grundlage der asiatischen Ölpalmenindustrie dar. Zweiundzwanzig Kautschukpflanzen, die 1876 aus dem gleichen Bestand im brasilianischen Amazonasgebiet geholt wurden, sind die

Basis fast der gesamten asiatischen Gummiproduktion. Der Sisalhandel in Ostafrika läßt sich auf sechzig Pflanzen zurückführen, die zu Beginn des 20. Jahrhunderts von der Halbinsel Yucatan gestohlen wurden. Von den Plantagenpflanzen, die in der Kolonialära mit der Wurzel ausgegraben und in neue Produktionszentren verpflanzt wurden, beruhten nur der Tee (der etwa um 1848 nach den Opiumkriegen aus China mitgebracht wurde)[18] und der Fieberrindenbaum (zwischen 1854 und 1865 von mehreren Expeditionen illegal aus den Anden herbeigeschafft)[19] auf einer etwas breiteren Züchtungsbasis.

Eine derart extreme Uniformität bringt gewöhnlich genetische Verletzbarkeit mit sich. Das Risiko eines Ernteverlusts bedroht die Existenz von etlichen Millionen Kleinbauern in Asien, Afrika und Südamerika. Um sich und ihre Ernten vor den katastrophalen Folgen genetischer Einförmigkeit zu schützen, sind die Bauern genötigt, teure Chemikalien zu verwenden, die Gesundheit und Rentabilität ebenso gefährden wie sie der Umwelt schaden. Ganze Volkswirtschaften stehen durch einen virulenten neuen Kaffeerost in Zentralamerika, durch Sigatoka-Befall von Bananen oder durch das plötzliche Auftreten eines mutierten Baumkrebses in Zitrusplantagen am Rande einer stets möglichen Katastrophe. Die Spätfolgen der kolonialen Verpflanzungen machen dem Süden auch heute noch zu schaffen.

Das Schachspiel hätte nicht gespielt werden können, wenn nicht zwei große Entwicklungen, eine wissenschaftliche und eine institutionelle, stattgefunden hätten. Die Erfindung der Wardschen Kiste im Jahre 1829 gestattete den relativ sicheren Transport lebender Pflanzen von einem Erdteil zum anderen.[20] Mit Hilfe dieses Behälters (eigentlich ein Terrarium) gelang es britischen Botanikern, in fünfzehn Jahren sechsmal so viele Pflanzen zu verschiffen wie im vorangegangenen Jahrhundert. Ohne diese Kiste hätten weder Gummi- noch Fieberrindenbaum, Sisal oder Tee ihre weiten Reisen überlebt.

Die institutionelle Entwicklung war das Entstehen einer grünen Kette botanischer Gärten, die den Erdball in den Tropen von Havanna über Trinidad, Manila und Vietnam, Bogor (Indonesien), Singapur und Kalkutta, Colombo (Sri Lanka) und weiter über Mauritius und Entebbe (Uganda) bis nach Rio de Janeiro umspannte.[21] Von diesen strategisch plazierten Institutionen schwärmte eine kleine Schar altruistischer Botaniker aus und sammelte, analysierte und versandte die sowohl schöne wie nützliche Flora der Welt an die botanischen Gärten des Nordens.

Das große Wissen, das sie sich erwarben, steht heute jedem Wissenschaftler zur Verfügung, aber die Profite, die diese Pflanzen ermöglichten, sind längst den nördlichen Heimatländern der frühen Botaniker zugute gekommen. Selten wurden Pflanzen einfach von Afrika nach Asien transferiert, ohne zuerst «Eltern»-Gärten in London, Berlin, Amsterdam oder Paris zu passieren.[22] Fast als Nebenprodukt ihrer wissenschaftlichen Tätigkeit haben die botanischen Gärten die Agrarwirtschaft der Welt von Grund auf umgemodelt.

Dabei haben die Europäer die botanischen Gärten keineswegs «erfunden». Seit den Hängenden Gärten von Babylon hat sich die Aristokratie der großen Zivilisationen stets mit der Schönheit von Zierpflanzen und Bäumen umgeben. Als Cortez 1519 die Azteken besiegte, entdeckte er einen riesigen botanischen Garten – ausgedehnte Flächen voll exotischer Pflanzen, die man aus dem ganzen Aztekenreich und darüber hinaus zusammengetragen hatte und die an eine landwirtschaftliche Schule mit hochentwickelten Methoden angeschlossen waren, welche die europäischen übertroffen haben sollen.[23] Im Gegensatz dazu topfte der Botanische Garten von Amsterdam erst 1682 seine ersten Pflanzen ein, und Londons Kew Gardens erblühten erst nahezu ein Jahrhundert später.

Aber die europäischen Kolonisatoren gingen noch einen Schritt weiter. Sie gründeten ein strategisches Netzwerk botanischer Gärten im Dienste von Wissenschaft und Industrie.[24]

Zurück in die Zukunft

Als das heutige Äquivalent der Wardschen Kiste könnten die Genbank und die Zellbibliothek gelten. Die technologische Herausforderung ist nicht länger der sichere Transport lebender Pflanzen, sondern der Transfer und die sichere Lagerung von Keimplasma oder Mikroorganismen, die für die gegenwärtige – gentechnologische – landwirtschaftliche Revolution wesentlich sind. Diese neue grüne Kette ist eher ein Netz, das sich aus den internationalen landwirtschaftlichen Forschungszentren (IARCs) der Beratungsgruppe für Internationale Agrarforschung (CGIAR) und den kleineren und informelleren mikrobiologischen Forschungszentren (MIRCENs) der UNESCO zusammensetzt, die über den ganzen Globus verstreut sind.[25]

Ebenso wie die tropischen botanischen Gärten, die ihnen vorangingen, haben auch die IARCs und MIRCENs (von denen es über zwanzig gibt) ihre «Eltern»-Zentren. Die artenspezifischen Zentren bilden zwar den operativen Kern, werden jedoch von einer wachsenden Kette von Entscheidungszentren unterstützt, die sich an Orten wie Washington, Den Haag und Rom befinden. In den achtziger Jahren haben zwar nur wenige der nördlichen Zentren die politische Durchschlagskraft eines IRRI oder CIAT besessen, aber ihre Bedeutung und ihr Einfluß nehmen zu. Was die IARCs der grünen Revolution betrifft, so werden sie im Grunde von ihren staatlich gelenkten Geldgebern, der CGIAR und der Weltbank, ferngesteuert.

Die MIRCEN-Struktur der genetischen Revolution ist informeller und operiert mit der wohlwollenden Unterstützung der UNESCO in Paris, aber ohne die Art der Finanzierung (und Steuerung), die den IARCs von Washington aus zuteil wird. Der Effekt bleibt jedoch derselbe. Pilze und Bakterien der Böden, Sümpfe und Savannen der Dritten Welt werden gefunden, katalogisiert und ausgetauscht. Wiederum stehen die Informationen allen zur Verfügung – aber nur der Norden ist in der Lage, unmittelbar und am leichtesten davon Gebrauch zu machen.[26]

Die Flut der Forschungstätigkeit, die einst über den alten botanischen Gärten zusammenschlug, ist inzwischen verebbt. In Großbritannien fließt der Hauptstrom nun zum Nationalen Institut für Landwirtschaftliche Botanik in Cambridge statt nach Kew Gardens, und die Franzosen ziehen es vor, ihre Gene an das Tropenforschungsinstitut in Montpellier zu schicken statt nach Paris. Die Berliner Gärten in Deutschland wurden durch das Max-Planck-Institut ersetzt, und die Holländer sind von Amsterdam in ein neues Zentrum an der Landwirtschaftshochschule in Wageningen übergesiedelt.

Leistung und Funktionstüchtigkeit des MIRCEN-Netzwerks sind noch ungewiß. Die Bedeutung der IARCs für die Beschaffung pflanzengenetischer Ressourcen liegt jedoch offen zutage. Über die grüne Revolution ist schon einiges gesagt worden. Viele Beobachter sind der Ansicht, daß ihre Anfangsphasen kontraproduktiv waren. Ihre Fürsprecher behaupten dagegen, die Fachwelt habe aus ihren Fehlern gelernt und trage jetzt mit viel «einfühlsameren» Instrumenten zur Entwicklung der Dritten Welt bei. Ob das stimmt oder nicht, es ist jedenfalls ein von manchen begrüßtes und von anderen gefürchtetes Faktum, daß die IARCs auch weiterhin Kleinbauern in dasjenige

Schema pressen, welches das westliche Ernährungssystem der entwickelten Welt erfordert.

Untersuchungen der IARCs haben sich in der Regel auf deren Folgen für den Süden konzentriert. Nach den Auswirkungen ihrer Arbeit auf den Norden wurde bisher nur selten gefragt. Sicher ist indes eines: Ebenso wie die botanischen Gärten vor ihnen, leisten auch die IARCs von heute einen massiven Beitrag zum Transfer südlicher Naturschätze in die Industrieländer.

Dieser IARC-Beitrag erfolgt an zwei Fronten. Erstens identifizieren und transferieren die internationalen Zentren große Mengen an «rohem» und «verbessertem» Keimplasma, das am Ende für die Felder der Landwirte in den Industrieländern bestimmt ist. Zweitens sind die Zentren nicht nur zu wichtigen Ausbildungsstätten für Wissenschaftler aus dem Süden geworden; sie dienen auch und vor allem als Forschungsstätte für Wissenschaftler aus dem Norden. Obwohl sich der Wert dieser beiden Dienstleistungen nicht genau errechnen läßt, steht doch außer Frage, daß die nördlichen Länder einen ungeheuren und bisher selten eingestandenen Nutzen daraus gezogen haben.

Von größter Bedeutung ist der Transfer von Keimplasma. Das Mais- und Weizenforschungsinstitut in Mexiko etwa versorgt durch sein großes Pflanzschul-Testprogramm bis zu 127 Länder mit veredeltem Zuchtmaterial. Die angeschlossenen Stationen sind zwar verpflichtet, Rückmeldungen über die Ergebnisse der Aussaat zu erstatten, dürfen das Keimplasma jedoch behalten. Über ein Viertel aller Weizen-Freilandversuche finden im Norden statt. Es gibt siebzehn Testgelände für Weizen in so nördlichen Ländern wie Finnland, Norwegen und Schweden und weitere 37 in Kanada.

Der wirtschaftliche Gewinn des Nordens durch seinen freien Zugang zum Weizenkeimplasma (beispielsweise über CIMMYT) ist spektakulär. Die US-amerikanische Weizenernte hatte zum Beispiel 1984 einen Wert (zu Erzeugerpreisen) von über acht Milliarden Dollar. Die amerikanische Regierung selbst schätzt, daß sich davon fast zwei Milliarden Dollar dem CIMMYT-Material verdanken.[27] Im gleichen Jahr hat die US-Behörde für Internationale Entwicklung (AID) die Getreide-Forschungen des CIMMYT wie zuvor mit ganzen sechs Millionen Dollar subventioniert.

Welchen Wert hat exotisches Weizenkeimplasma für die Vereinigten Staaten tatsächlich? Niemand weiß das genau, und manche der vorhandenen Angaben sind sogar widersprüchlich. Alle sind sich jedoch darin einig, daß dieser Wert extrem hoch anzusetzen ist. Die OECD hat diese Zahl 1982 mit 500 Millionen Dollar jährlich veranschlagt. Im Jahre 1969 machte der aus CIMMYT-Material gezogene Weizen etwa sieben Prozent der US-amerikanischen Weizenernte aus. 1984 war dieser Anteil auf über 58 Prozent angestiegen.[28]

Ebenso besteht Einigkeit darüber, daß die «Bezahlung» des Nordens für diesen ökonomischen Nutzen wirklich bescheiden ist. Die Sechs-Millionen-Dollar-Subvention, die AID alljährlich CIMMYT gewährt, schließt auch Mais ein. Angesichts der Bedeutung dieser Fruchtart für Nationen wie die USA und Frankreich ist es durchaus überraschend, daß nur wenige der von CIMMYT getesteten Maiskulturen im Norden angebaut werden. Dennoch hat der Norden beträchtliches Interesse daran. CIMMYT hatte in seiner mexikanischen Genbank jedoch ein Problem beim Auskeimen von Mais; es fehlte an Personal, Zeit und Kulturflächen, auf denen die Samenproben verjüngt werden können. Ein US-amerikanisches Unternehmen ist inzwischen in die Bresche gesprungen und hat sich bereit erklärt, dieses exotische Material auf seiner eigenen Forschungsstation in Florida zu vermehren. Dieses Unternehmen heißt Pioneer Hi-Bred, der weltgrößte Maiszuchtkonzern und Marktführer sowohl in Europa wie in Nordamerika.

Insgesamt ist die Abhängigkeit Nordamerikas von exotischem, von tropischem Maiskeimplasma aufgrund seiner Nähe zum mittelamerikanischen Genpool gering gewesen. Ein Forscher aus North Carolina, Dr. Major Goodman, schätzt, daß nur vier Prozent der US-amerikanischen Maisanbauflächen ausländisches Keimplasma enthalten. Das würde bedeuten, daß sich weniger als ein Prozent des Gesamtwerts dieser Fruchtart dem Genmaterial aus der Dritten Welt verdankt.[29] Dennoch gehen private Unternehmen laut Goodman davon aus, daß ihr Bedarf an Maisgenen aus der Dritten Welt zunehmen wird und schon in den nächsten Jahrzehnten bis zu 30 Prozent des Marktwerts ausmachen könnte.[30] Die Dollarbeträge, um die es dabei geht, sind alles andere als Kleingeld. Im Jahre 1984 war tropisches Maiskeimplasma mit mindestens 20 Millionen Dollar an den amerikanischen Maiserträgen beteiligt. Wenn tatsächlich ein 30-Prozent-Anteil erreicht wird, dann würde dies Erzeugerpreisen von mehr als 600 Millionen Dollar entsprechen.

Neben Weizen und Mais hat auch die dritte Säule der grünen Revolution, der Reis, den nördlichen Züchtern Gewinne eingebracht. Kurzstämmiges Material von IRRI etwa wurde 1984 in den USA auf 182 000 Hektar ausgesät – das waren fast 16 Prozent der gesamten US-amerikanischen Reisanbaufläche. AID sagt voraus, daß die Anbauflächen für IRRI-Erbgut in den nächsten Jahren noch erheblich ansteigen werden.[31]

Auch in diesem Fall darf der Dollarwert des Geschenks aus der Dritten Welt (über IRRI) nicht vernachlässigt werden. AID subventioniert IRRI jährlich mit dem gleichen Betrag wie CIMMYT – etwa sechs Millionen Dollar.[32] Dafür tragen die Reissorten des Instituts 176 Millionen Dollar zum Wert der amerikanischen Reisernte (Erzeugerpreise) bei, und selbst diese Zahl dürfte bei weitem zu tief gegriffen sein. Hierin nicht eingeschlossen ist nämlich das Keimplasma, das die (ebenfalls zu IRRI gehörige) Reisgenbank von T. T. Chang mit ihren 80 000 Proben, eine Sammlung, die teilweise in Fort Collins dupliziert ist, in die USA schickt.

Nun gibt es sicher keinen Grund, warum der Norden aus der Forschungstätigkeit, die er im Süden finanziert hat, nicht auch seinen Nutzen ziehen sollte. Wenn sich beispielsweise das CIMMYT weigern würde, dem Norden veredeltes Keimplasma zur Verfügung zu stellen, dann würde es gegen das allgemein anerkannte Prinzip des vollständigen und kostenlosen Austausches verstoßen.

Zu kritisieren ist allerdings eine andere und verbreitete Praxis. Nachdem sich 282 der Weizen-Testkulturen von CIMMYT in Ländern befinden, die eine Pflanzenpatentierung zulassen, könnte CIMMYT-Material direkt oder indirekt in «nördliche» Sorten oder Hybridzüchtungen eingehen, die dann das Eigentum von Privatunternehmen sind. Diese wiederum sind nicht verpflichtet, ihre Entdeckungen so freigiebig mit CIMMYT zu teilen, wie CIMMYT seine Forschungsergebnisse mit ihnen teilt – ein Problem, das sich im Kontext der Gentechnik noch wesentlich verschärft. Nochmals, es ist unwahrscheinlich, daß der ökonomische Nutzen, der sich mit Hilfe der Gentechnik ergibt, ohne weiteres in den Süden zurückfließen wird.

Das Phänomen also, das viele Agronomen und Diplomaten der Dritten Welt (und auch die IARCs selbst) erbittert, ist folgendes: Eine Weizensorte namens CB-801 – eine nur schwach veränderte Spielart von IR-8 – wird unter Patentschutz gestellt und kann jetzt in den Vereinigten Staaten von einem privaten Züchter exklusiv vermarktet werden.[33] Dies ist kein isoliertes Ereignis, sondern durchaus gängige Geschäftspraxis. Die Firma Agricultural Genetics Company beispielsweise hat sich ein wichtiges Gen einer westafrikanischen Langbohnensorte, die vom Internationalen Institut für Tropenlandwirtschaft (IITA) in Nigeria entwickelt worden war, angeeignet und es in Großbritannien patentiert.[34] Weder dem IITA noch den afrikanischen Bauern, die das Keimplasma ursprünglich entwickelt hatten, fließen dafür Tantiemen zu.

Wie erwähnt spielen die IARCs auch eine wichtige Rolle als Ausbildungszentren. In den zwölf Jahren von 1966 bis 1978 hat zum Beispiel das CIMMYT 886 künftige Agronomen ausgebildet, praktisch alle aus der Dritten Welt. Weitere 840 Wissenschaftler – viele davon entweder aus dem Norden oder im Zuge des Brain-Drain nach Norden abgewandert – haben im gleichen Zeitraum CIMMYT besucht, um seine Labors und Felder für weniger offizielle Programme zu nutzen, die von einer Woche bis zu mehreren Monaten in Anspruch nahmen. Es steht zwar keine Aufschlüsselung der Nationalität all dieser Forscher zur Verfügung, aber bei unseren eigenen Begegnungen mit Agronomen von Finnland bis Australien treffen wir immer wieder auf Frauen und Männer mit praktischer CIMMYT-Erfahrung.

Auch der Internationale Rat für Pflanzengenetische Forschung (IBPGR) ist in der Ausbildung aktiv. So wird etwa der Universität von Birmingham (England) seit langem finanzielle Unterstützung für ein Ausbildungsprogramm im Bereich der genetischen Ressourcen zuteil. Der Rat hat sowohl Stipendien an Trainees aus der Dritten Welt vergeben als auch die Gesamtkosten des Lehrgangs subventioniert. Nicht weniger als 39 Prozent aller Trainees stammten jedoch aus den Industrieländern. Somit sind auch Lehrgangsteilnehmer aus dem Norden vom IBPGR unmittelbar gefördert worden.

Pflanzenzucht und Gentechnik benötigen Gene, und sie benötigen Wissenschaftler, um das exotische Material nach katalogisierbaren Merkmalen aufzubereiten. Die internationalen landwirtschaftlichen Forschungszentren gestehen inzwischen immerhin ein, daß sie hierbei oft unwissentlich oder unwillentlich in den Dienst privater Interessen gestellt werden.

In einer Studie für das Internationale Entwicklungsforschungszentrum in Kanada (IDRC) wurde Mitte 1983 festgestellt, daß IARC-Material in «mehreren Fällen» von privaten Konzernen erworben und patentiert wurde.[35] In persönlichen Gesprächen berichten IARC-Wissenschaftler über Besuche kommerzieller Züchter, die –

wenige Monate nach einem Spaziergang durch IARC-Testgelände – die Einführung einer neuen Sorte ankündigen, welche vollständig oder großenteils auf IARC-Material beruht.

Der kürzlich verstorbene Glenn Anderson von CIMMYT übte besonders unverhohlen Kritik an dem Nutzen, den private Unternehmen aus CIMMYT ziehen. Er erzählte uns eine fast unglaubliche Geschichte: Kurze Zeit nachdem er auf einer Ausstellung in Chicago neue Sorten vorgestellt hatte, ersuchte ihn eine amerikanische Firma (deren Namen Anderson nicht nannte) schriftlich um eine Probe dieser Sorte. Anderson erfüllte diese Bitte. Nicht lange danach schrieb ihm die Firma nochmals und ersuchte den CIMMYT-Wissenschaftler, einige beigefügte Formulare auszufüllen. Die Formulare waren der Antrag auf ein Pflanzenpatent in den Vereinigten Staaten für die von CIMMYT entwickelte Sorte.

Die erste Phase der grünen Revolution lehrte ihre Verfechter, daß es erfolgversprechender ist, verbessertes Keimplasma in Umlauf zu bringen als fertige Sorten. Sie sehen ihre Rolle deshalb zunehmend in der Unterstützung nationaler Züchtungsprogramme. Zu diesem Zweck identifizierten und offerieren sie Genmaterial, das für verschiedenste Interessenten von Wert sein könnte. Im Zuge dieser Akzentverlagerung haben die IARCs dem Wunsch vieler Drittweltländer und den Hoffnungen anderer entsprochen, durch die Freigabe hochentwickelter Zuchtlinien (im Gegensatz zu fertigen Sorten) zu erhöhter Sortenvielfalt beizutragen. Das ist richtig so. Aber die Gefahr – die inzwischen von den IARCs erkannt wird – besteht darin, daß sie dazu mißbraucht werden, Grundlagenforschung zum Nutzen privater kommerzieller Unternehmen zu betreiben. Viele IARC-Wissenschaftler empfinden diese Möglichkeit als höchst beunruhigend.

Auf einem Flug in die USA wurde jüngst ein leitender IRRI-Wissenschaftler von dem Manager eines führenden Konzerns der Agrochemie angesprochen. Ohne viel Federlesens wollte der Manager von ihm wissen, was es kosten würde, IRRI zu kaufen.[36] Obwohl der IRRI-Forscher mit dieser Geschichte ebensoviel Heiterkeit wie Irritation erzielte, rief sie doch eines erneut ins Bewußtsein: IRRI kann man zwar nicht kaufen, aber man kann es mieten.

Solange sich die IARCs und ihre grüne Revolution noch im Glanze von Norman Borlaugs Friedensnobelpreis sonnten, waren sie relativ rezessionssicher. Jetzt, da dieser Schimmer verblaßt ist, neigen US-amerikanische und europäische Gesetzgeber dazu, die IARC-Forschung über Reis und Weizen als unerwünschte Konkurrenz für ihre Agrarexporte anzusehen. Seit Mitte der achtziger Jahre stagniert das Budget der CGIAR; selbst eine Kürzung der Fördermittel wird nicht mehr ausgeschlossen. Damit droht dieser Lieferant von Keimplasma, das CGIAR-System, bald dem «10-Prozent-Phänomen» zum Opfer zu fallen. Die Unternehmen schießen zu dessen Forschungsbudgets weitere 10 Prozent zu und erlangen auf diese Weise kaum merklich die Kontrolle über das gesamte Programm. Dieser Falle ist schwer zu entgehen.

So wertvoll das Geschenk einer neuen IARC-Sorte für den Norden sein mag, die Gentechnik verlagert ihr Interesse dennoch von ganzen Pflanzen auf spezifische Gene. Wir haben bereits von der Rolle von Pioneer Hi-Bred bei der Erprobung von CIMMYTs exotischem Maismaterial gesprochen. Dies ist kein Einzelfall. Die US-amerikanische Regierung übergibt ihr exotisches Keimplasma vielmehr inzwischen regelmäßig an amerikanische Firmen zum Auskeimen. Regierungsbeamte bezeichnen die von den Firmen angebotene Unterstützung als «großzügige Offerte» und haben sich sogar zu der etwas wirren Erklärung verstiegen: «Wenn der amerikanische Fiskus den Bürgern eine Goldknappheit bekanntgegeben hätte, wie viele wären einer entsprechenden Aufforderung dann mit einer direkten Spende gefolgt?»[37] In Wirklichkeit wird erst umgekehrt ein Schuh daraus. Die Nationale Genbank der USA in Fort Collins – das genetische Gegenstück zu Fort Knox – bietet den Privatunternehmen ihren Goldschatz häppchenweise zur Probe an. Die Unternehmen haben sich nicht zweimal bitten lassen.

Ein internationales Sortenschutzgesetz

Der Aufruhr, der im November 1981 von der mexikanischen Delegation an den Ufern des Tiber angezettelt wurde und von dem am Beginn dieses Kapitels die Rede war, schlug zwangsläufig Wellen. Ende November wurde trotz erbitterten Widerstands aus Washington und London eine FAO-Resolution verabschiedet, die zu einem internationalen Kongreß über pflanzengenetische Ressourcen sowie zur Gründung einer neuen «internationalen Genbank» aufrief. Zwei

Jahre später, auf der nächsten zweijährigen FAO-Konferenz und nach einer Reihe kleinerer Gefechte, gelang es dem mexikanischen Botschafter José Ramón Lopez-Portillo, ein zustimmendes Votum zur Gründung des International Undertaking on Plant Genetic Resources (IUPGR) sowie die Etablierung einer Internationalen Kommission für Pflanzengenetische Ressourcen herbeizuführen. Zwei Jahre danach, im November 1985, hatte die Kommission bereits ihre erste Zusammenkunft abgehalten und den Beschluß gefaßt, den allgegenwärtigen IBPGR in die Schranken zu weisen und einen Weltgenfonds zu gründen. Als die Kommission im März 1987 ihre zweite Konferenz abhielt, besaß sie bereits ein funktionsfähiges Sekretariat und einen klaren Aktionsplan, um die zwischenstaatliche Kontrolle über die genetischen Ressourcen zu gewährleisten.

Die IUPGR ihrerseits legte – zum erstenmal in der Geschichte – Grundregeln für den Austausch von Genen fest. Darüber hinaus macht sie den Industrieländern unmißverständlich klar, daß eine private Monopolisierung von Genen sowie deren Nutzung als politische Verhandlungsmasse beziehungsweise als Druckmittel für die Völkergemeinschaft nicht akzeptabel sind. Die neue Körperschaft setzt damit Maßstäbe, an denen Regierungen und die Weltgemeinschaft nationale und globale Initiativen künftig werden beurteilen können.

Die Kommission für Pflanzengenetische Ressourcen ist nicht weniger wichtig. Mit ihr wurde zum erstenmal ein internationales Gremium geschaffen, das imstande ist, das Sammeln und den Austausch genetischer Ressourcen nicht nur nach wissenschaftlichen Kriterien, sondern auch aufgrund sozialer und politischer Realitäten zu bewerten. Die Spender des Keimplasmas der Welt erhalten damit endlich ein Mitspracherecht. Innerhalb von fünf Jahren nach Gründung der beiden genannten Organisationen waren 114 Länder offiziell einem oder beiden dieser Gremien beigetreten. Anzumerken bleibt, daß sich weder die Vereinigten Staaten noch Kanada unter diesen Ländern befanden.

Der politische Aufbruch, der durch die Auseinandersetzungen in Rom provoziert wurde, wird am Ende voraussichtlich in einem Multimillionen-Dollar-Fonds für nationale und internationale Keimplasma-Konservierung münden. Dies sollte zwar neues Geld, aber kein «Entwicklungshilfe»-Geld sein. Wenn sich berechtigte Interessen durchsetzen lassen, dann wird die Saatgutindustrie von den nationalen Regierungen im Namen der Weltgemeinschaft gezwungen werden, für die Konservierung genetischer Rohstoffe zu bezahlen. Ebenfalls steht zu erwarten, daß die UNO auf Initiative von Ländern wie Spanien, Äthiopien und Costa Rica ein wahrhaft internationales Netzwerk von Genbanken einrichten wird, deren Bestände juristisch nicht mehr als Eigentum nationaler Regierungen, sondern als Eigentum der Vereinten Nationen gelten werden.

Die Kampagne zur Erreichung dieser Ziele ist viel mehr als ein diskretes diplomatisches Manöver gewesen. Niemand, der wie wir an der FAO-Vollversammlung vom November 1983 teilnahm, wird je die Emotionen und die Wut vergessen, mit der die Delegierten der Dritten Welt die wiederholten Versuche des Vorsitzenden der FAO, US-Landwirtschaftsminister John Block, abschmetterten, eine Resolution über die Schaffung der neuen Kommission zu Fall zu bringen. Block ließ durch Handzeichen über die Resolution abstimmen. Ohne lange genug innezuhalten, um eine korrekte Auszählung zu ermöglichen, verkündete er, daß der Vorstoß der Dritten Welt zurückgewiesen worden sei. Daraufhin wurde die Konferenz recht turbulent. Botschafter schrien, Diplomaten huschten im Saal umher, Hände wurden in Frustration hochgeworfen. Erneute Abstimmung – und wieder entschied Block, daß die Dritte Welt verloren habe. Schließlich wurde eine Auszählung der Stimmen erzwungen. Es war nicht einmal ein knapper Ausgang. Der Süden siegte auf breiter Front. Es fehlte nicht viel, und Lopez-Portillo wäre von seinen Botschafterkollegen auf die Schultern gehoben worden.

Obwohl sich ein Großteil der Debatte in der FAO auf der erhabenen Ebene des «gemeinsamen Erbes» und der Notwendigkeit, die Welternährung zu gewährleisten, bewegte, gab es zumindest einen Aspekt, nämlich Rolle und Zukunft des IBPGR, der den Botschaftern auf beiden Seiten des Gefechts Bauchschmerzen verursachte. Je mehr sich die Delegierten der Dritten Welt einen Einblick in die Strukturen, Finanzen und Entscheidungen des IBPGR verschafften, desto größer wurde ihr Interesse.

Die eigentlichen «Spender» für das IBPGR-System, erfuhren die Botschafter, waren die Länder der Dritten Welt selbst. Weit mehr als die Hälfte aller für den IBPGR geleisteten Dienste (59 Prozent der Arbeitskräfte, 61 Prozent der Institutionen) steuerten die Entwicklungsländer bei. Und was noch schwerer wiegt: 69 Prozent aller gesammelten und verteilten Samenproben und Duplikate stammten aus Asien, Afrika und Lateinamerika. Trotz dieser Tatsache sind bisher nur 15 Prozent des IBPGR-Samenbestands in die Entwicklungsländer gegangen; nicht weniger als 85 Prozent wurden mehr oder weniger gleichmäßig unter den vom Norden beeinflußten IARCs und den Industrieländern selbst aufgeteilt.

Die Vereinigten Staaten sicherten sich mit mehr als einem Viertel aller Proben den Löwenanteil. Außerdem schien es sich bei dem vom IBPGR gepriesenen sogenannten «globalen Netzwerk» um ein nördliches Netz zu handeln. In seinem Jahresbericht von 1987 werden von den als Hauptfruchtart-Sammlungen bezeichneten Beständen allein 67 in den westlichen Industrieländern aufgeführt, weitere vier in Osteuropa, 26 befinden sich an CGIAR-Instituten und nur 22 in der gesamten Dritten Welt – gegenüber 23 solcher Sammlungen allein in den Vereinigten Staaten.[38]

Dieses Mißverhältnis wird noch übertroffen von der selbst darin verschleierten ungleichen Verteilung des ökonomischen Werts der IBPGR-Bestände. Die USA bewirtschaften 67 Prozent des gelagerten Erdnuß-Keimplasmas, 24 Prozent des Zuckerrohr- und 20 Prozent des Erbsen-Materials und sind damit die führende Nation in allen drei Fruchtarten; sie stehen darüber hinaus an zweiter Stelle in der Welt hinsichtlich ihres Anteils an Kichererbsen- und Bohnen-Erbgut (21 respektive 15 Prozent) und an dritter Stelle bei Baumwolle (8 Prozent); sie sind führend in Sorghum, Weizen und Gerste, liegen an zweiter Stelle bei Reis, an dritter bei Sojabohnen, an vierter beim Mais und an sechster bei Kartoffeln.[39]

In einem eindrucksvollen Werk der Prescott-Allens[40] werden Angaben über 226 Fruchtarten gemacht, die jedes Jahr in den USA angebaut beziehungsweise dahin eingeführt werden. Der Erzeuger- respektive Importpreis beträgt für jede einzelne Fruchtart mehr als eine Million Dollar. An der Spitze der Liste stehen Sojabohnen mit einem Umsatz von elf Milliarden, Mais mit zehn Milliarden und Weizen mit sechs Milliarden Dollar. Insgesamt haben die 226 in den USA erzeugten oder dahin importierten Kulturarten einen durchschnittlichen Wert von über 65 Milliarden Dollar. Der IBPGR hat den Vereinigten Staaten für fünf der fünfzehn wichtigsten Kulturarten ein globales Mandat zur Keimplasmalagerung erteilt und für weitere drei die regionale Verantwortung übertragen. Bei elf der fünfzehn wichtigsten Kulturarten zählen die Vereinigten Staaten zu den vier führenden Verwaltern von eingelagertem Keimplasma in der Welt. Dank der Unterstützung des IBPGR kann man sagen, daß sich die Sicherheit der USA auf dem Ernährungssektor gebessert habe.

Die bevorzugte Behandlung der USA durch den Rat hat nicht nur die Länder der südlichen Hemisphäre verärgert. Auch Dr. David Wood vom Internationalen Zentrum für tropische Landwirtschaft (CIAT) hat sich den Protesten angeschlossen: erstmals 1986 auf einer Konferenz über genetische Vielfalt in Äthiopien – wo er verkündete, daß sich das CIAT nicht als Bestandteil des IBPGR-«Netzwerks» betrachte. In einem offenen Brief an seine Kollegen, die Genbank-Direktoren der Internationalen Landwirtschaftlichen Forschungs-zentren (IARCs), forderte Wood später, es müsse ein Zusammen-hang bestehen «zwischen den Beiträgen, die ein Land zum IBPGR leiste, und der Anzahl von Sammlungen, die der IBPGR diesem Land zuweist».[41]

Die Parteilichkeit des IBPGR beschränkt sich jedoch nicht auf das Genpoolsystem. Dem Rat wurde ebenfalls vorgeworfen, den Norden auch bei der Subventionierung zu bevorzugen. Obwohl der IBPGR als «Katalysator» wirken soll, um den Gen- und Artenschutz in den Entwicklungsländern zu fördern, gingen nicht weniger als 57 Prozent aller Forschungsgelder an Wissenschaftler und ihre Institute in den Industrieländern sowie weitere zehn Prozent an Schwesterinstitute der CGIAR (Beratungsgruppe für internationale Agrarforschung). Weniger als ein Drittel aller Zuwendungen kamen dem Süden zugute. Einige nördliche Länder, darunter Österreich und Frankreich, erhiel-ten de facto mehr Zuschüsse vom IBPGR, als sie zu dessen Etat beitrugen. Die Briten bekamen 80 Prozent ihrer Investitionen zurück und die Amerikaner immerhin zwei Drittel. Für die dreizehn Indu-strieländer, die Mitte der achtziger Jahre zum Etat des IBPGR bei-trugen, belief sich der durchschnittliche «Rückfluß» auf 39 Prozent.

Der IBPGR hat sich aber auch noch auf andere Weise den Vorwurf der Parteilichkeit zugezogen. Während der Rat mit den neun SADCC-Staaten Südafrikas an einem großangelegten Keimplasma-Programm arbeitet, bahnte sich zugleich eine diskrete Kooperation mit Südafrika an. Der Vorstand hat daraufhin eine «Klärung der CGIAR-Position zu Verbindungen mit Südafrika» angestrebt. Laut Sitzungsprotokoll vertrat der Vorsitzende der CGIAR die Auffas-sung, «der Rat könnte in diesem Land ein bescheideneres Programm aufziehen, falls diese Arbeit für wichtig gehalten wird».[42]

Dies sagt ebensoviel über die CGIAR aus wie über den Rat. Der

Vorsitzende der CGIAR hebt in seiner Antwort hervor, daß die Auseinandersetzung über den IBPGR vor der gesamten Beratungsgruppe für Internationale Agrarforschung (CGIAR) ausgetragen werden müsse. Er hat damit den Rat zwar bestenfalls in lauwarmer Weise in Schutz genommen, ihn aber dennoch vor den Anwürfen empörter Demokraten der FAO bewahrt.

Wie ist es dazu gekommen? Der Vorstand des IBPGR wird stets aus den eigenen Reihen gewählt. In den Jahren seit der Gründung des Rates 1974 ist das zahlenmäßige Verhältnis von Vorstandsmitgliedern aus dem Norden und dem Süden halbwegs ausgeglichen gewesen. Aber die Vertreter der nördlichen Länder bleiben in der Regel sehr viel länger im Vorstand: im Schnitt sechs Jahre, gegenüber einer durchschnittlich dreijährigen Vorstandstätigkeit ihrer Kollegen aus dem Süden. Mit anderen Worten, der Vorstand ist ein «Old Boys Club» von überwiegend britischen und amerikanischen Kollegen, die dazu neigen, jene Wissenschaftler und Institute zu finanzieren, die sie am besten kennen. In einem sehr realen Sinne war der IBPGR das Aushängeschild, unter dem die entwickelten Länder, legitimiert durch die UNO, im Süden Samen sammeln und zu Hause einlagern konnten. Ihre finanziellen Beiträge an den Rat für die Genkonservierung im Süden erfüllten die Funktion einer billigen Subventionierung ihrer eigenen nationalen Sammelprioritäten. Statt Saatgutproben im Schnitt mit 42 Dollar pro Muster bezahlen zu müssen, benutzten die Industrieländer den IBPGR, um sich Samen zum Preis von 26 Dollar per Probe zu verschaffen.[43]

Den Ländern der Dritten Welt mehr Einfluß über ihre eigenen Keimplasma-Spenden einzuräumen wurde von Anfang an am schärfsten von den Vereinigten Staaten abgelehnt. Unterstützt von Satelliten-Regierungen wie Kanada, haben die USA vehement die Auffassung vertreten, der Austausch genetischer Ressourcen sei kein Problem. Vertreter der USA und Mitarbeiter der CGIAR ergriffen jede Gelegenheit, auf die Vorenthaltung von Kulturpflanzen-Keimplasma durch Regierungen der Dritten Welt oder die Säumigkeit osteuropäischer Staaten bei der Weitergabe von Proben hinzuweisen.

Aber die Realität ist komplexer. Keimplasma-Embargos kommen häufig vor. Die meisten – so behauptet der Norden – werden vom Süden verhängt. So hat Äthiopien den Handel mit Kaffeeplasma gesperrt;[44] Indien verbietet die Ausfuhr des Erbguts von schwarzem

Pfeffer.[45] Laut internen Berichten des Rates haben Thailand, Indonesien und Malaysien den Austausch von Keimplasma tropischer Früchte stark erschwert. Auch tropische Gemüsesorten und Zuckerrohr unterliegen oft einer inoffiziellen Handelssperre. Obwohl Brasilien bereit ist, über den Zugriff auf Gummikeimplasma zu verhandeln, ist der freie Austausch keinesfalls gesichert.[46] Ekuador ist nicht gerade freigebig mit Kakao, und die Türkei gibt sich zugeknöpft in bezug auf Tabak.[47]

Die genannten Arten sind allerdings keine Hauptnahrungspflanzen. Und manche der Restriktionen, die dem Süden vorgeworfen werden, sind in Wirklichkeit durch die Politik privater Unternehmen mit Hauptsitz im Norden bedingt. So ist das Gummiembargo von Liberia auf den Reifenkonzern Firestone[48] zurückzuführen und nicht auf die liberianische Regierung. Kommerzielle Erwägungen stehen auch hinter der restriktiven Handhabung von honduranischem Bananen-Plasma, das von United Brands kontrolliert wurde, bis sich der Konzern 1983 von seiner Sammlung trennte. Die Probleme des Austauschs von Tee-Klonen aus Kenia und Zuckerrohr aus Hawaii war ebenfalls durch privatwirtschaftliche Schranken bedingt. Ölpalmenplasma ist das Privateigentum von Unilever.[49] Im allgemeinen sind die Keimplasma-Restriktionen der meisten Drittweltstaaten nichts weiter als die Fortsetzung der Politik, die ausländische Unternehmen in der Kolonialära mit ihren Plantagen betrieben haben. Und nur selten sind Grundnahrungspflanzen von den Embargos der Dritten Welt betroffen.

Die gravierenden politischen Einschränkungen des Keimplasma-austauschs kommen aus dem Norden. Die nationale Gesetzgebung zum Schutz der Rechte von Pflanzenzüchtern spielt dabei eine maßgebliche Rolle. Die europäischen Zuckerrübenzüchter verhängen regelmäßig Embargos auf den Austausch von Zuchtmaterial, das öffentlichen Genbanken zur Lagerung überlassen wird.[50] Einzelne Unternehmen wie Hurst und Gunson in Großbritannien sowie Cebeco und Nunhems Zaden in Holland bekennen sich offen zur Embargopolitik.[51] Auf der anderen Seite des Atlantiks erläßt Campbell Soup Restriktionen auf Tomaten.[52] Noch gravierender ist die Weigerung der Genbank von Dublin, Wissenschaftler aus Ländern, die nicht dem Internationalen Verband zum Schutz von Pflanzenzüchtungen (UPOV) angehören, mit Material zu versorgen. Dieser UPOV ist die Genfer Behörde, die für die Patentierung neuer Pflanzen zuständig ist.

Die ganze Debatte in der FAO könnte man mit einem Ehekrach vergleichen, bei dem ein Partner behauptet, es gebe ein Problem, und der andere dies strikt leugnet. Diejenigen wiederum, die diesem Disput beiwohnen, können sich indes sicher sein: Es gibt ein Problem. Unsere eigenen Recherchen zum Thema Keimplasmaaustausch legen die Auffassung nahe, daß der Norden im Prinzip nicht den Wunsch oder die Absicht hat, anderen Ländern Keimplasma vorzuenthalten. Wir sind überzeugt, daß die überwältigende Mehrheit der nördlichen Wissenschaftler und Genbanken – im öffentlichen Sektor – den uneingeschränkten und kostenlosen Austausch aller Gene für wirklich vorteilhaft hält. Und wenn Embargos verhängt werden, dann finden Wissenschaftler oft einen Weg, sie zu umgehen.

Ob Keimplasma jedoch «roh» oder «verbessert» ist, hängt in der Regel von der Perspektive des Besitzers ab; es ist einfach unmöglich für die Industrieländer, zu garantieren, daß Keimplasma in Privatbesitz bereitwillig ausgetauscht wird. Das bedeutet auch, daß in öffentlichen Banken gelagertes Material verschiedenen Embargo-Formen unterworfen werden kann, um die Marktinteressen von Unternehmen zu schützen. Obwohl sie sich prinzipiell zum freien Austausch bekennen, sind die Regierungen der nördlichen Länder blind gegenüber juristischen und kommerziellen Hürden, die ihren eigenen uneingeschränkten Austausch von Keimplasma behindern.

Obgleich sie die letzten wären, die sich daran erinnern, haben nördliche Regierungen und Wissenschaftler ihrerseits derartige Embargos verhängt. Nehmen wir zum Beispiel das russische Getreideembargo von 1979/80. Der von den USA als Reaktion auf die sowjetische Invasion in Afghanistan verhängte Boykott schloß trotz des amerikanischen Bekenntnisses zum freien Austausch zwangsläufig Keimplasma ein. Kanadische Regierungsvertreter – von den USA zur Teilnahme an dem Embargo genötigt – haben zugegeben, daß Keimplasma von demselben pauschalen Regierungserlaß mitbetroffen war, mit der Folge, daß die Genbanken etwa sechs Monate lang daran gehindert wurden, Saatgut mit der Sowjetunion auszutauschen.[53]

Daß die Vereinigten Staaten den Austausch von Keimplasma aus politischen Gründen behindern, war während der gesamten achtziger Jahre Gegenstand hitziger Debatten. Eine solche Debatte entzündete sich beispielsweise durch das Bekanntwerden eines Briefes, den das US-Landwirtschaftsministerium (USDA) 1977 an den IBPGR geschrieben hatte.[54] In dem Brief wurde offen zugegeben, daß das von der internationalen Gemeinschaft erhaltene Keimplasma Eigentum der Vereinigten Staaten sei und daß dieses Saatgut den Erfordernissen der amerikanischen Außenpolitik unterworfen sein würde.

Vor der FAO-Konferenz von 1981 bestätigte uns Dr. Quentin Jones, damals für das Keimplasmaprogramm des USDA zuständig und Vorstandsmitglied des IBPGR, daß die in dem Brief von 1977 umrissene Politik nach wie vor Gültigkeit habe. Auf unsere Frage, welche Länder sich auf der «schwarzen Liste» der USA befänden, leugnete er jede Kenntnis von einer solchen Liste, räumte jedoch ein, daß gegen eine Reihe von Ländern tatsächlich Embargos in Kraft seien oder dies früher der Fall gewesen war. Zu diesen Ländern zählten Afghanistan, Albanien, Kuba, Iran, Libyen, Nicaragua und die Sowjetunion.

Aus einem Telegramm der Amerikanischen Botschaft in Rom vom September 1984 an das Außenministerium in Washington geht hervor, daß der Rat über frühere Keimplasmasperren der USA genauestens informiert war:

Williams [Trevor Williams vom IBPGR] bemerkte darin, daß die USA zwar niemals eine Bitte um Keimplasma offiziell abgeschlagen hätten, daß aber in manchen Fällen die Weisung ergangen sei, die Beantwortung von Ersuchen um Keimplasma «aus diplomatischen Gründen» zu verzögern, ihnen nicht zu entsprechen oder sie durch Mittelsmänner (z. B. Kanada) beantworten zu lassen. Nach den Informationen von Williams wurde gegenüber Kuba Anfang der sechziger Jahre und gegenüber Angola Mitte der siebziger Jahre so verfahren.[55]

Wenn all dies für das Außenministerium tatsächlich neu sein sollte, so war es doch der internationalen Fachwelt wohlbekannt. Ein Telex der Amerikanischen Botschaft in Den Haag bestätigte einen Monat später die von Trevor Williams geäußerten Ansichten.[56] In dem Telex wird ein Brief von Jaop Hardon, dem geschäftsführenden Leiter der holländischen Genbank und langjährigem Vertreter der Niederlande in Ron, wie folgt zitiert:

«Schließlich erklären Sie, daß sich die USA zum Prinzip des freien und uneingeschränkten Austauschs von Keimplasma mit allen Nationen bekennen. Ich nehme an, dies bedeutet, daß frühere Restriktionen, die für Länder wie Kuba, Nicaragua und Vietnam galten, in letzter Zeit aufgehoben wurden.»

Ungeachtet all dessen leugnete die amerikanische Regierung – in Rom und zu Hause – auch weiterhin, daß Embargos tatsächlich verhängt worden seien. Hinter den Kulissen geriet das Landwirtschaftsministerium jedoch unter Druck. Jones' Vorgänger Henry Shands, der den Ruf genießt, im amerikanischen Keimplasmaprogramm einen konzilianteren Umgangsstil eingeführt zu haben, trat für eine klare Politik zugunsten des freien und ungehinderten Austauschs ein. Und das USDA beauftragte Paul Fitzgerald, mit den für Handelssperren zuständigen Beamten des Finanzministeriums zu verhandeln. Am 25. Juli 1986 berichtet Fitzgerald: «Ich erhielt einen erfreulichen Anruf und eine höchst willkommene Botschaft von Cheryl Opacinch vom... Finanzministerium bezüglich meiner früheren Bitte, Pflanzenkeimplasma von den Embargos auszunehmen, die die USA über Nordkorea, Kuba, Vietnam, Kambodscha, Nicaragua und Libyen verhängt haben.»[57]

Als das Problem damit immer noch nicht gelöst war, verschickte das USDA ein Memorandum an Schlüsselfiguren der Embargo-Frage in der Reagan-Administration.[58] In diesem Memo vom 12. Februar 1987 wird ausdrücklich eingeräumt, daß die Vereinigten Staaten aus politischen Gründen die Weitergabe von Keimplasma an gewisse Länder gesperrt haben. Die Überschrift sagt schon alles: «Betrifft: Weitergabe bzw. Entgegennahme von Keimplasma an/von unter Embargo fallende Nationen.» In dem Memo heißt es unter anderem:

«a) Die eigentliche Frage scheint zu sein: Hat der Austausch von Keimplasma Vorrang gegenüber der Außenpolitik?

b) Es könnte einer Erklärung des Kongresses bedürfen, die das Keimplasma über die Außenpolitik stellt, um künftig freie Hand zu haben.

c) Wird das Keimplasma ebenso wie Medikamente unter humanitäre Hilfe eingereiht, dann ist es nach wie vor den Exportkontrollen unterworfen.»

Die Welt kann sich keine politische Ambiguität seitens ihres wichtigsten Keimplasmabesitzers leisten. Das amerikanische Zögern, sich an der FAO-Kommission und an dem IUPGR zu beteiligen sowie die Gründung eines Fonds finanziell zu unterstützen, gibt anderen Ländern berechtigten Anlaß zur Sorge. Wenn einer der offensten Staaten der Welt (in bezug auf Keimplasmaaustausch) politische Embargos akzeptiert, dann ist es zweifellos angezeigt, die gesamte Plasmaaustauschpolitik der Kontrolle durch die UNO zu unterstellen.

Zwei Kräfte spielten offenbar zusammen und verhinderten die

«Normalisierung» der amerikanischen Außenpolitik in dieser Frage. Der erste und wichtigste Faktor ist die amerikanische Saatgutindustrie, deren Vertreter an den Konferenzen der FAO-Kommission als Teil der regierungseigenen «Beobachter»-Delegation teilnahmen und eine Änderung dieser Politik blockiert haben. Das zweite ist, daß den Verantwortlichen im USDA klar wurde, daß eine Änderung der Politik den IBPGR früher oder später unter die Kuratel der UNO stellen würde.

Da eindeutige internationale Abkommen fehlen, sind politische Probleme unvermeidlich. Uneindeutigkeit – in Situationen, in denen eine Seite Macht besitzt und die andere nicht – dient in der Regel den Interessen des Mächtigen. Im Falle der genetischen Ressourcen ist es klar, wer aus der Situation Nutzen zieht. Der Süden besitzt das rohe Keimplasma in Wald und Feld, der Norden hat einen Großteil der Plasmaressourcen des Südens in seinen Genbanken eingelagert. Solange der Materialfluß nach Norden anhält, haben die Industrieländer keinen Grund, sich um die Entwicklung zwischenstaatlicher Strukturen und Verhaltensmaßregeln zu kümmern.

Im Mai 1986 kam die Saatgutfrage im Mittelpunkt einer Konferenz der American Association for the Advancement of Science in Philadelphia zur Sprache. Die einwöchige Tagung stand unter dem Motto: «Saatgut und Souveränität: Diskussion über die Kontrolle pflanzengenetischer Ressourcen.» Die gegensätzlichen Standpunkte wurden von M. S. Swaminathan vom IRRI, William Brown von Pioneer Hi-Bred und Jack Kloppenburg von der Universität von Wisconsin vertreten. Nach jahrelangen Diskussionen hinter verschlossenen Türen mußte sich die amerikanische Fachwelt schließlich der Erkenntnis stellen, daß sich der Nord-Süd-Konflikt über die Kontrolle des Keimplasmas nicht einfach in Luft auflösen würde.

Für die Tagungsteilnehmer ging es jedoch nicht in erster Linie um Gummi oder Chinarinde, sondern um Nahrungspflanzen. Kloppenburg war aufgrund von FAO-Daten über landwirtschaftliche Erzeugnisse zu dem Schluß gekommen, daß alle Wawilowschen Zentren voneinander abhängig sind. Selbst die genetisch weitgehend autarken wie Westzentralasien müssen fast ein Drittel des Keimplasmas ihrer Hauptnahrungspflanzen von anderen Zentren beziehen. Doch bei realistischerer kontinentaler Betrachtungsweise besitzen Lateinamerika und Asien eindeutig den Löwenanteil und decken den Genbedarf aller übrigen Kontinente bei allen Fruchtarten zu mehr als drei Vierteln. Der Norden (Australien, Europa und Nordamerika) kann seinen eigenen Bedarf zu weniger als sieben Prozent befriedigen.[59]

Nahrungspflanzen-Autarkie

(Prozentsatz der Selbstversorgung mit Keimplasma
heimischer Hauptnahrungspflanzen)

Ursprungsregion

Industrieländer	6,4
Afrika	12,3
Lateinamerika	52,5
Asien	56,8

Dennoch hat der Norden Kloppenburgs Zahlen für eine «Teile-und-Herrsche»-Strategie herangezogen und behauptet, für bestimmte Regionen der Dritten Welt wäre es sogar von Nachteil, wollte man stets nach den «Ursprungszentren» fragen und die «Spender» genetischer Ressourcen entsprechend entlohnen. Die Vertreter des Nordens versuchen dem Süden also einzureden, daß selbst den weniger gut ausgestatteten Regionen der Dritten Welt das gegenwärtige System zum Vorteil gereicht. Diese Interpretation von Kloppenburgs Aufstellung entspricht hingegen weder den politischen noch den praktischen Realitäten.

Erstens sind die armen Bauern in den Entwicklungsländern im Gegensatz zu den Landwirten der Industriestaaten weitaus weniger von exotischem Keimplasma abhängig, da sie von viel größerer Variabilität umgeben sind. Ihnen steht in der Regel ein viel breiteres Spektrum an Nahrungspflanzen zur Verfügung (Tef in Äthiopien, afrikanischer Reis in Senegal), als in Kloppenburgs Aufstellung enthalten sind (nur zwanzig Nahrungspflanzen).

Zweitens ist die genetische Vielfalt in den in Europa gelegenen Zentren (der Mittelmeerraum und die eurosibirischen Zentren) stärker als in allen übrigen Zentren der Welt von der Erosion betroffen. Außerdem liegt ein erheblicher Teil des mediterranen Zentrums in Afrika (man denke an Weizen und wichtige Futterpflanzen) – ein Beitrag, der Afrika allerdings nur selten «gutgeschrieben» wird.

Die vier von Kloppenburg für Asien benannten Zentren tauschen etliche Nahrungspflanzen untereinander aus und sind uralte Produktionszentren vieler Kulturarten, die aus anderen asiatischen Zentren mit Zugang zu beträchtlicher Vielfalt stammen. Viele der Getreidearten im Mittleren Osten blicken zum Beispiel auf eine lange Geschichte in Indien und China zurück. Der Reis hat sich in ganz Südasien quer über mindestens drei Zentren ausgebreitet.

Aus all den obenerwähnten Gründen liegt die politische «Schmerzschwelle» für Australien, Europa und Nordamerika – mit ihren höchst einförmigen Pflanzensorten und ihrer mechanisierten Nahrungsmittelverarbeitung – viel niedriger als für Afrika, Asien oder Lateinamerika.

Die obige Tabelle basiert auf Kloppenburgs Untersuchung und gibt die Situation des Nordens und Afrikas, Asiens und Lateinamerikas wieder.

Die große Abhängigkeit des Nordens geht aus der kleinen Tabelle oben eindeutig hervor. Doch Afrika scheint in einer nicht viel besseren Lage zu sein. Dies ist teilweise auf die Auswahl der zwanzig Fruchtarten zurückzuführen (so ist zum Beispiel die Hauptfruchtart Äthiopiens, Tef, nicht aufgeführt), teilweise entspricht es jedoch der Realität. Aber auch für Afrika liegt die Schmerzschwelle viel höher, als es aus den Zahlen hervorgeht, da viele ausländische Fruchtarten wie Weizen und Gerste in Afrika eine lange Vorgeschichte haben und auch hier die meisten Bauern mit viel größerer pflanzlicher Vielfalt arbeiten als die Landwirte des Nordens.

Stichwort Biopolitik. Von frühester Zeit an sind Besitz und Kontrolle von Pflanzen und ihrer Vielfalt viel mehr gewesen als bloß wissenschaftliche oder technische Fragen. Sie haben eine eminent politische Bedeutung und werden diese auch künftig behalten. Der Besitz, die Kontrolle und Nutzung genetischer Vielfalt war zumindest teilweise entscheidend für den Aufstieg, aber auch den Fall großer Reiche verantwortlich, für die Anhäufung und den Verlust riesiger Vermögen sowie nicht zuletzt darüber, ob Menschen in Überfluß leben oder aber Hunger leiden.

Zu oft wird die Geschichte aus der Perspektive eines Wissenschaftlers oder Pflanzenzüchters, eines Unternehmens oder eines Industrielandes dargestellt – aus der Sicht derjenigen also, die viel haben und noch mehr benötigen. Die Versuchung ist groß, ihre Bedürfnisse und nur sie allein als legitim anzusehen. Leicht erliegt man der Verlokkung, zu argumentieren, daß jedes effektive beziehungsweise effiziente Konservierungssystem darauf abzielen müsse, ihnen zu dienen. In diesem wie im nächsten Kapitel haben wir versucht, dem legitimen Bedarf der Industrie die sehr realen Bedürfnisse der Bauern selbst gegenüberzustellen. Der logische nächste Schritt ist, zu prüfen, was geschieht und was geschehen könnte, um genetische Vielfalt in einer Weise zu erhalten, die nicht bloß einigen, sondern allen zugute kommt.

Die Zukunft
hat längst begonnen

Wir müssen es als eine entscheidende Verantwortung ansehen, nicht zu zerstören, was wir noch nicht begreifen und also nicht wiederherstellen können.

R. J. Goodland und H. S. Irwin

Wie ist die Krise der genetischen Erosion unter den Legionen von Desastern einzuordnen, die die menschliche Spezies erwarten? Was wird uns als erstes erwischen? Der Verlust an genetischer Vielfalt? Der Atomkrieg? Der Treibhauseffekt? Das Ozonloch? Das Fernsehen? Der saure Regen? Die Bodenerosion?

Wem die Zukunft der Menschen und unseres Planeten am Herzen liegt, der braucht nicht Russisches Roulett zu spielen. Im Grunde lassen sich all diese Probleme auf die Frage sozialer Gerechtigkeit und angemessenen staatlichen Handelns reduzieren. An einem Problem zu arbeiten muß nicht bedeuten, die anderen aus den Augen zu verlieren. Dieses Buch dient nicht dem Zweck, jemanden von seinem Engagement für atomare Abrüstung oder gegen Umweltverschmutzung abzubringen, damit er oder sie sich nur noch der Saatgutfrage widmet.

Aber wir wollen auch nicht die Bedeutung herunterspielen, die wir der Erhaltung und Nutzung genetischer Ressourcen beimessen. Die genetische Erosion – kein neues Problem – droht, sich in dem Maße zu beschleunigen, in dem die Biotechnologie neue und attraktivere Sorten für die Landwirtschaft entwickelt. Wir dürfen zwar in unseren Anstrengungen um die Erhaltung genetischer Vielfalt nicht nachlassen. Aber wir sollten auch Verbindungen zwischen dieser und anderen Fragen herstellen. Ein sehr beunruhigendes Beispiel für die Notwendigkeit, die Vernetzung der Probleme zu begreifen, möge genügen.

In den vorangegangenen Kapiteln haben wir von der Notwendigkeit der Erhaltung von Vielfalt gesprochen, weil sie von eminenter Bedeutung für die Evolution, die Pflanzenzucht, eine ökologisch vertretbare Landwirtschaft, für die menschliche Ernährung, ja für die Kultur und das Selbstbewußtsein der Völker ist. Im folgenden untersuchen wir kurz den Zusammenhang zwischen genetischer Vielfalt und Militär.

Die Römer hatten die richtige Perspektive. Sie respektierten nicht nur Mars, den Gott des Krieges, sondern auch Robigus, den Gott des Weizenrosts. Beide, wußten sie, waren Killer. Wenn wir eine verrückte Wette abschließen müßten, dann würden wir darauf setzen, daß die Welt den atomaren Holocaust mehr zu fürchten hat als den Weizenrost. Aber ebenso wie die Römer sollten wir uns nicht zu sehr festlegen, denn das Zeitalter der Biotechnik vereinigt Mars und Robigus und führt Krieg mit Hunger und Krankheit.

Rom war die biologische Kriegführung nicht fremd. Wie aus Berichten hervorgeht, wurde schon in antiker Zeit die Methode der Brunnenvergiftung gegeißelt. Im Mittelalter trugen die Mongolen zur Verbreitung der Pest in Europa bei, indem sie die Leichen von Pestopfern mit ihren Wurfmaschinen über die Mauern belagerter Städte schleuderten. Jahrhunderte später schenkten die Briten amerikanischen Indianerstämmen Decken, die mit Pocken infiziert waren, um «diese gräßliche Rasse auszurotten». Im Ersten Weltkrieg wurde von Deutschland Giftgas eingesetzt.[1]

Im Zweiten Weltkrieg war jede Großmacht mit Krankheitserregern und chemischen Kampfstoffen ausgerüstet. Die Briten experimentierten auf einer schottischen Insel, die bis zum heutigen Tag unbewohnbar ist, mit Anthrax (Milzbrand). Die Amerikaner häuften riesige Vorräte an Giftgas an und errichteten in Indiana eine Anlage zur Massenproduktion tödlicher Krankheiten.[2]

Japan errichtete in der Nähe von Pingfan in der Mandschurei eine riesige Forschungs- und Testanlage, wo dreitausend Menschen an einigen der tödlichsten Krankheiten der Welt arbeiteten: Milzbrand, Cholera, Typhus, Pest, Rotz (Malleus), Tsutsugamushi, Pocken und Tuberkulose. Auch Pflanzenkrankheiten wurden erforscht. Aus den Aufzeichnungen über diese Experimente, die die Vereinigten Staaten nach dem Krieg im Gegenzug für den Verzicht auf Anklage wegen Kriegsverbrechen in die Hände bekamen, ging hervor, daß für diese Zwecke Hunderte von Schafen, Pferden, Mäusen und Meerschweinchen geopfert wurden.

In den Aufzeichnungen fanden sich außerdem zahlreiche Hinweise auf Experimente mit Affen. Jahre später gelang Forschern der Nachweis, daß die «Affen» in Wirklichkeit Menschen waren – russische, chinesische, koreanische, britische, australische und amerikanische Kriegsgefangene –, insgesamt mindestens dreitausend.[3]

In neuerer Zeit gibt es eine Fülle von Indizien, die darauf hindeuten, daß die Amerikaner im Korea-Krieg biologische Waffen (Milzbrand, Cholera, Pest und Pocken) einsetzten. Und die Vereinigten Staaten werden immer noch beschuldigt, für das erste Auftreten der tödlichen afrikanischen Schweinepest in der westlichen Hemisphäre, 1971 in Kuba, verantwortlich gewesen zu sein. Etwa zur gleichen Zeit gaben CIA-Mitarbeiter in einer Anhörung vor dem Senatsausschuß über Geheimdiensttätigkeit zu, «Methoden und Systeme zur Ausführung heimlicher Angriffe auf Pflanzenkulturen, die schwere Ernteeinbrüche bewirken», entwickelt zu haben.[4] Nach dem Zweiten Weltkrieg starteten die Vereinigten Staaten sogar ein massives Programm zur Erprobung biologischer Waffen im eigenen Land und mit der eigenen Bevölkerung als Versuchskaninchen. Angeblich harmlose Bakterien wurden im New Yorker U-Bahn-Netz, im National Airport von Washington, in ganz San Francisco, in Viehhöfen des Mittelwestens und an Dutzenden anderen Orten – einschließlich Winnipeg/Kanada – versprüht.

Trotz dieser Vorgeschichte blieb der Einsatz biologischer Waffen bis vor kurzem problematisch. Um effektiv angewandt werden zu können, müßte der Angreifer imstande sein, sich vor den Auswirkungen seiner eigenen Waffen zu schützen. Zielgenauigkeit war aber schwer zu erreichen. Um sich greifende Krankheiten drohen ständig, auch den Aggressor heimzusuchen. Außerdem war und ist biologische Kriegsführung verpönt. Länder, die stolz darauf sind, Feindesland durch Bomben dem Erdboden gleichgemacht zu haben, hüllten sich über ihre biologische und chemische Waffentechnik in Schweigen. Die meisten Staaten haben schließlich entsprechende internationale Konventionen, die biologische Kriegführung ächten, mitunterzeichnet.

Das Aufkommen der Biotechnologie erfüllte die Mikrobenkrieger mit neuer Hoffnung. Mit ihrer Hilfe lassen sich Krankheitserreger noch ansteckender machen; in gutartige Organismen kann man schädliche Gene einsetzen; und die neuen Geschöpfe können gegen bekannte Antikörper und Impfstoffe resistent gemacht werden. Die Biotechnik hat zudem eine größere Treffsicherheit ermöglicht. Und sie löst sogar das Problem des uralten gesellschaftlichen Tabus. Wer kann schon sagen, ob der neue Erreger die natürliche Mutation einer alten Krankheit oder das Produkt militärischer Wissenschaftler ist? Unter dem Mikroskop läßt sich das jedenfalls nicht feststellen.

In den USA kehrte Präsident Ronald Reagan den von den drei vorangegangenen Administrationen praktizierten Kurs um und begann eine massive Anhäufung chemischer und biologischer Waffen. Während der Reagan-Jahre wuchs der Etat für das chemische und biologische Rüstungsprogramm auf eine Milliarde Dollar jährlich. Bereits in Reagans erster Amtszeit stieg die Anzahl militärischer Projekte unter Verwendung von rekombinierter DNS und monoklonalen Antikörpern von null (1980) auf über einhundert. Gleichzeitig nahm die Unterstützung der Bundesregierung für die nichtmilitärische Universitätsforschung in den Biowissenschaften ab.

Obzwar exotische biologische Waffen, die für den gezielten Einsatz gegen Menschen entwickelt werden, gelegentlich Schlagzeilen machen (so zum Beispiel die Enthüllung, daß wahrscheinlich sowohl die Vereinigten Staaten wie die UdSSR daran arbeiten, in Grippeviren Gene einzuschleusen, die für Kobragift kodieren), ist der praktikabelste und wahrscheinlichste Anwendungsbereich biologischer Waffen die Landwirtschaft.

Biowaffen, die sich gegen die Landwirtschaft richten, erregen weniger Mißtrauen. Es ist nicht notwendig, die eigene Bevölkerung gegen eine exotische Krankheit zu impfen. In der Dritten Welt als verdeckte Kriegführung angewandt, könnten sie ungeheuer effektiv sein. Durch die Vernichtung der Kaffee-Ernte eines Feindes erreicht man vielleicht mehr und mit geringeren Kosten und Risiken, als wenn man die Marines hinschickt. Und man könnte es «überzeugender leugnen», da Pflanzenkrankheiten mit geringem Risiko der Entdeckung entwickelt, produziert, gelagert und verbreitet werden können. Fände eine solche Kriegführung heute statt, dann würden wir es de facto wahrscheinlich nicht wissen.

Da sie unentdeckbar sind, entziehen sich biologische Waffen auch der Überwachung. Keine Regierung kann die Gewißheit haben, daß andere Staaten nicht über verborgene Lager verfügen. Auch die CIA behielt einen kleinen Vorrat an Krankheitserregern, obwohl 1969 ein Befehl des Präsidenten erging, sie zu vernichten.

Durch die Biotechnik werden die genetischen Ressourcen sowohl zur Saat des Lebens wie zur Saat der Vernichtung. Während Regierungen Milliarden dafür aufwenden, neue und noch tödlichere Krankheiten zu entdecken und zu entwickeln, konzentrieren sich andere darauf, Krankheits- und Schädlingsresistenz in Form genetischer Vielfalt zu erhalten. All das Unheil, das die Biotechnik ermöglicht, stellt einen weiteren Grund dar, über die Kontrolle und Konservierung genetischer Ressourcen besorgt zu sein – geht es doch um die Bewahrung unserer Optionen für die Zukunft. Können wir es uns leisten, die Vielfalt wegzuwerfen, die uns vielleicht helfen könnte, die Landwirtschaft selbst nach Verwüstungen durch biologische Kriegführung wiederaufzubauen? Können wir riskieren, in diesem Zeitalter der Biotechnik die Vielfalt zu verlieren?

Rückbesinnung in Äthiopien

Anfang der siebziger Jahre sammelte ein Wissenschaftler der Purdue-Universität Sorghum in Äthiopien. Einige Jahre später erfuhren wir, daß er seinen äthiopischen Gastgebern eine Kopie seiner Laboranalyse der vorgefundenen Kulturpflanzen geschickt hatte. Dem Bericht zufolge hatte er «entdeckt», daß eine seiner Sorghumproben einen sehr hohen Proteingehalt und ausgezeichnete Backeigenschaften aufwies. Er hätte sich Laborzeit sparen können, wenn ihm eingefallen wäre, den Bauern, der ihm die Samen gab, nach deren Eigenschaften zu fragen. Die Äthiopier nennen diese Sorte *sinde lemine*, zu deutsch «wozu Weizen?».

Als Yilma Kebede die Geschichte erzählte, schüttelte er sich buchstäblich vor Lachen. Dr. Yilma erwähnte auch eine andere eiweißreiche Sorghumsorte, die von den Einheimischen «Milch in meinen Wangen»[5] genannt wird. Als Teamleiter für Sorghumzucht am Forschungsinstitut in Nazret hat Yilma einen gesunden Respekt vor den äthiopischen Bauern und ihrem Beitrag zur Sorghumzucht entwickelt. Mit ernster Miene erinnerte er sich an einen Besuch von Ciba-Geigy-Vertretern, die seiner Regierung Hybrid-Sorghum verkaufen wollten. «Das gehört doch uns», sagte er. «Soghum stammt von hier, aus Äthiopien.»[6]

Yilmas Kollege Dr. Melaku Worede teilt sowohl seine Irritation wie auch seine Lösungsvorschläge. Melaku ist mit einer der schwierigsten und wichtigsten Aufgaben in der Welt betraut. Er leitet das Pflanzengenetische Ressourcen-Zentrum und damit das genetische Konservierungsprogramm für Äthiopien.

Äthiopien kann für sich genommen als ein Wawilowsches Zentrum betrachtet werden. Seine phantastische Landschaft aus Bergen, Tälern und Hochplateaus, kombiniert mit einer langen Geschichte der Kultivierung, machen Äthiopien zu einem der botanisch vielfältigsten und bedeutendsten Länder des Erdballs. In Äthiopien sind viele der wichtigsten Weltnahrungspflanzen wie Sorghum und viele andere Hirsesorten sowie der Kaffee entsprungen. Weniger bekannt außerhalb des Landes ist das Abessinische Liebesgras oder Tef, das immer noch das Hauptnahrungsmittel darstellt. Eine jahrtausendelange Tradition des Ackerbaus hat die Region darüber hinaus zu einem sekundären Zentrum der Vielfalt auch für Weizen und Gerste gemacht.

Wie Melaku Worede zu Recht hervorhebt, ist das abwechslungsreiche Terrain seines Landes nur der eine Aspekt der Geschichte. Der andere sind seine Menschen. «Bauern zeigen mir ihr Saatgut, und ich schaue mir die Gerste, den Tef oder das Sorghum an, und ich kapiere nichts. Für mich sieht das alles gleich aus. Aber der Bauer greift sich eine Handvoll Körner heraus und erklärt mir, daß diese gut für diesen Boden und jene gut für jenen sind, daß diese Samen gutes Injura ergeben [äthiopisches Brot, das mit Sauerteig gemacht wird] und so weiter. Ich bin zwar der ausgebildete Wissenschaftler, aber der Bauer kennt seine Samen.»

Durch solche Erfahrungen bescheiden geworden, arbeiten Melaku Worede und sein hochspezialisiertes Team eng mit den äthiopischen Bauern zusammen, um die pflanzengenetische Vielfalt zu erhalten. Sie sind sich nur zu deutlich bewußt, daß aus Laboruntersuchungen über Ertrag und Nährstoffgehalt nicht der wahre Wert einer Samenprobe hervorgeht.

Wenn die äthiopischen Pflanzenforscher sammeln gehen, dann nehmen sie Fragebögen mit, die sie zusammen mit den Bauern ausfüllen. Tatsächlich kann ein Großteil der Dokumentations- und Evaluationsarbeit gemeinsam mit den Bauern gleich vor Ort erledigt werden. Während der Dürrezeit beteiligten sich die Bauern noch stärker und halfen in zwei der am schlimmsten betroffenen Regionen direkt beim Sammeln.[7]

Obwohl die äthiopische Genbank ursprünglich von westdeutscher Seite erbaut wurde, haben die Äthiopier die volle Kontrolle darüber. Ihre Mitarbeiter sind in Schweden, der Sowjetunion, Kanada und den

Vereinigten Staaten ausgebildet worden. Die Keimungsraten werden ebenso wie Temperatur und Feuchtigkeit genau kontrolliert. Das Saatgut wird vor der Lagerung handgereinigt und inspiziert. Alle Angaben werden doppelt überprüft und ordnungsgemäß in einem Computer abgespeichert. Wenn es Stromschwankungen gibt, dann läutet die Alarmglocke nicht nur in der Bank, sondern auch in Melakus Schlafzimmer zu Hause.

Dennoch sind die Äthiopier überzeugt, daß selbst diese Vorsichtsmaßnahmen nicht ausreichen. Zusammen mit der Ethiopian Seed Corporation arbeitet Melaku an der Einrichtung eines vollen Dutzends kleinerer Saatgutspeicher, die es ermöglichen sollen, die Samen jeder Region auch vor Ort zu lagern. Diese «Banken» werden nicht aufwendig sein, aber sie könnten Schutz gegen künftige Dürrezeiten bieten. In solchen Krisenzeiten könnten die Bauern von diesen Regionalbanken Saatgut beziehen, das an die örtlichen Verhältnisse bestens angepaßt ist. Da die Bauern immer wieder in die Lage kommen, ihre für das nächste Jahr bestimmte Aussaat aufzuessen, um nicht verhungern zu müssen, waren sie häufig gezwungen, für den nächsten Anbau auf Hilfslieferungen und importiertes Saatgut zurückzugreifen. Das hatte nicht selten katastrophale Folgen: Das importierte Saatgut erweist sich häufig als Fehlschlag, und das alte, an die örtlichen Verhältnisse angepaßte Saatgut ist – für immer – verschwunden. Melaku weiß, daß Äthiopien nie imstande sein wird, eine autarke Landwirtschaft aufzubauen, wenn die traditionellen, an die äthiopische Umwelt angepaßten Sorten nicht erhalten bleiben. Der Hunger würde dann zu einem Dauerzustand. Ein an die Weltbank gerichtetes Gesuch um Finanzierung solcher Regionalbanken wurde jedoch abgelehnt.[8] Aus privaten kanadischen Quellen und kirchlichen Organisationen ist zwar Unterstützung zugesagt, aber nicht genug.

Die internationale Gemeinschaft hat den traditionellen äthiopischen Saaten und Fruchtarten nie den ihnen zukommenden Stellenwert eingeräumt. Die Statistiken, die über die Ernten des Landes von den späten vierziger Jahren an existieren, enthalten bis in die frühen siebziger Jahre keinerlei Angaben über die äthiopische Hauptnahrungsquelle, Tef. Von null im Jahr 1948 hat der Tef bis 1972 über 27 Prozent der Anbaufläche erobert. Ein halbes Dutzend andere traditionelle Fruchtarten – alle wichtig für die regionale Ernährung – sind ebenfalls ignoriert worden.

Abgesehen von dem meteorhaften Anstieg des Tef-Anbaus haben

sich in der äthiopischen Landwirtschaft auch bei Mais, Weizen und Hafer große Veränderungen vollzogen. Bereits Ende der siebziger Jahre wurden 37 Prozent des Weizenlandes mit «verbesserten» bzw. «hochreaktiven» Sorten bestellt.[9] Und dies verstehen wir nicht als Fortschritt. Wo einst Hunderte, wenn nicht Tausende verschiedene Sorten wuchsen, beherrschen jetzt ganze vier die Landschaft.[10] Die Haferproduktion ist in Äthiopien erst Mitte der siebziger Jahre zu einem statistischen Faktor geworden. Traditionelle Fruchtarten sind inzwischen neuen Kulturpflanzen gewichen, die vorwiegend als Viehfutter verwendet werden.

Und die ruhmreichste Zukunft scheint dem Mais beschieden zu sein, der mit dem Beginn der grünen Revolution an Bedeutung gewann. Allein zwischen 1972 und 1979 stieg der Anteil von Mais an der gesamten Agrarproduktion des Landes von zehn auf fast 18 Prozent. Heute beherrscht eine einzige Sorte nahezu alle Felder.[11]

In dem Maße, wie sich Mais, Hafer und neue Weizensorten ausbreiteten, sind alte Fruchtarten wie Tef, Gerste und auch Sorghum zurückgegangen. Über das Schicksal von Feldfrüchten der armen Leute ist nichts bekannt, wohl aber über das Schicksal der Leute selbst. Als Jan Engels – ein holländischer, an der äthiopischen Genbank tätiger Agronom – 1985 mit seiner Familie unterwegs war, fuhr er kilometerlang an, wie er glaubte, Zwiebelfeldern vorüber. Erst als er aus dem Auto ausstieg und die Pflanzen näher inspizierte, erkannte er, daß er den Tod der Maisernte vor sich hatte.[12] Der Hochertragsweizen erlitt dasselbe Schicksal: er verdurstete.

Die äthiopische Hungersnot hatte viele Ursachen – Überweidung, Wasserversorgungsprobleme, politische Machenschaften und die Dürre selbst. Was aber unter diesen Problemen unbemerkt blieb, war der Druck, der von ausländischen «Fachleuten» auf Äthiopien ausgeübt wurde, seine dürreresistenten Fruchtarten zugunsten der von der grünen Revolution propagierten Sorten aufzugeben. Die alten Sorten mögen ertragsschwach gewesen sein, aber sie benötigten nicht viel Wasser, sie blieben auch nach langen Dürreperioden keimfähig, und am Ende der Saison gab es immer irgend etwas zu ernten. Ob Tef die nahrhafteste Pflanze der Welt ist, wissen wir nicht (die Forschung ist so begrenzt, daß es niemand mit Sicherheit sagen kann), aber sie muß als eine der widerstandsfähigsten angesehen werden. Noch 1985 sprachen aber die Vertreter eines bilateralen Lebensmittelhilfe-Ausschusses (der Spenderländer) zumindest unter sich davon, die äthiopische

Regierung unter Druck zu setzen, ihr Tef-Saatgut gegen modernen Hochertragsmais auszutauschen.[13]

Während der ganzen Hungersnot sandte das Zentrum für Pflanzengenetische Ressourcen fast täglich Wissenschaftler in Jeeps und auf Eseln aus, um auf den Feldern, in Silos und in den Bergen nach Samen traditioneller Sorten zu suchen, die sonst vielleicht ausgestorben wären. Melaku Worede und seine Kollegen von der Ethiopian Seed Corporation sind sich bewußt, daß die Nahrungsversorgung Äthiopiens vom Überleben der alten Landsorten abhängen könnte.

Die Saat der Revolution

Auf einem anderen Kontinent mußte Nicaragua unter ähnlich belastenden Bedingungen die gleiche Lektion lernen. Das Wohl der Kleinbauern und das Überleben der Nation hängen von der Schaffung eines unabhängigen Systems landwirtschaftlicher Selbstversorgung ab. Und ein solches System ist seinerseits an Saatgut gebunden, das an die Lebensräume und gesellschaftlichen Bedingungen des Landes angepaßt ist.

Einst war Nicaragua die Drehscheibe für den Saatgutvertrieb von Pioneer Hi-Bred in Zentralamerika. Aber das Unternehmen zog sich nach der Revolution von 1979 aus dem Land zurück und nahm den größten Teil seines ausgebildeten Personals mit, zu dessen Aufgaben gehörte, die Saaten zu säubern und zu klassieren und den Maschinenpark am Laufen zu halten. Die Sandinisten standen nun allein vor einer Einrichtung, die für die örtlichen Bedürfnisse zu komplex und hochgezüchtet war. Also gingen sie daran, alles über Saatgutbereitung und -vermarktung zu lernen, was sie wissen mußten. Das Resultat ist Emprasem, ein Komplex unattraktiver hoher Holzschuppen, die an der Peripherie von Managua wie Güterwaggons aneinandergereiht sind. Abgesehen von einigen brandneuen dänischen Samentrocknern, einem Geschenk des kanadischen Kinderrettungsfonds, und einigen anderen Ausrüstungsgegenständen, die von einer kanadischen Entwicklungshilfeorganisation gespendet wurden, werden die Maschinen, die in den großen Schuppen Staub aufwirbeln, buchstäblich von Gebeten und Draht zusammengehalten.

Auch das Saatgut machte den neuen Pflanzenzüchtern Probleme.

Im Jahr zuvor waren von einem internationalen Unternehmen Maissamen gekauft worden. Das Unternehmen vergaß aber, die Nicaraguaner über die unterschiedlichen Aussaatzeiten zu informieren. Als die weiblichen Pflanzen fortpflanzungsfähig waren, hatten die männlichen noch nicht einmal die Pubertät erreicht. Und dabei hatte der Konzern 15 Cents pro Samenkorn verlangt.

Ein paar Tage später, im nördlichen Esteli, wollte uns der 21jährige Leiter der regionalen Landwirtschaftsforschungsstation nicht gehen lassen, bevor wir seine Kartons voll importiertem Saatgut inspiziert hatten: alte Samen, gebeizte Samen, zerfallene Samen und eine amerikanische Knoblauchsorte, die überhaupt nicht gekeimt hatte. Genaue Angaben sind zwar nicht zu bekommen, aber diese Saatgutimporte kosten Nicaragua ein kleines Vermögen an Devisen. Bis zum Embargo von 1985 war Nicaragua einer der größten Abnehmer amerikanischen Saatguts gewesen. Im Jahr zuvor hatten sie allein für Sorghumsamen 648 000 $ bezahlt.

Humberto Tapia, damals Landeschef für Pflanzenzucht und -importe, möchte Nicaragua aus dieser Abhängigkeit befreien. Der in ganz Zentralamerika angesehene Wissenschaftler schilderte uns die Vielfalt der Mais- und Bohnenarten, die er auf dem Lande angetroffen hat.

Eines Abends schütteten die beiden einzigen Bohnenzüchter des Landes, Diane Palaez und Aurelio Ilano, einen großen Sack mit Hunderten von Bohnen vor uns aus. Selbst ein Laie konnte sehen, daß jede Bohne anders war. Palaez und Ilano sprachen begeistert von den Kocheigenschaften der einen («schnelles Garwerden bedeutet geringeren Brennstoffverbrauch») und der Krankheitsresistenz einer anderen Art («die läßt nichts an sich heran»). Ilano zeigte uns Vergleichszahlen der Testergebnisse von Bohnensorten der grünen Revolution, wie sie vom Internationalen Zentrum für Tropische Landwirtschaft (CIAT) propagiert worden waren, und verbesserter einheimischer Landsorten. Die Versuche hatten gezeigt, daß die CIAT-Sorten den einheimischen Champions unter idealen Bedingungen und bei hohem Input an Agrochemie eindeutig überlegen waren. Unter allen anderen Bedingungen erwiesen sich die CIAT-Bohnen jedoch als unzuverlässig und blieben hinter den einheimischen Sorten zurück.

Die Nicaraguaner exportierten inzwischen drei dieser einheimischen Bohnensorten mit den provozierenden Namen «Revolution 79, Revolution 82 und Revolution 83» nach Costa Rica, Honduras und

El Salvador, wo sie allerdings unter der Bezeichnung R-79, R-82 und R-83 geführt werden.

Nicaragua exportiert auch Baumwollsorten, und manche der einheimischen Maisarten erscheinen vielversprechend. Nicht die ganze Entwicklungsarbeit hat mit der Revolution begonnen, aber Tapia und sein Stab genossen schnell die energische Unterstützung von Jaime Wheelock, Nicaraguas ehemals tatkräftigem Minister für landwirtschaft und Bodenreform. Der junge Wheelock, von Beruf Anwalt und Sozialhistoriker, gab zu, vom Maisanbau nichts zu verstehen. Aber mit seiner erfolgreichen Bodenreform und seiner Unterstützung der neuen Genossenschaftsformen hatte er sich die Achtung der Campesinos und der internationalen Gemeinschaft erworben. Er war zugleich er erste, der auch die negativen Aspekte nicht verschwieg – zum Beispiel, daß eines der gefährlichsten Chemiegifte der Welt immer noch per Hand auf den Baumwollfeldern versprüht wird. In einigen Punkten vertrat er eine entschiedene Auffassung: Nicaragua dürfe sich nicht von Saatgutimporten abhängig machen, weil sie zu kostspielig und politisch unzuverlässig seien. Um sich gegen natürliche oder künstlich hervorgerufene Pflanzenkrankheiten zu schützen, müßten die Campesinos Zugang zu den verschiedensten hochwertigen einheimischen Sorten haben. Wheelock versicherte, daß Nicaragua über große Reserven an pflanzengenetischer Vielfalt verfüge, die genutzt werden müßten.

Die Leistungen von Humberto Tapia und seinem kleinen Stab von Wissenschaftlern gaben für Wheelock die Richtung vor, die die nicaraguanische Landwirtschaft einschlagen sollte. Das fehlende Bindeglied war eine organisierte Kampagne zur Sammlung und Evaluierung der genetischen Ressourcen Nicaraguas. Mit dieser Aufgabe wurden 1984 der stellvertretende Minister Francisco Berrios und Forschungsdirektor Bayardo Serrano betraut.

Berrios und Serrano hielten ein nationales genetisches Ressourcenprogramm für vorranging, das vorsah, mindestens neuntausend Samenproben zu sammeln und innerhalb von zwei Jahren Tapia und anderen mindestens vier brauchbare neue Sorten zur Weiterzucht zur Verfügung zu stellen. Der Plan enthielt darüber hinaus die Errichtung sowohl einer langfristigen als auch dreier mittelfristige Genbanken.

Ende 1984 hatte Wheelocks Team vier Agrarwissenschaftler mit dem Sammeln und der Evaluation des Pflanzenmaterials beauftragt. Außerdem hatte die Regierung den Wissenschaftlern eine Insel für die Tierzucht und zur Saatgutverjüngung überlassen. Weiteres Land stand in der Nähe von Managua zur Verfügung.

Allein durch diese Maßnahmen verfügte Nicaragua über eine besser durchdachte Konservierungsstrategie, als sie für das Amazonasgebiet vorhanden ist. Daniel Querol, der junge, engagierte Genetiker, der von Berrios mit der Leitung der Kampagne beauftragt wurde, war noch einen Schritt weitergegangen. Querol, der über große internationale Erfahrung in der Sammel- und Dokumentationsarbeit verfügt, hatte erkannt, daß es besser sein würde, die Campesinos an den Projekten zu beteiligen. Eine Schlüsselrolle bei der neuen Strategie spielte der Plan, gefährdete Landsorten von den Kleinbauern und Genossenschaften auf ihrem eigenen Land konservieren zu lassen. Um die Bedeutung dieser Sorten hervorzuheben und die Teilnehmer für einen Rückgang der Produktivität zu entschädigen, bot Querol den Bauern etwa neun Dollar pro Landsorte. Die meisten Bauern haben allerdings auf das Geld verzichtet.

In den wenigen Jahren der Konservierungskampagne Nicaraguas ist sie zu einem Modell für Lateinamerika geworden. Mehr als die Hälfte des gesamten landwirtschaftlichen Forschungsetats wurde bald der Sammlung und Nutzung genetischer Ressourcen gewidmet.[14] Ein multidisziplinäres Team von dreißig Agronomen und Technikern durchstreifte die Felder und Wälder und sammelte alles von Bohnen und Arzneipflanzen bis zu alten Rinderrassen. Trotz regionaler politischer Spannungen hatte Nicaragua die anerkannte Führung in Theorie und Praxis inne.

Mitte 1985 trat das langerwartete US-Handelsembargo in Kraft, und Nicaragua verlor den Zugang zu seiner wichtigsten traditionellen Saatgutquelle. Auch von den Keimplasmaressourcen – selbst jenen, die Nicaragua den Vereinigten Staaten zur Lagerung überlassen hatte – war das Land damit abgeschnitten. Obwohl das Embargo ein schmerzhafter Schlag war, waren Wheelock und seine Kollegen zuversichtlich, daß ihr rechtzeitiges Eintreten für das Sammeln von Keimplasma und die Saatgutproduktion sie vor dem Schlimmsten bewahren würde.

Die Contras schienen derselben Meinung zu sein. In Managua wurde eines Nachts ein Lagerhaus für Gemüsesaatgut in die Luft gesprengt.[15] Agronomen, die in der Nähe der Atlantikküste an Bananenplasma arbeiteten, wurden angegriffen und waren gezwungen, um ihr Leben zu kämpfen. Die Bäume kamen nicht so glimpflich davon; viele wurden niedergebrannt. Eines Abends begleiteten wir Daniel Querol in der Nähe von Esteli in eine neue Genossenschaft, um dort die Kartoffelsaat zu inspizieren. Die Frauen und Männer, die von den Feldern nach Hause kamen, trugen auf einer Schulter Säcke mit Saatkartoffeln und auf der anderen Karabiner.

Stern, Mond, Kugel oder Stimmzettel?

Vor einigen Jahren widmete Stevie Wonder den Samen ein Plattenalbum mit dem Titelsong «A Seed's a Star.» Für Dr. Daisy Dharmaraj, der Leiterin eines ländlichen Aufbau- und Katastrophenhilfsdienstes namens PREPARE, der von Madras in Südindien aus operiert, ist das Samenkorn ein Mond. Auf einer Reihe von Batiken einer einheimischen Künstlerin werden der Mond und werden Samenkörner dargestellt und mit der Frage unterlegt: «Wem gehört der Mond?» «Wem gehört der Samen?» Die Batiken sind Bestandteil einer von den Dörfern ausgehenden Kampagne, vor Ort traditionelle Pflanzensorten zu sammeln und zu konservieren. Bauern und lokale Organisationen sind sich nicht nur der Notwendigkeit bewußt, Saaten zu retten, sondern haben auch erkannt, daß dies am besten auf Gemeindeebene geschieht. Sozial und technologisch ist die nationale Genbank in New Delhi zu weit entfernt.

Bisher sind die Bemühungen, Samen zu sammeln, unsystematisch gewesen, aber die Notwendigkeit ist erkannt und der Wille vorhanden. Als Eva Lachkovics (vom Internationalen Fonds zur Förderung der Landwirtschaft und dem Österreichischen Institut für Internationale Zusammenarbeit) Yhanjavur, eine Stadt in Tamil Nadu, besuchte, traf sie Bauern an, die mit PREPARE auf der Suche nach alten Reissorten zusammenarbeiteten, welche inzwischen nur noch in den abgelegensten Dörfern zu finden sind. Weiter nördlich, in Ahmedabad, fand sie Korah Mathan und die Dorfgruppen, mit denen er kooperiert, noch besser organisiert. Die dortigen Gruppen, die bereits Workshops über traditionelle Reissorten und die Probleme von Hochreaktionssaaten veranstaltet haben, befinden sich ebenso wie Gruppen in Auroraville bereits mitten in der praktischen Konservierungsarbeit und stehen mit den verschiedensten Organisationen in anderen Teilen Indiens in Verbindung. Auch hier wird die Tätigkeit der

Regierung weder als zuverlässig noch als ausreichend angesehen. Die Bauern müssen die Verantwortung für ihre eigene Vielfalt selbst übernehmen.

Für Didi Soetomo aus Zentraljava in Indonesien ist das Samenkorn eine Kugel, die auf das Herz des Bauern zielt. Seine Organisation, Yayasan·Sosial Sidomakmur, arbeitet in den Dörfern mit den Bauern zusammen. Als wir ihn durch ein Dorf und an Reisfeldern vorbei begleiteten, wies er uns auf die modernen Reissorten IR-36 und IR-38 hin und äußerte seinen Unmut über die Kosten von Saatgut, Düngemitteln und Pestiziden.

Soetomo und seine Kollegen vertreten die Auffassung, daß traditionelle Reisarten oft verläßlicher, nahrhafter und auch billiger anzubauen sind. Die Bauern können sich die Reissorten der grünen Revolution nicht leisten, aber die Regierung hat es einfach für illegal erklärt, die alten Sorten anzupflanzen. Als Reaktion darauf hat die Gemeinde eine Reissamenbank errichtet. 1987 wurden zehn Sorten gezüchtet, und weitere sollen folgen. Als nächstes ist eine Bank für traditionelle Fruchtarten geplant, die durch die Entwaldung und das Versprühen von Herbiziden gefährdet sind.

Der kettenrauchende Didi Soetomo ist nicht der klassische Typ des Naturfreundes. Seine Sorge gilt den Bauern und Dörflern, unter denen er lebt. Aber wie er sagt, kann er den Bauern nicht helfen, ohne ihre traditionellen Saaten zu retten. Wenn sie die Kontrolle über ihr Saatgut verlieren, dann verlieren sie die Kontrolle über sämtliche landwirtschaftliche Investitionen und Märkte. Genkonservierung ist eine praktische menschliche Notwendigkeit. Wenn ein Vertreter von Sidomakmur mit den Bauern über ihre Saaten spricht, dann verstehen sie ihn. Das Saatgut ist der Ausgangspunkt für eine viel umfassendere Auseinandersetzung über die Zukunft Indonesiens.

Für René Salazar wiederum ist das Samenkorn ein Stimmzettel. Philippinische Bauern stimmen in dem Maße gegen die grüne Revolution, in dem sie sich vom Hochertragsreis oder -mais abwenden und auf verbesserte traditionelle Sorten zurückgreifen. Bisher ist es der Regierung von Corazon Aquino nicht gelungen, das Los der Kleinbauern zu verbessern. Salazar, der mit dem Dachverband *Sibol NG Agham At Akmang Teknolohiya* und mit dem südostasiatischen Regional Institute for Community Education zusammenarbeitet, bringt interessierte Agronomen mit der Bauernbewegung der Philippinen (KMP) zusammen, um alte Sorten zu finden und sie an die neuen Bedingungen anzupassen. Ihr Ziel besteht nicht darin, lediglich die traditionelle Arbeitsweise der Bauern zu erhalten, sondern bäuerliche Findigkeit, natürliche Evolution und neue wissenschaftliche Techniken so zusammenwirken zu lassen, daß auch in Zukunft sicherere Ernten gewährleistet sind. Mitte der achtziger Jahre wurde bereits an 41 Reissorten gearbeitet. Eine kommunale Samenbank ist in Betrieb und weitere sind geplant.

Sind die alten Sorten wirklich eine erfolgversprechende Option? Wir fuhren ein Wochenende lang mit Mitarbeitern der Agency for Community Education Services (ACES) über holprige Landstraßen. ACES hat von IRRI den Auftrag erhalten, die Auswirkungen von Reissorten der grünen Revolution zu studieren. Aufgrund dieser Studie kamen Leute wie Dinky Souman und George Villegas von ACES zu der Überzeugung, daß die Bauern mit den alten Sorten besser dran wären, wenn die Kosten des IRRI-Saatguts und der Aufwand an Agrochemie so hoch bleiben wie bisher. Detaillierte Analysen der Ergebnisse von Versuchsfeldern bestätigten diese Schlußfolgerung, der sich 1985 auch die nationale Konferenz der Landwirte anschloß. Dank den Erkenntnissen von ACES und ihrer Schwesterorganisation SIBAT arbeiten Wissenschaftler und Bauern nun zusammen, um ihre eigene landwirtschaftliche Revolution auf den Weg zu bringen.

Sich für die Erhaltung traditioneller Landsorten einzusetzen und ihren Wert schätzen zu lernen ist nicht mit einer pauschalen Ablehnung moderner Sorten gleichzusetzen. Weder wir noch andere Kritiker sind gegen diese Sorten. Um ein «Entweder-Oder» geht es auch gar nicht.

Genetische Vielfalt ist, wie wir oft erklärt haben, das Rohmaterial für die Evolution. Und Evolution ist die Voraussetzung des Überlebens. Diese Evolution vollzieht sich heute teilweise auf den Feldern von Kleinbauern, die fortfahren, die Kunst des Ackerbaus zu praktizieren, Saaten auszuwählen und die Anpassung ihres Saatguts an ihre eigenen ökologischen und sozialen Bedingungen zu fördern. Zum Teil findet diese Evolution aber auch in den Labors und auf den Versuchsfeldern der Wissenschaftler statt. Weder traditionelle noch moderne Sorten von Saatgut sind für alle Umstände geeignet. Beide haben ihren Platz. Die Welt braucht beide. Unsere Erörterung des Werts traditioneller Sorten und der Notwendigkeit, sie zu erhalten, sollten deshalb nicht mißverstanden werden. Die Frage hat immer gelautet, wie man sowohl moderne als auch traditionelle Sorten richtig nutzen kann, und wie die traditionellen Rassen angesichts der rapiden Fortschritte der modernen Landwirtschaft erhalten werden können.

Lange bevor Leute, die Bücher schreiben, diese Frage für wichtig hielten, sprachen Frauen in Sambia mit ihren Alten und machten sich Aufzeichnungen über den Gebrauch von Kräutern und wilden Gemüsearten. Daneben sammelten sie die noch vorhandenen Getreidesorten und bewahrten sie für ihre Kindeskinder auf.[16] Lange bevor es in Rom FAO-Debatten und Auseinandersetzungen über Genbanken gab, teilten die Dörfler in Luzon die Verantwortung für die Erhaltung der Saaten: Der eine kümmerte sich um Gurken; ein anderer um Süßkartoffeln; ein dritter um Hochlandreis. Lehrer und Lehrerinnen in Changmai/Thailand organisierten den Anbau alter Sorten auf schuleigenem Gelände, und buddhistische Mönche arbeiteten mit Dörflerinnen zusammen und verwandelten Tempel in Samenschreine. Als der Sturm der grünen Revolution die Vielfalt wegzufegen drohte, haben sich Bauern und Gärtner von Äthiopien bis Ekuador darum bemüht, Saatgut zu retten.

Das ist keine leichte Aufgabe. Unterernährte Menschen in den feuchtheißen Tropen dürften wohl in der schlechtestmöglichen Lage sein, Samen zu bewahren. Angesichts der Temperatur, der Fäulnis, der Insekten und des Hungers kann man sich kaum vorstellen, daß ein nichtstaatliches System Entscheidendes für die genetische Vielfalt bewirken könnte. Die Dorfbewohner können sich den elektrischen Strom und Notstromaggregate für die nötigen Kühlanlagen nur selten leisten. Was die Dörfler auf ihrer Seite haben, sind jedoch die Saaten und ihre Entschlossenheit, sie zu bewahren.

Doch trotz ihrer größeren Robustheit kann es schwierig sein, alte Sorten zu erhalten. Es erfordert Zeit und Energie von Menschen, die wenig übrighaben. Es erfordert auch Land. Und letzten Endes garantiert die gemeindenahe Lagerung, obwohl sie vergleichsweise billig und effizient ist, keine Perfektion. Einiges – vielleicht vieles – kann dennoch verlorengehen.

Ein Gärtner in Decorah/Iowa weiß dies sehr gut. Kent Whealy hat seine Seed Savers Exchange (SSE) 1975 mit keiner weiteren Unterstützung gegründet als dem Vermächtnis seines Schwiegergroßvaters – einer Handvoll Samen, die der alte Mann Whealy vor seinem Tod anvertraute. Zehn Jahre später verfügt Whealy zwar über wenig Geld, aber über ein Netz von 630 nordamerikanischen Farmern und Gärtnern, die auf freiwilliger Basis fünftausend gefährdete Gemüsesorten anbauen und deren Samen untereinander austauschen.[17]

Die Bemühungen von Whealy und der Seed Savers Exchange beweisen, daß auch in den USA mehr als ein genetisches Konservierungssystem existiert, denn die SSE hat Hunderte von Sorten, die in keiner offiziellen staatlichen Samenbank vertreten sind, ausfindig gemacht und konserviert. Aus einer 1985 vom amerikanischen Kongreß in Auftrag gegebenen Untersuchung geht hervor, daß die Seed Savers Exchange 1799 traditionelle Bohnensorten konserviert. Nur 147 davon sind in staatlichen Sammlungen vertreten. Ähnlich ist die Situation bei den anderen Gemüsearten.[18]

Natürlich besitzt die staatliche amerikanische Sammlung auch Sorten, die im SSE-Netz nicht zu finden sind. Aber das ändert nichts daran, daß Amateure buchstäblich Tausende von Obst- und Gemüsearten konservieren, die der Regierung unbekannt sind. Und daraus geht nicht nur hervor, daß mehr als ein Konservierungssystem (selbst in den USA mit ihrer relativen genetischen Armut) in Betrieb ist, sondern daß mehr als ein System benötigt wird.

Im Zuge ihrer Bemühungen um die Erhaltung von Saatgut erschienen es Whealy und seiner Organisation nötig, ein Verzeichnis aller öffentlichen und privaten Gartensamensammlungen in Nordamerika anzulegen. Das erste Inventar von 1984 bot einen Überblick über die Angebote privater Saatgutfirmen. Als Whealy und seine Mitarbeiter dieses 1987 auf den neuesten Stand brachten, durchkämmten sie die Kataloge von 215 Saatgutunternehmen, in denen über fünftausend nichthybride Sorten angeführt waren.[19] SSE stellte ein alarmierendes Tempo der genetischen Erosion fest. Mehr als die Hälfte der nichthybriden Sorten waren nur aus einer einzigen Quelle zu beziehen (von einer der 215 Firmen), was bedeutet, daß ihnen auf dem Privatsektor die Ausrottung drohte. Mehr als zwei Drittel der Sorten wurden lediglich von zwei Firmen angeboten.

Jedes Jahr werden Sorten aus den Katalogen gestrichen. Im Jahr 1984, dem Jahr der ersten Inventur, wurden 263 Sorten aus den Listen entfernt.[20] Zwischen 1984 und 1987 verschwanden über neunhundert Sorten aus den Katalogen. Die Seed Savers Exchange begann als erste Gegenmaßnahme, Proben jeder Sorte aufzukaufen, die nur von einer einzigen Firma angeboten wurde. Sie hat damit das erste «Frühwarnsystem» der Welt für genetische Erosion geschaffen. Nicht zufrieden damit, die Verluste bloß zu dokumentieren, verfügt die SSE über einen Mechanismus, bedrohte Sorten zu beschaffen und zu erhalten, *bevor* sie verlorengehen. Von dieser, mit einem knappen Budget arbeitenden freiwilligen Organisation könnte das US-Keimplasma-Konservierungssystem einiges lernen.

Manchmal können Präventivmaßnahmen, wie sie von der Seed Savers Exchange ergriffen werden, die letzte Hoffnung einer Spezies sein. Vor nicht allzu langer Zeit wurde die einzige Baumart der Osterinsel für ausgestorben erklärt. Die berühmten Steinfiguren der Insel wurden vermutlich mit Hilfe von Stämmen dieser Bäume gerollt und transportiert. Ihr Holz könnte in der Antike auch zur Herstellung der Tafeln verwendet worden sein, auf denen die Polynesier ihre einzigen schriftlichen Zeugnisse hinterließen. Aber der letzte bekannte Baum starb 1962. Zum Glück hatte der berühmte Entdecker und Naturschützer Thor Heyerdahl auf seiner Fahrt mit der *Kon-Tiki* Samen dieses Baumes geborgen. Jetzt wird diese Baumart wieder auf der Osterinsel angepflanzt.

Es geht uns alle an

Als wir 1986 eingeladen wurden, auf einer vom IRRI einberufenen Konferenz vor Genbank-Mitarbeitern über das nichtstaatliche System von gemeindenahen Saatenbanken zu sprechen, schlug uns höfliche Skepsis entgegen.[21] Alles schien so furchtbar desorganisiert. Es gab keine klare Definition einer gemeindeeigenen Samenbank. Manche stellten sich eine Gefrierkammer oder Kühlanlagen darunter vor; andere einen Saatgutspeicher; und wieder andere verstanden darunter ein Stück Tropenwald oder die Apfelbäume in unserem Garten. De facto war die «Bank» eher ein Konzept als eine materielle Größe. Aber wie konnten die Regierungen sie kontrollieren? Wie konnten Wissenschaftler damit arbeiten? Konnten nicht tausend Faktoren die Landwirte veranlassen, plötzlich die Erhaltung einer wichtigen Sorte aufzugeben? Wie konnten wir ihnen vertrauen? Wenige Meter entfernt befand sich die wichtigste Reisplasmasammlung der Welt – 80000 Samenproben in der besten Genbank der Welt, behütet von den besten Wissenschaftlern der Welt – in einer Erdbebenzone.

Vielfalt. Wahlmöglichkeiten. Optionen. Nicht ein System, sondern viele. Nicht alles auf eine Karte setzen. Nicht bloß nationale oder internationale Banken, sondern auch gemeindenahe Sammlungen und Biosphären-Reservate. Manche Rezensenten dieses Buches werden aus diesen Seiten vielleicht eine Verurteilung von Samenbanken und deren Mitarbeitern herauslesen. Es ist schwierig, für eine zusätzliche oder komplementäre Strategie einzutreten und gleichzeitig solche Fehldeutungen zu vermeiden. Genau wie sowohl moderne Kulturarten als auch Landsorten ihren legitimen Platz in den verschiedenen Agrarsystemen haben, werden sowohl institutionelle wie gemeindenahe Konservierungsstrategien benötigt. Dafür gibt es Gründe.

Regierungen arbeiten nicht für die Ewigkeit. In Nicaragua hat Humberto Tapia eine Kaffee-Genbank aufgebaut, einen lebenden Wald von Wahlmöglichkeiten. Der Diktator Anastasio Somoza hat sie zur Erprobung von Krankheiten benutzt. Mario Gutierrez hat Maisvarianten gesammelt. Aber das CIMMYT hat sie offenbar weggeworfen. Die Botaniker der Cornell-Universität sammelten Äpfel. Cornell ließ zu, daß die Bäume zu Heizzwecken gefällt wurden!

Jack Harlan – einer der echten Helden genetischer Vielfalt – hat einmal zu uns gesagt, wenn Vielfalt erhalten bleiben soll, dann werde sie letzten Endes von Amateuren gerettet werden müssen: von Menschen, die ihre Saaten lieben. Und Harlan fügte hinzu, daß es in der gesamten Menschheitsgeschichte immer Amateure gewesen seien, die die Vielfalt bewahrt hätten.

Die Leute, mit denen Daycha Siripat zusammenarbeitet, sind solche Amateure. Der Diplomlandwirt Siripat leitet das Reis/Fisch-Projekt der Appropriate Technology Association (ATA) von Thailand. Den größten Teil seiner Zeit verbringt er in den Dörfern im Nordosten, wo er zusammen mit CUSO und anderen die örtlichen Bauern bei ihren Bemühungen unterstützt, die Fische wieder auf die Reisfelder zurückzubringen. Vor der grünen Revolution fühlten sich die Fische auf den bewässerten Feldern wohl und dienten den armen Familien als wichtige Eiweiß- und Einkommensquelle. Die modernen Reissorten (auch die thailändischen Weiterentwicklungen der IRRI-Originale) haben die Notwendigkeit von Herbiziden, Insektiziden und Düngemitteln mit sich gebracht und damit die Fische vertrieben. Mit dem Zusammenbruch der Reismärkte haben die Bauern im

Nordosten spontan damit begonnen, wieder die alten Reissorten anzubauen und ihre Felder mit Fischen zu besetzen.

Siripat und seine Organisation haben ihnen bei der Auswahl der geeignetsten Fischarten geholfen, haben den ursprünglichen Neubesatz subventioniert und mit den Bauern an der Verbesserung beziehungsweise Wiederherstellung alter Techniken – und der Auswahl der alten Sorten – geholfen. Die ATA hat bisher sechzig Sorten gesammelt und ist aktiv auf der Suche nach weiteren. Die ersten Berichte zeigen, daß die Fische den Reis befruchten und die Schädlingsprobleme reduzieren. Sowohl die Reis- wie die Fischerträge sind sprunghaft angestiegen, und die Lebensmittelversorgung und das Einkommen der ärmsten Familien haben sich verdoppelt. Siripat hat die nationalen Genbanken durchgekämmt und sucht jetzt am IRRI nach weiteren alten Sorten, aber er ist überzeugt, daß die Bauern ihre Bestände selbst erhalten müssen. Die Suche bei den staatlichen Institutionen ist deshalb enttäuschend verlaufen, weil dort jeweils Hunderte alter Reissorten zu einer einzigen Probe «vermengt» worden waren. Wiederum erweist sich die gemeindenahe Konservierung als Notwendigkeit.[22]

Letzten Endes gibt es kein Patentrezept für das Problem der genetischen Ausrottung. Auch hier sollte sich das Prinzip der Vielfalt durchsetzen. Teile der Lösung sind politischer Natur, andere sind technischer und wieder andere praktischer Art. Kein Teil ist für sich genommen die ganze Antwort. Im Laufe der Jahre unserer Arbeit und Forschungstätigkeit haben wir gelernt, einen konstruktiven Ansatz für dieses riesige Problem zu entwickeln. Unsere Schlußfolgerungen haben wir schließlich in fünf Punkten zusammengefaßt.

Fünf Gesetze der genetischen Konservierung

1. *Landwirtschaftliche Vielfalt kann nur durch die Anwendung vielfältiger Strategien gewährleistet werden.* Keine einzelne Strategie könnte hoffen, das zu erhalten und zu schützen, zu dessen Hervorbringung so viele menschliche Kulturen, Agrarsysteme und Umwelten so lange gebraucht haben. Verschiedene Konservierungssysteme können einander ergänzen und eine Absicherung gegen die Mängel und Unzulänglichkeiten jeder einzelnen Methode bieten.

2. *Welche landwirtschaftliche Vielfalt erhalten wird hängt davon ab, wen man konsultiert. Wieviel gerettet wird hängt davon ab, wie viele Menschen daran beteiligt sind.* Bauern, Gärtner, Fischer, Arzneihersteller, religiöse Führer, Schreiner – alle haben verschiedene Interessen. Ausländische Wissenschaftler könnten nie hoffen, ihnen vollständig gerecht zu werden. Alle Segmente eines Gemeinwesens müssen beteiligt werden, um sicherzugehen, daß die gesamten Bedürfnisse der Gemeinschaft abzudecken sind. Je größer die Beteiligung, desto größer die Chance, Erhaltenswertes zu retten.

3. *Landwirtschaftliche Vielfalt läßt sich nicht erhalten, wenn sie nicht genutzt wird. Der Wert der Vielfalt liegt in ihrem Gebrauch.* Nur im Gebrauch lernt man die Vielfalt genügend zu schätzen, um Maßnahmen zu ihrer Rettung zu ergreifen. Und nur im Gebrauch kann sie sich weiterentwickeln und dadurch ihren Wert behalten.

4. *Landwirtschaftliche Vielfalt kann nicht gerettet werden, ohne die bäuerlichen Gemeinwesen zu erhalten. Umgekehrt können bäuerliche Gemeinwesen nur erhalten werden, solange es Vielfalt gibt.* Vielfalt ist ebenso wie Musik oder ein Dialekt ein Teil des Gemeinwesens, das sie hervorgebracht hat. Sie kann nicht lange ohne dieses Gemeinwesen existieren. Die Erhaltung landwirtschaftlicher Betriebe ist eine Voraussetzung für die Erhaltung von Vielfalt. Umgekehrt müssen die Landgemeinden ihre landwirtschaftliche Vielfalt erhalten, um ihre eigenen Entwicklungsmöglichkeiten und ihre Selbstversorgung zu sichern. Fremde Saaten repräsentieren auch immer fremde Interessen.

5. *Das Bedürfnis nach Vielfalt wird nie erlöschen. Deshalb dürfen auch unsere Anstrengungen, diese Vielfalt zu erhalten, nie erlahmen.* Weil ein Aussterben endgültig wäre, darf eine Konservierung nie enden. Keine Technologie kann uns unserer Verantwortung entheben, landwirtschaftliche Vielfalt für uns selbst und alle künftigen Generationen zu erhalten. Deshalb müssen wir fortfahren, unterschiedliche Konservierungsstrategien zu nutzen. Wir sollten so viele Menschen wie möglich an diesem Prozeß beteiligen, dafür sorgen, daß Vielfalt aktiv genutzt wird und das Überleben des bäuerlichen Gemeinwesens sichern – so lange, wie wir landwirtschaftliche Vielfalt erhalten wollen.

Wir präsentieren diese fünf «Gesetze» als einen Katalog von Kriterien zur Beurteilung gegenwärtiger und künftiger Bemühungen um die Erhaltung genetischer Vielfalt. Dies sind die Ingredienzien einer erfolgreichen Strategie. Wenn wir dahinter zurückbleiben, dann bedeutet das, daß Vielfalt entweder bereits vernichtet ist oder aber nicht lange erhalten bleiben wird.

Wir sind uns bewußt, ein äußerst düsteres Bild von der Ernährungssicherheit der Welt gezeichnet zu haben. Bei der Erörterung dieser Themen mit Verbrauchern und Landwirten haben wir bei unseren Zuhörern mehr als einmal den Drang verspürt, in den nächsten Supermarkt oder die nächste Samenhandlung zu eilen. Droht der Reis verlorenzugehen? Wird unser nächstes Erdnußbutter-Sandwich unser letztes sein? Wird nächstes oder übernächstes Jahr der Stumme Frühling kommen? Werden wir in dem Maße, in dem die Artenvielfalt schwindet, die Fähigkeit verlieren, auf die Veränderungen zu reagieren, die der Treibhauseffekt mit sich bringt? Wird unser Agrarsystem zusammenbrechen?

Um ehrlich zu sein, wir wissen es nicht. Der Verstand sagt uns, daß der Totalverlust einer Hauptfruchtart technisch möglich ist und daß die gegenwärtigen Tendenzen einen solchen Verlust fast unvermeidlich machen. Der Instinkt sagt uns, daß dies nicht geschehen wird: Katastrophale Zusammenbrüche sind weniger wahrscheinlich als ein ständiger, allmählicher Schwund. Ganze Ernten werden viel eher mit einem leisen Seufzen als mit einem großen Knall zugrunde gehen.

Bedeutet das, daß wir zu zwei weizenlosen Tagen pro Woche zurückkehren werden, wie unsere Großeltern während des Ersten Weltkriegs? Werden unberechenbare Epidemien unsere Felder verwüsten und plötzliche Hungersnöte und Knappheiten auslösen? Solche Voraussagen sind riskant. Ernteverluste könnten häufiger und gravierender werden, aber die schlimmsten Katastrophen werden sich mit einiger Sicherheit im Süden ereignen. Von manchen Desastern werden wir nicht einmal erfahren. In anderen Fällen wird die Welt nur die Zahl der Opfer registrieren, ohne daß die Ursachen bekannt würden.

Warum im Süden? Zum Teil, weil der Norden die benötigten Gene in Genbanken vorrätig hat und die wissenschaftliche Infrastruktur haben wird, um sie zu nutzen. Zum Teil, weil wir uns im Norden – oder manche von uns – vom Hunger freikaufen können. Überhaupt etwas auf den Tisch zu bekommen könnte allerdings viel zu teuer werden. Für seinen Anbau werden wir vielleicht die Umwelt opfern müssen. Es mag etwas sein, was wir heute nicht als Nahrung ansehen. Für die Erfinder von Kochrezepten könnte es die größte Herausforderung seit dem Hamburger darstellen. Aber es wird etwas zum Essen geben.

Mit Phantasie und Engagement könnten wir dagegen eine andere

Zukunft schaffen – eine Zukunft mit mehr Optionen, mehr Wahlmöglichkeiten, mehr Leben, mehr Freude. Es ist eine Zukunft, die sich bereits abzuzeichen beginnt.

Botanische Helden oder «Auf Leben und Tod»

Für jeden, der an der Erhaltung genetischer Vielfalt mitarbeitet, ist ein Besuch im Wawilow-Institut in Leningrad wie eine Wallfahrt. Wir trafen im Juli 1985 an einem kühlen Spätnachmittag in unserem Hotel ein. Ohne auszupacken stellten wir unsere Koffer im Zimmer ab und eilten wieder in die Hotelhalle, wo uns ein alter Portier, der nur Russisch sprach, die Richtung zu einem großen, dreistöckigen Gebäude wies. Die Büros waren schon geschlossen und das Personal nach Hause gegangen, aber in den Fenstern standen Blumen und exotische Pflanzen, und wir fanden eine schlichte Tafel zu Ehren von Wawilow. Dies war das Wawilow-Institut.

Wir waren zu Besprechungen mit dem Direktor und dem Stab des Instituts gekommen. Als wir durch das vordere Tor eintraten und am oberen Ende der Treppe auf eine Büste von Wawilow stießen, ergriff uns Ehrfurcht. Vor der Büste legen Mitarbeiter täglich Blumen nieder. Die Geschichte dieses Ortes ist sehr lebendig. Man kann gar nicht anders, als davon ergriffen zu werden.

Das Institut bereitete sich damals auf die Feier des 100. Geburtstags Wawilows 1987 vor, um nicht nur dieses Ereignis, sondern auch seine eigene Geschichte zu feiern. Von diesem Institut waren die ersten großangelegten Pflanzensammelexpeditionen ausgegangen. Wawilow und seine Mitarbeiter durchforsteten die Welt nach ihrer pflanzlichen Vielfalt und brachten Samenproben mit nach Hause, die in diesem Gebäude gelagert wurden. Hier entwickelte Wawilow seine Theorie der Ursprungszentren unserer Nutz- und Nahrungspflanzen und das Gesetz der homologen Serien. Und hier endete auch seine Karriere, als Opfer des Lysenkoismus und letztlich als ein Märtyrer für die Genetik.

Heute sieht sein Büro nicht viel anders aus als damals, als er es 1940 zum letztenmal verließ: schlicht und praktisch. Ein großer Schreibtisch, Polstersessel und einige Bücherregale, vollgestopft mit Berichten, alten wissenschaftlichen Instrumenten und Fotos von seinen vielen Sammelexpeditionen. Wir fanden die Zellgenetikerin Dr. Nina Tschuwaschina bei der Zusammenstellung eines historischen Rückblicks für die Feiern von 1987 in einige seiner Notizhefte vertieft. Unser Gespräch, das durch die Notwendigkeit, einen Dolmetscher einzuschalten, erschwert wurde, wandte sich der Belagerung von Leningrad zu. Die Heldenhaftigkeit, mit der die Einwohner dieser Stadt der neunhundert Tage dauernden Einkesselung und der Bombardierung durch die Nazis widerstanden, ist allgemein bekannt. Weniger bekannt ist die Geschichte des Instituts während dieser Belagerung.

Am Beginn des Krieges fingen Wissenschaftler des Instituts an, Duplikate der aus 180 000 Proben bestehenden Sammlung herzustellen. Besonders verwundbar war die Kartoffelsammlung, die nicht in Form von Saatgut, sondern von Kartoffeln aufbewahrt wurde. Bei Temperaturen unter Null würden die Kartoffeln im Winter erfrieren. Ratten stellten das ganze Jahr lang eine Bedrohung dar. Im Frühjahr 1942 begannen die Kartoffeln zu keimen und zwangen die Wissenschaftler, sie auf dem einzigen Gelände anzupflanzen, das sie hatten – auf Äckern entlang der Front. Eine wertvolle Sammlung von fäuleresistenten Kartoffeln, die Wawilow aus Chile mitgebracht hatte, benötigte nur wenig Licht, um zu reifen, und wurde deshalb von den Mitarbeitern durch grobgezimmerte Verschläge vor der Sonne geschützt. Im August, als die Invasoren nahegerückt waren und die Stadt in Flammen stand, gingen die Angestellten des Instituts daran, die Kartoffeln auszugraben, während Granaten auf den Feldern einschlugen. Erstaunlicherweise gelang es ihnen, alle Proben zu retten. Als die Wissenschaftler im Winter evakuiert wurden, schmuggelten sie Kartoffeln hinaus, die sie in Taschen eingenäht am Körper trugen, damit die Knollen nicht erfroren. Alle fäuleresistenten Kartoffeln in der UdSSR stammen heute von diesen Kartoffeln ab.

Durch die Blockade der Stadt war die Bevölkerung gezwungen, Hunde, Katzen, Ratten und sogar Gras zu essen, um nicht zu verhungern. Mehr als 600 000 Menschen starben dennoch vor dem Ende der Belagerung an Unterernährung. Im Institut hatten die Ratten gelernt, Metallbehälter voll Samen von den Regalen zu schubsen, um sie dann aufzubrechen. Man stellte Wachen auf, die die Saaten vor den Ratten schützten, und auf dem Dach hielten die Wissenschaftler abwechselnd nach Bränden Ausschau, die von den Bombardements verursacht wurden.

Nach der Evakuierung von 1942 blieben 31 Personen am Institut zurück. Sie erhielten eine Tagesration von 120 Gramm Brot. Vierzehn starben im Dezember an Unterernährung.

Dr. Tschuwaschina holte ein Fotoalbum mit Aufnahmen dieser Menschen, und wir saßen in Wawilows Vorzimmer um einen Tisch und blätterten darin. Da war Dr. Dmitrij S. Iwanow, der Reisspezialist, der, umgeben von Säcken voller Reis, an seinem Schreibtisch starb; Dr. Rubtsow, ein Obstzüchter; und der Vater des Institutsbibliothekars, Dr. Geynts, der in diesem Gebäude den Hungertod starb. Wir blätterten weiter: Dr. Kreyer, ein Spezialist in Arzneipflanzen. Professor Molyboga, der Meteorologe...

Warum? Warum verhungerten diese Menschen inmitten von soviel Nahrung? Dr. Tschuwaschina schaute uns an, als ob wir die Antwort bereits wissen müßten – sie waren Schüler Wawilows. Aber welchen Zielen dienten sie durch die Rettung all dieser Samenproben? Wie rechtfertigte sie selbst, daß sie langsam und kollektiv in diesem großen alten Gebäude verhungerten? Dr. Tschuwaschina erinnerte uns daran, daß diese Wissenschaftler den Wert genetischer Ressourcen kannten. Das hatte ihnen Wawilow beigebracht. Aus ihrer Sicht hatte es den Anschein, als ob die Menschheit sich selbst vernichte. Eines Tages würde sie diese Samenproben benötigen. «Jetzt, da die ganze Welt von den Flammen des Krieges bedroht ist, müssen wir diese Sammlung für die Zukunft aller Völker aufbewahren.» Das hätten sie einander versichert, sagte sie.

Darauf gab es nichts zu erwidern. Wir konnten nur nicken und ihr danken. Als wir über den Platz zu unserem Hotel gingen, waren wir in unseren Gedanken bei den Opfern, die Wawilow und diese Wissenschaftler gebracht hatten. Mehr als vier Jahrzehnte sind seit damals vergangen. Viel Zeit für uns, um würdigen zu lernen, wofür diese Menschen ihr Leben gaben.

Wir haben diese Würdigung in Nicaragua in der Praxis gesehen. Wir haben sie in Äthiopien am Werk gesehen, wo die Regierung in Erwartung künftiger Dürreperioden traditionelle Sorten aufbewahrt. Wir haben mit thailändischen Bauern gesprochen, die darauf bestehen, ihre einheimischen Reisarten anzupflanzen. Wir haben sie auch in Nordamerika bei der Entstehung kleiner Firmen und gemeinnütziger Organisationen erlebt, die sich für traditionelle Obst- und Gemüsesorten einsetzen. Und wir haben diese Würdigung auch in den Sälen der FAO am Werk gesehen, wo Vertreter der Dritten Welt an Abkommen über Keimplasmaaustausch und an der Schaffung eines internationalen Genfonds arbeiten.

Heute sind wir nicht aufgerufen, unser·Leben zu geben, wie es die tapferen Wissenschaftler am Wawilow-Institut taten. Wir brauchen nicht einmal Wissenschaftler oder Regierungsvertreter zu sein. Denn erinnern wir uns, es waren «Amateure», die unsere Nahrungspflanzen kultivierten und zur Entstehung von Vielfalt beitrugen. Vielmehr sind wir alle aufgerufen, die Vielfalt erhalten zu helfen, die wir von unseren Vorfahren ererbt haben. Ob wir Wissenschaftlerinnen oder Politiker sind, Bäuerinnen oder Fabrikarbeiter, Gärtner oder Lehrerinnen, jede und jeder von uns hat eine besondere Rolle dabei zu spielen, damit wir dieses Geschenk an die nächste Generation weitergeben können. Die Art und Weise, wie wir dieser Herausforderung gerecht werden, wird weitgehend darüber entscheiden, wie – oder ob – künftige Generationen auf diesem Planeten leben werden. «Eines ist sicher», schreibt Bentley Glass. «Wir können die Uhr nicht zurückdrehen. Wir können den Garten Eden nicht wiedergewinnen oder unsere verlorene Unschuld zurückbekommen. Von jetzt an sind *wir* für das Wohl aller Lebewesen verantwortlich, und was wir tun, wird unsere eigenen Herzenswünsche erfüllen oder zerstören.» [23]

Verzeichnis der Abkürzungen

ACES   Agency for Community Education Services (Institut für Gemeinde-Hilfe)

AID   U. S. Agency for International Development (US-Behörde für Internationale Entwicklung)

ASSINSEL   Association Internationale des Séléctionneurs pour la Protection des Obtentions Végétales (Internationaler Verband der Pflanzenzüchter für den Schutz von Pflanzenzüchtungen)

CGIAR   Consultative Group on International Agricultural Research (Beratungsgruppe für Internationale Agrarforschung)

CIAT   Centro International de Agricultura Tropical (Internationales Zentrum für Tropische Landwirtschaft)

CIMMYT   Centro Internacional de Megoriamiento de Maiz y Trigo (Internationales Mais- und Weizenforschungszentrum)

CIP   Centro Internacional de la Papa (Internationales Kartoffelzentrum)

CSIRO   Commenwealth Scientific and Industrial Research Organization (Commenwealth-Organisation für wissenschaftliche und industrielle Forschung)

ECE   Economic Commission for Europe (Europäische Wirtschaftskommission)

FAO   Food and Agriculture Organization (Ernährungs- und Landwirtschaftsorganisation der UNO)

IARC   International Agricultural Research Centers (Internationale landwirtschaftliche Forschungszentren)

IBP   International Biological Programme (Biologisches Forschungsprogramm der FAO)

IBPGR   International Board for Plant Genetic Resources (Internationaler Rat für pflanzengenetische Ressourcen)

ICRISAT   International Crops Research Institute for the Semi-Arid Tropics (Internationales Pflanzenforschungsinstitut für die Semiariden Tropen)

IDRC	International Development Research Centre (Internationales Entwicklungsforschungszentrum)
IITA	International Institute of Tropical Agriculture (Internationales Institut für tropische Landwirtschaft)
INRA	Institute Nationale por la Reschereche Agronomie (Nationalinstitut für landwirtschaftliche Forschung)
IPBR	International Plant Breeder's Rights (Internationales Sortenschutzrecht)
IRRI	International Rice Research Institute (Internationales Reisforschungsinstitut)
IUCN	International Union for the Conservation of Nature and Natural Resources (Internationale Vereinigung zum Schutz der Natur)
IUPGR	International Undertaking on Plant Genetic Resources (Internationale Kampagne zum Schutz der pflanzengenetischen Ressourcen)
MIRCEN	Microbiological Research Centers (Forschungszentren für Mikrobiologie)
NBPGR	National Bureau of Plant Genetic Resources (Büro für pflanzengenetische Ressourcen in New Delhi)
NSSL	National Seed Storage Laboratory (Nationale Genbank der USA)
PBI	Plant Breeding Institute (Institut für Pflanzenzucht)
PBR	Plant Breeder's Rights (Sortenschutzrechte)
SADCC	Southern Africa Development Coordination Conference (Entwicklungsgemeinschaft der Staaten des südlichen Afrika)
SIDP	Seed Improvement and Development Programme (Saatgutentwicklungs- und Verbesserungsprogramm)
UNEP	United Nations Environment Programme (Umweltprogramm der Vereinten Nationen)
UNESCO	United Nations Educational, Scientific and Cultural Organization (Organisation der Vereinten Nationen für Erziehung, Wissenschaft und Kultur)
UNRISD	United Nations Research Institute for Social Development (UN-Institut zur Entwicklungsforschung)
UPOV	Union Internationale pour la Protection des Obten-

tions Végétales (Internationaler Verband zum Schutz
von Pflanzenzüchtungen)

USDA   US Department of Agriculture (Landwirtschaftsministerium der USA)

Anmerkungen

Einführung

1 Doyle, Jack, *Altered Harvest*, New York: Viking, 1985; enthält eine ausgezeichnete Darstellung der Wirkung und Geschichte des Maisbeulenbrandes in den US-Südstaaten.

2 Nationale Akademie der Wissenschaften, *Genetic Vulnerability of Major Crops*, Washington 1972, S. 13.

3 Privates Telefongespräch mit Georgina Vitonova vom 12. August 1986. Vitonovas Verlustschätzung liegt zwischen den Zahlen von Hope Shand (25 Prozent) und James Trager (50 Prozent).

4 Trager, James, *Amber Waves of Grain*, New York: Arthur Fields, 1973, S. 13.

5 Aus einem persönlichen Gespräch mit einem Vertreter der kanadischen Weizenkommission am 12. August 1986.

6 *The World Grain Situation in 1972–74,* in: Foreign Agriculture, USDA, 23. Oktober 1972, S. 7.

7 Ebd. 9.

8 Demarco, Susan, und Susan Sechler, *The Fields Have Turned Brown*, The Agribusiness Accountability Project, Washington 1975, S. 1.

9 Fischbeck, G., *The Usefulness of Gene Banks – Perspektives for the Breeding of Plants*, in: UPOV Newsletter, Nr. 25 (Februar 1981), S. 15f.; aus einem Symposion, das am 15. Oktober 1980 von UPOV veranstaltet wurde.

10 Persönliche Mitteilung von Dr. Robert Morrison, Sommer 1983, damals Weizenzüchter bei Agriculture Canada in Lethbridge, Alberta.

11 Aufgrund von Daten, die Dana G. Dalrymple, USAID, im September 1986 in Dokumenten und Korrespondenz an Hope Shand von RAFI übermittelte.

12 Schneider, Keith, *Researchers see gain in efforts to design crops*, in: New York Times, 16. März 1986, S. 26. Schneider zufolge begann die Biotechnik «vor 14 Jahren» (i. e. 1972) mit den Experimenten von San Franzisko.

Die Anfänge der Landwirtschaft

1 Lee, R. B., und I. DeVore, *Problems in the study of hunters and gatherers*, in: dies. (Hg.), Man the Hunter, Chicago: Aldine, 1968, S. 3–12.

2 Mumford, Lewis, *The Myth of the Machine: Technics and Human Development*, New York: Harcourt, Brace, Yovanovich, 1966, S. 124.

3 Ebd., S. 79.
4 Harlan, Jack R., *A Wild Wheat Harvest in Turkey*, in: Archeology, Bd. 20 (1967), S. 198.
5 Harlan, Jack R., und Daniel Zohary, *Distribution of Wild Wheats and Barley*, in: Science, Bd. 153, 2. September 1966, S. 1079.
6 Ho, Ping-Ti, *The Loess and the Origin of Chinese Agriculture*, in: The American Historical Review, Bd. 75, Nr. 1, Oktober 1969, S. 34.
7 Lee, R. B., *What hunters do for a Living, or how to make out on scarce resources*, in: Lee und DeVore, Man the Hunter, S. 33–37.
8 Yanovsky, Elias, *Food Plants of the North American Indians*, USDA Miscellaneous Publication Nr. 237 (1936), S. 2.
9 Felger, Richard, und Gary Nabhan, *Deceptive Barrenness*, in: Ceres, Bd. 9, Nr. 2 (März–April 1976), S. 34.
10 Nabhan, Gary, persönliche Korrespondenz, 1982.
11 Cohen, Mark N., *Population Pressures and the Origins of Agriculture: An Archeological Example from the Coast of Peru*, in: Origins of Agriculture, Charles A. Reed (Hg.), Den Haag: Mouton Publishers, 1977, S. 140 (fortan als Origins zitiert). Origins ist ein Standardwerk über dieses Thema. Wir haben uns für dieses Kapitel ausgiebig darauf gestützt.
12 Harlan, *Crops and Man*, S. 30.
13 Tannahill, Reay, *Food in History*, New York: Stein and Day Publishers, 1973, S. 20.
14 Hunn, Eugene S., *On the Relative Contribution of Men and Women to Subsistence Among Hunter-Gatherers of the Columbia Plateau: A Comparison with Ethnographic Atlas Summaries*, in: Journal of Ethnobiology, Bd. I, Nr. I (Mai 1981), S. 132.
15 Harris, David, *Alternative Pathways Toward Agriculture*, in: Reed, Origins, S. 206.
16 Anderson, Edgar, *Plants, Man and Life*, Berkeley: University of California Press, 1967, S. 127.
17 Harlan, *Crops and Man*, S. 31.
18 Lee, in: Lee and DeVore, *Man the Hunter*, S. 33.
19 Cohen, *Population Pressures and Origins of Agriculture*, S. 138.
20 Harris, *Alternative Pathways*, S. 213.
21 Reed, Charles, A., Introduction, in: Reed, *Origins*, S. 44.
22 Flannery, Kent V., *Origins and Ecological Effects of Early Domestication in Iran and the Near East*, in: Prehistoric Agriculture, hrsg. von Stuart Struever, Garden City: Natural History Press, 1971, S. 60.
23 Sauer, J. D., *Grain Amaranths*, in: Evolution of Crop Plants, hrsg. von N. W. Simmons, London: Longman Group Ltd., 1976, S. 6.
24 Harris, *Alternative Pathways*, S. 229.
25 Mellaart, James, *Catal Huyuk: A Neolithic Town in Anatolia*, New York: McGraw-Hill, 1967, S. 82.
26 Harris, *Alternative Pathways*, S. 213.
27 Ebd., S. 198.

28 Harlan, *Crops and Man*, S. 48.

29 Ebd., S. 17.

30 Flannery, *Domestication in Iran and the Near East*, S. 95.

31 Shephard, Paul, *The Tender Carnivore and the Sacred Game*, New York: Scribner, 1973, S. 23.

32 Bell, Barbara, *The Dark Ages in Ancient History. I. The first dark age in Egypt*, in: American Journal of Archeology, S. 46.

33 Ebd., S. 12.

34 Harlan, J. R., J. M. J. de Wet und E. Glen Price, *Comparative Evolution of Cereals*, in: Evolution, Bd. 27 (Juni 1973), S. 313.

35 Harlan, de Wet und Stemler, *African Plant Domestication*, S. 7.

36 Ebd., S. 13.

37 Evans, L. T., *Crops and the World Food Supply*, in: Crop Physiology, hrsg. von L. T. Evans, Cambridge University Press, 1975, S. 2.

38 Frankel, O. H., *Variation Under Domestication*, in: Australian Journal of Science, Bd. 22, Nr. 1 (Juli 1959), S. 32 sowie Mehra, K. L., *Plant Genetic in Southasia*, in: Plant Exploration and Collection, hrsg. von K. L. Mehra, R. K. Arora und S. R. Wadhi, New Delhi: National Bureau of Plant Genetic Resources, 1981, S. 6.

39 Harlan, Jack R., *Evolution of Cultivated Plants*, in: Genetic Resources in Plants, hrsg. von O. H. Frankel und E. Bennett, London: International Biological Programme, 1970, S. 22 (fortan zitiert als *Genetic Resources*). Dieses Buch war die erste gründliche Darstellung dieses Themas. Die Verfasser stützen sich weitgehend auf diese Publikation und betrachten sie als echten Klassiker.

Die Entstehung von Vielfalt

1 Rhoades, Robert, *The Incredible Potato*, in: National Geographic, Bd. 161, Nr. 5 (Mai 1982), S. 676.

2 Harlan, J. R., *Genetic Resources in Sorghum*, in: International Symposion of Sorghum in the 70s, hrsg. von Ganga Prasado Rao und Leland R. House, New Delhi: Oxford and IBH Pub. Co., 1972, S. 1.

3 Harlan, *Crops and Man*, S. 164.

4 Harlan, de Wet und Price, *Comparative Evolution of Cereals*, S. 321.

5 De Wet, J. M. J., *Evolutionary dynamics of sorghum domestication*, in: Crop Resources, hrsg. von David S. Seigler, New York: Academic Press, 1977, S. 189.

6 Bosemark, N. O., *Genetic Poverty of the Sugarbeet in Europe*, Protokoll der Konferenz vom 3.–7. Juli 1978, in: Broadening of the Genetic Base of Crops, hrsg. von A. C. Zeven und A. M. van Harten, Centre for Agricultural Publishing and Documentation, Wageningen, Niederlande, 1979, S. 30 (fortan zitiert als Broadening the Base-Protokoll).

7 Wawilow, N. I., *The Origin, Variation, Immunity, and Breeding of Culti-*

vated Plants, in: Chronica Botanica, Bd. 13, Nr. 1/6 (1949–50), S. 63. Van Slambrouck, P., *Age-old Cotton from Peru*, in: Christian Science Monitor, 3. März 1981.

8 Haughton, Claire Shaver, *Green Immigrants*, New York: Harcourt, Brace, Yovanovich, 1979, S. 433f.

9 Van Rheenen, H. A., *Diversity of Food Beans in Kenya*, Economic Botany, Bd. 33 (Nr. 4 Oktober–Dezember 1979), S. 448f.

10 Crisp, Peter, und George Forster, *Banking seeds for the future*, in: The Garden, Bd. 105, Nr. 10 (Oktober 1980), S. 410.

11 Harris, David, *The environmental impact of traditional and modern agricultural systems*, in: Conservation and Agriculture, hrsg. von J. G. Hawkes, Montclair: Allanheld, Osmun und Co., 1978, S. 67f.

12 Harlan, J. R., und J. M. J. de Wet, *Some Thoughts About Weeds*, in: Economic Botany, Bd. 19, Nr. 1 (Jan.–März 1965), S. 20.

13 Burger, W. C., *Why Are There So Many Kinds of Flowering Plants?*, in: Bioscience, Bd. 31, Nr. 8 (September 1981), S. 572.

14 Ehrlich, Paul, und Anne Ehrlich, *Extinction*, New York: Random House, 1981, S. 94.

15 Burger, *Flowering Plants*, a. a. O., S. 577.

16 Bennett, Erna, *Threats to Crop Plant Genetic Resources*, in: Hawkes, *Conservation and Agriculture*, S. 114.

17 Rhoades, *Incredible Potato*, S. 694.

18 Ebd.

19 Smith, *Tropical Origin of New World Crops*, S. 87f.

20 Bennett, Erna, *Tactics of Plant Exploration*, in: Frankel und Bennett, *Genetic Resources*, S. 162.

21 De Wet, J. M. J., *Principles of evolution and cereal domestications*, in: Broadening the Base Protokolle, S. 274.

22 Singh, H. B., *India*, in: Survey of Crop Genetic Resources in Their Centres of Diversity, hrsg. von O. H. Frankel, Rom: Food and Agriculture Organization of the United Nations – International Biological Programme (FAO-IBP), 1973, S. 128 (fortan als *Survey in Centres of Diversity* angeführt).

23 Rhoades, *Incredible Potato*, S. 670.

24 Theophrastus, *Enquiry into Plants*, Bd. 2, übers. von Sir Arthur Hort, London: William Heinemann, Ltd., 1916, S. 167.

25 International Board of Plant Genetic Resources, *IBPGR Secretariat Consultation of the Genetic Resources of Cruciferous Crops*, Rom, 17.–19. November 1980, S. 8 (fortan als *Recources of Cruciferous Crops* zitiert).

26 Parlevliet, J. E., J. G. Brewer und W. G. M. Ottaro, *Collecting pyrethrum, Chrysanthemum cinerariaefolum Vis. on Yugoslavia for Kenya*, in: Broadening the Base Protokoll, S. 91.

27 Yamashita, K., *Origin and Dispersion of Wheats with Special Reference to Peripheral Diversity*, in: Zeitschrift für Pflanzenzüchtung, Bd. 84, Nr. 2 (1980), S. 122.

28 Dobzhansky, T., *Soviet Biology and the Powers That Were*, in: Science 164 (27. Juni 1969), S. 1507.

29 Cohen, Barry Mendel, *Nikolai Ivanovich Vavilov – His Life and Work*, Ph. D. Diss., University of Texas, Austin 1980, S. 231.

30 Popovsky, Mark, *The Vavilov Affair*, Hamden: Archon Books, 1984, S. 186 ff.

31 Dobzhansky, T., *N. I. Vavilov, A Martyr of Genetics*, in: Journal of Heredity, Bd. 38 (August 1947), S. 230 sowie Zirkle, Conway, *L'Affair Lysenko: Spring 1956*, in: Journal of Heredity 47 (März–April 1956), S. 47.

32 Dobzhansky, *Soviet Biology*, S. 1508.

33 Harlan, J. R., *Our Vanishing Genetic Resources*, in: Science (Mai 1975), S. 621.

34 Brezhnev, D., *Mobilization, Conservation, and Utilization of Plant Resources at N. I. Vavilov All-Union Institute of Plant Industry, Leningrad*, in: Genetic Resources, S. 533.

35 Anderson, *Introgressive Hybridization*, S. 212.

36 Bennett, Erna, *Plant Introduction and Genetic Conservation*, Scottish Plant Breeding Station Record, Pentlandfield, Roslin, Midlothian, 1956, S. 69.

37 Wawilow, N. I., *Studies on the Origin of Cultivated Plants*, Leningrad: Institute de Botanique Appliquée et d'Amerlioration des Plantes, 1926, S. 219.

38 Zohary, Daniel, *Centers of Diversity and Centers of Origin*, in: Frankel und Bennett, *Genetic Resources*, S. 34 f.

39 Wawilow, *Origin, Variation, Immunity*, S. 20–43.

40 Wilkes, G., *Native Crops and Wild Food Plants*, in: Ecologist, Bd. 7, Nr. 8 (1977), S. 315.

41 Rindos, David, *Symbiosis, Instability, and the origins and Spread of Agriculture: A New Model*, in: Current Anthropology, Bd. 21, Nr. 6 (Dez. 1980), S. 757 ff.

42 Harlan, J. R., *Agricultural Origins: Centers and Noncenters*, in: Science, Bd. 174 (29. Oktober 1971), S. 473.

43 Frankel, *Variation Under Domestication*, S. 32.

44 Rindos, *Symbiosis, Instability and Spread of Agriculture*, S. 757 ff.

45 Yamashita, *Origin and Dispersion of Wheats*, S. 129.

46 Hymowitz, T., und J. R. Harlan, *Introduction of Soybean to North America by Samuel Bowen in 1765*, in: Economic Botany. Bd. 37, Nr. 4 (Okt.–Dez. 1983), S. 373.

47 Bennett, *Plant Introduction and Genetic Conservation*, S. 35.

48 Kupzow, A. J., *The Formation of Areas of Cultivated Plants*, in: Zeitschrift für Pflanzenzüchtung, Bd. 53, Nr. 1 (1965), S. 61.

49 Hutchinson, J. B., R. A. Silow und S. G. Stephens, *The Evolution of Gossypoim*, Oxford University Press, 1947, S. 88 ff.

50 Cooper, J. F., *Environmental Physiology*, in: Frankel und Bennett, *Genetic Resources*, S. 135.

50a Kupzow, *Areas of Cultivated Plants*, S. 61.
51 Wawilow, *Origin of Cultivated Plants*, S. 204.
52 Purseglove, J. W., *The Origins and Migrations of Crops in Tropical Africa*, in: Harlan, De Wet, Stemler, *Origins of African Plant Domestication*, S. 299.
53 Harlan, *Centers and Noncenters*, S. 469.
54 Farney, Dennis, *Meet the Men who risked their lives to find new plants*, in: Smithsonian (Juni 1980), S. 134.
55 Myrdal, Gunnar, *Asian Drama*, Bd. 1, New York: Pantheon, 1968, S. 242 f.
56 Rodney, Walter, *How Europe Underdeveloped Africa*, London: Bogle–L'Ouverture Publications, 1972, S. 181.
57 Harlan, J. R., *Genetics of Disaster*, in: Journal of Environmental Quality, Bd. I, Nr. 3 (1972 B), S. 212.

Die unverzichtbare Funktion der Vielfalt

1 Wilkes, G., *The World's Crop Plant Germ Plasma – An Endangered Resource*, in: The Bulletin of the Atomic Scientists (Febr. 1977), S. 14 f.
2 Clark, Jack, *Rezension* von Paddy's Lament: Ireland 1846–1847, Prelude to Hatred von Thomas M. Gallagher, in: Food Monitor, N. 31 (Jan./Febr. 1983), S. 26.
3 Kee, *Famine and the Fenians*, S. 7.
4 Ebd.
5 Ebd., S. 8.
6 Mokyr, Joel, *Why Ireland Starved: A Quantitative and Analytical History of the Irish Economy, 1800–1850*, Boston: George Allen & Unwin, 1983, S. 42.
7 Stakman, E. C., und J. J. Christensen, *The Problem of Breeding Resistant Varieties*, in: Plant Pathology, J. G. Horsfall und A. E. Dimond (Hg.), Bd. 3, New York: Academic Press, 1960, S. 572.
8 Harris, David R., *The Environmental Impact of Agricultural Systems*, in: Hawkes, *Conservation and Agriculture*, S. 68.
9 Harlan, *Genetics of Disaster*, S. 213.
10 Stakman und Christensen, *Breeding Resistant Varieties*, S. 574.
11 Ebd., S. 578.
12 Browning, J. A., *Corn, Wheat, Rice, Man: Endangered Species*, in: Journal of Environmental Quality, Bd. I, Nr. 3 (Juli–Sept. 1972), S. 209.
13 United States Environmental Protection Agency, *Research Summary: Integrated Pest Management*, EPA–600/8–80–044, Washington, D. C.: U. S. Government Printing Office, Sept. 1980, S. 1.
14 May, Robert M., und Andrew P. Dobson, *Population Dynamics and the Rate of Evolution of Pesticide Resistance*, in: Pesticide Resistance: Strategies and Tactics for Management, National Research Council, Washington, D. C.: National Academy Press, 1986, S. 171.

15 Brody, Jane E., *Farmers Turn to Pest Control on Place of Eradication*, in: Ag World (Sept. 1976), S. 7.

16 Carson, Rahel, *Der stumme Frühling*, München: Beck'sche Schwarze Reihe Nr. 144.

17 Forgash, Andrew J., *History, Evolution, and Consequences of Insecticide Resistance*, in: Pesticide Biochemistry and Physiology, Bd. 22 (1984), S. 184.

18 Food and Agriculture Organization Plant Production and Protection Paper, *Pest Resistance to Pesticides and Crop Loss, Assessment-2* (Rom, 1979), S. 16.

19 Chang, T. T., S. H. Ou, M. D. Pathak, K. C. Ling und H. E. Kauffman, *The Search for Disease and Insect Resistance in Rice Germplasm*, in: Frankel und Hawkes, *Resources for Today and Tomorrow*, S. 192f.

20 Hills, Lawrence, Unveröffentlichtes Transkript der Saatgut-Konferenz, die 1981 von der International Coalition for Development Action (mit Sitz in Barcelona) in Rom abgehalten wurde.

21 Harlan, J. R., *Genetic Resources of Some Major Field Crops in Africa*, in: Frankel, *Survey in Centres of Diversity*, S. 57.

22 Van der Plank, J. E., *Disease Resistance in Plants*, New York: Academic Press, 1968, S. 3.

23 Bennett, unveröffentl. Manuskript, S. 93f.

24 Goring, C. A., *Chemical Technology: Witches' Brew or Mulligan Stew*, in: Down to Earth, Firmenzeitung, Dow Chemical Company, Bd. 35, Nr. 1 (Herbst 1978), S. 1.

25 Hartley, William, *Climate and Crop Distribution*, in: Frankel und Bennett, *Genetic Resources*, S. 143f.

26 Bradshaw, David, *Plant Introduction Improve American Agriculture*, in: Agri-Search, South Carolina Agricultural Experiment Station, Clemson University, Bd. I, Nr. 4 (Herbst, 1980), S. 5.

27 Harlan, J. R., *Genetic Resources in Wild Relatives of Crops*, in: Crop Science (Mai–Juni 1976), S. 330 (fortan als *Wilde Verwandte* angeführt).

28 Harlan, J. R., Unveröffentlichte Stellungnahme auf der FAO/UNEP/IBPGR-Konferenz über Pflanzengenetische Ressourcen in Rom (8. April 1981), aus Aufzeichnungen des Autors.

29 Prescott-Allen, Robert und Christine, *Protected Areas and the Conservation of Genetic Resources*, Victoria, B. C.: PA DATA, 1979, S. 2f.

30 Ebd., S. 4.

31 Ebd.

32 Ross, H., *Wild Species and Primitive Cultivars as Ancestors of Potato Varieties*, in: Broadening the Base Protokoll, S. 242.

33 Harlan, J. R., unveröffentlichte Stellungnahme, FAO/UNEP/IBPGR-Konferenz.

34 Creech, John L., *Tactics of Exploration and Collection*, in: Frankel und Bennett, *Genetic Resources*, S. 223f.

35 Ebd., S. 6f.

36 Chang, T. T., *The Case for Large Collections*, in: The Use of Plant Genetic Resources, hrsg. von A. H. D. Brown, O. H. Frankel, D. R. Marshall und J. T. Williams, Cambridge University Press, 1989, S. 126.

37 Cooper, J. P., *Environmental Physiology*, in: Frankel und Bennett, *Genetic Resources*, S. 140.

38 Qualset, C. Q., *Sampling Germplasm in a Center of Diversity: An Example of Disease Resistance in Ethiopian Barley*, in: Frankel und Hawkes, *Resources for Today and Tomorrow*, S. 82.

39 Prescott-Allen, *Protected Areas*, S. 9.

40 Ebd., S. 8.

41 Ebd., S. 6.

42 Prescott-Allen, Robert und Christine, *The First Resource: Wild Species in the North-American Economy*, Boston: Yale University Press, 1988.

43 Culpeper, Roy, *The Debt Matrix*, North-South Institute, Ottawa, April 1988, S. 8.

44 Harlan, *Wild Relatives*, S. 330.

Genetische Erosion: Der Verlust an Vielfalt

1 Stakman, E. C., R. Bradfield und P. C. Mangelsdorf, *Campaigns Against Hunger*, Cambridge: Belknap Press, 1976, S. X.

2 Cleaver, Jr., H., *The Origins of the Green Revolution*, Ph. D. Dissertation, Ann Arbor: Xerox University Microfilms, 1975, S. 244.

3 King, John, *Rice Politics*, in: Foreign Affairs (April 1953), S. 453.

4 Cleaver, *Green Revolution*, S. 327.

5 Ebd., S. 309.

6 Ebd., S. 300.

7 Lappe', Francis Moore, Joseph Collins, mit Cary Fowler, *Food First*, New York: Ballantine Books, 1978, revidierte Ausgabe, S. 129 ff.

8 Griffin, Keith, und A. R. Khan, Hg., *Poverty and Landlessness in Rural Asia*. Eine Studie des World Employment Programme, Ms., Genf 1976.

9 Griffin, Keith, *The Green Revolution: An Economic Analysis*, Genf: United Nations Research Institute for Social Development, Bericht Nr. 72.6, 1972.

10 Masagna 99, hrsg. vom Landwirtschaftsministerium der Philippinen, Landwirtschaftsberatung, Bd. 3, Nr. 8 (15. April 1981), S. 2 f.

11 Ruttan, V. W., *New Rice Technology and Agricultural Development Policy*, in: Economic Consequences of the New Rice Technology, Los Bagnos, Philippinen: International Rice Research Institute, 1978, S. 373.

12 Kuckuck, Hermann, *Importance of the Utilization Preservation and Further Development of the Genetic Resources for the Cultivation of Plants*, in: Pflanzenforschung und Entwicklung, Institut für Wissenschaftliche Zusammenarbeit, 1975, S. 112.

13 Morgan, Dan, *Merchants of Grain*, New York: Viking Press, 1979, S. 9.

14 Frankel, *Variation Under Domestication*, S. 30.

15 Chang, T. T., *Crop Genetic Resources*, in: Plant Breeding Perspectives, D. J. van der Have, Wageningen, Niederlande: Center for Agricultural Publishing and Documentation, 1979, S. 84.

16 Goering, *Agricultural Research*, S. 21.

17 Harlan, H. V., und M. L. Martini, *Problems and Results in Barley Breeding*, in: Yearbook of Agriculture, Washington, D. C.: U. S. Department of Agriculture, 1936, S. 317.

18 Frankel und Hawkes, *Resources for Today and Tomorrow*, S. 103.

19 Singh, H. B., *India*, in: Frankel, *Survey in Centres of Diversity*, S. 127.

20 Frankel, Otto H., *Genetic Resources as a Basis for Exploration*, in: Frankel und Hawkes, *Resources for Today and Tomorrow*, S. 106.

21 Kuckuck, Hermann, *Present Situation of Genetic Resources of Small Grains in Syria, Iraq, Iran, Afghanistan and West Pakistan*, Protokoll der Eucarpia-Konferenz in Izmir (Juni 1972), S. 76.

22 Porceddu, E., persönliche Korrespondenz, 1983.

23 Frankel und Soule', *Conservation and Evolution*, S. 214f.

24 Bennett, *Wheats of the Mediterranean*, S. 6.

25 Kjellqvist, E., *Turkey*, in: Frankel, *Survey in Centres of Diversity*, S. 10.

26 Kuckuck, Hermann, *Report on a Survey of Genetic Resources of Small Grains Carried out in Syria, Iraq, Iran, West Pakistan and Afghanistan from May 10 to July 31, 1971*, S. 15.

27 ASSINSEL, *Feeding the 5000 Million*, International Association of Plant Breeders, Nyon, Schweiz: undatiert, unpaginiert.

28 Harlan, J. R., *Seed Crops*, in: Frankel und Hawkes, *Resources for Today and Tomorrow*, S. 114f.

29 Frankel und Soule', *Conservation and Evolution*, S. 191.

30 Pearce, Andrew, *Social and Economic Implications of the Green Revolution*, Oxford: Clarendon Press, 1980, S. 27.

31 Jain, H. K., *Plant Breeders Rights and Genetic Resources*, in: Indian Journal of Genetics, Bd. 42 (1982), S. 122.

32 Harlan, J. R., *How green can a revolution be?*, in: Seigler, Crop Resources, S. 108f.

33 Frankel, Otto H., *Genetic Conservation in Perspective*, in: Frankel und Bennett, *Genetic Resources*, S. 474f.

34 Ochoa, Carlos, *Native Potatoes in Bolivia, Chile and Peru*, in: Frankel, *Survey in Centres of Diversity*, S. 117.

35 Ochoa, *Potato Collecting Expeditions*, S. 167f.

36 Williams, J. T., und B. V. Ford-Lloyd, *Beet in Turkey*, in: Plant Genetic Resources Newsletter, Nr. 31 (August 1975), S. 6.

37 Frankel, *Survey in Centres of Diversity*, S. 28.

38 Frankel und Soule', *Conservation and Evolution*, S. 194.

39 Frankel, *Survey in Centres of Diversity*, S. 30.

40 Zagaja, S. W., *Temperate Zone Fruit Trees*, in: Frankel und Bennett, *Genetic Resources*, S. 331.

41 Meer, Q. P. van den, persönliche Korrespondenz, 1983.
42 Palmer, Ingrid, *Science and Agricultural Production*, United Nations Research Institute for Social Development, Genf, 1972, S. 95 f.
43 Have, van den, *Plant Breeding Perspectives*, S. 22.
44 Harlan, *Major Field Crops in Africa*, S. 49.
45 Rhoades, *Incredible Potato*, S. 694.
46 Myers, *Sinking Ark*, S. 62.
47 Rick, Charles, persönliche Korrespondenz, 1983.
48 Rick, Charles, *Conservation of Tomato Species Germplasm*, in: California Agriculture, Bd. 31 (1977), S. 32 f.
49 Ehrlich und Ehrlich, *Extinction*, S. 142.
50 Soria, Jorge, *Recent Cocoa Collecting Expeditions*, in: Frankel und Hawkes, *Resources for Today and Tomorrow*, S. 178.
51 Chalmers, W. S., persönliche Korrespondenz, 1983.
52 Soria, *Cocoa Collecting Expeditions*, S. 175.
53 Prescott-Allen, Robert und Christine, *Protected Areas*, S. 10.
54 International Board for Plant Genetic Resources, *Annual Report 1982*, Rom, 1983.
55 Bennett, Erna, *Historical Perspectives in Genecology*, in: Scottish Plant Breeding Station Record (1964), S. 95.
56 Knott, D. R., und J. Dvorak, *Alien Germplasm As A Source of Resistance To Disease*, in: Journal of the Annual Review of Phytopathology, Bd. 14 (1976), S. 211.
57 Watson, I. A., *The Utilization of Wild Species in the Breeding of Cultivated Crops Resistant to Plant Pathogens*, in: Frankel und Bennett, *Genetic Resources*, S. 452 f.
58 Bennett, *Historical Perspectives*, S. 95.
59 Ehrenfeld, David W., *Conserving Life on Earth*, Oxford: Oxford University Press, 1972, S. 54.
60 Harlan, J. R., *Genetics of Disaster*, S. 213.
61 Bosemark, N. O., *Genetic Poverty of the Sugarbeet in Europe*, in: *Broadening the Base* Protokoll, S. 33.
62 Mohan, S. Tara, und H. K. Jain, *Studies on Varietal Adaption in Wheat*, in: Zeitschrift für Pflanzenzüchtung, Bd. 76, Nr. 4 (Juni 1976), S. 285.
63 Farney, Dennis, *Meet the Man Who Risked Their Lives*, S. 129.
64 Bennett, *Plant Introduction and Genetic Conservation*, S. 82.
65 Have, van den, *Plant Breeding Perspectives*, S. 91.
66 Frankel, Otto H., *Genetic Dangers in the Green Revolution*, in: World Agriculture, Bd. 19, Nr. 3 (Juni 1970), S. 11.
67 Frankel, *Variation Under Domestication*, S. 29.
68 Heslop-Harrison, J., *The Plant Kingdom: An Exhaustible Resource?*, in: Transactions of the Botanical Society of Edinburgh, Bd. 42 (1973), S. 8 f.
69 Common Catalogue of Varieties of Agricultural Plant Species, in: Offizielle Veröffentlichungen der EG, Luxemburg, erscheint jährlich. Diese Publikation wird gewöhnlich als Gemeinsamer Katalog bezeichnet.

70 Bennett, Erna, persönliche Mitteilung, April 1981.
71 Final Impact Statement, USDA, 1979, S. 2.
72 Harlan, *Genetics of Disaster*, S. 213 ff.

Die Tropenwälder

1 Ehrlich und Ehrlich, *Extinction*, S. 39 f.
2 Prance, Ghillean T., *The Amazon: Earth's Most Dazzling Forest*, in: Garden, Bd. 6, Nr. 1 (Jan./Feb. 1982), S. 9.
3 White, Peter T., *Tropical Rain Forests: Nature's Dwindling Treasures*, in: National Geographic, Bd. 163, Nr. 1 (Jan. 1983), S. 8.
4 Prance, Ghillean, T., *The Amazon Forest: A Natural Heritage To Be Preserved*, in: Extinction is Forever, hrsg. von Ghillean T. Prace und Thomas S. Elias, New York: The New Botanical Garden, 1977, S. 673 sowie Gentry, Alwyn H., *Engangered Plant Species and Habitats of Ecuador and Amazonian Peru*, in: Prance und Elias, Extinction is Forever, S. 136.
5 Ebd.
6 Holdridge, L. R., *Ecological and Genetical Factors Affecting Exploration and Conservation in Central America*, in: Tropical Trees: Variation, Breeding and Conservation, hrsg. von J. Burley und B. T. Styles, London: Academic Press, 1976, S. 199 sowie Raven, Peter, *Tropical Rain Forests: A Global Responsibility*, in: Natural History (Febr. 1981), S. 28.
7 Myers, *Sinking Ark*, S. 134.
8 Ebd., S. 23.
9 Ebd., S. 131.
10 *The Infinite Voyage: Life in the Balance*, produziert von WQED/Pittsburgh in Zusammenarbeit mit der National Academy of Sciences, März 1989, S. 6. Verfasser und Produzent: Joe Seamans.
11 Raven, *Tropical Rain Forests: A Global Responsibility*, S. 28.
12 Ehrlich und Ehrlich, *Extinction*, S. 231.
13 Hughes, Carol und David, *Teeming Life of a Rain Forest*, in: National Geographic, Bd. 163, Nr. 1 (Jan. 1963), S. 53.
14 Rindos, *Symbiosis, Instability, and Spread of Agriculture*, S. 753.
15 Goodland, R. J. A., und H. S. Irwin, *Amazon Jungle: Green Hell to Red Desert?*, New York: American Elsevier Pub. Co., 1975, S. 78.
16 Goodland und Irwin, *Green Hell to Red Desert*, S. 108.
17 UNESCO, *Tropical Forest Ecosystems*, ein aktueller gemeinsamer Bericht von UNESCO/UNEP/FAO, Paris, 1978, S. 192.
18 Goodland und Irwin, *Green Hell to Red Desert*, S. 102.
19 Kemp, R. H., und J. Burley, *Depletion and Conservation of Forest Genetic Resources*, in: Hawkes, *Conservation and Agriculture*, S. 179 f.
20 Raven, Peter, *Comments: Worldwide Needs and Opportunities*, in: Proceedings of U. S. Strategy Conference on Biological Diversity, 16.–18. Nov. 1981 (Dept. of State Publication 9262), S. 55 f.

21 Lanly, Jean-Paul, *Tropical Forest Resources*, Rom: FAO Forestry Paper 30, 1982, S. 100.

22 Myers, *Sinking Ark*, S. 134.

23 Bunker, Stephen G., *Forces of Destruction in Amazonia*, in: Environment, Bd. 22, Nr. 7 (Sept. 1980), S. 19.

24 Westoby, Jack C., persönliche Mitteilung, 1984.

25 Goodland und Irwin, *Green Hell to Red Desert*, S. 1.

26 Hecht, Susanna B., *Environment, Development and Politics: Capital Accumulation and the Livestock Sector in Eastern Amazonia*, in: World Development, Bd. 13, Nr. 6, 1985, S. 670.

27 Bunker, *Forces of Destruction*, S. 36.

28 Bunker, *Forces of Destruction*, S. 39 f.

29 Ebd., S. 38 sowie Lappe', Frances M., und Joseph Collins, mit Cary Fowler, *Food First: Beyond the Myth of Scarcity*, New York: Ballantine Books, 1977, S. 50.

30 Myers, *Sinking Ark*, S. 171.

31 Ebd., S. 141.

32 Hecht, *Environment, Development and Politics*, S. 679.

33 Ebd., S. 6.

34 Ebd., S. 10.

35 Ebd., S. 8.

36 Myers, *Sinking Ark*, S. 146.

37 Ehrlich und Ehrlich, *Extinction*, S. 163 f.

38 Nations und Komer, *Rainforest, Cattle, and Hamburger*, S. 9 f.

39 Ebd., S. 7.

40 Myers, *Sinking Ark*, S. 159.

41 Ebd., S. 158 ff.

42 Bingham, C. W., *Multinational Issues: Some Observations and an Example*, Berkeley, Kalif., 1973, S. 4.

43 Westing, Arthur H., *Ecological Consequences of the Second Indo-China War*, Stockholm: Almqvist & Wiksel International, 1976, S. 10.

44 Westing, Arthur H., und E. W. Pfeiffer, *The Cratering of Indochina*, in: Scientific American, Bd. 226, Nr. 5 (Mai 1972), S. 21.

45 Ebd.

46 Ebd., S. 24.

47 Westing, *Ecological Consequences*, S. 51 f.

48 Westing und Pfeiffer, *Cratering of Indo-China*, S. 25 ff.

49 Westing, *Ecological Consequences*, S. 47.

50 Perry, Thomas O., *Vietnam: Truths of Defoliation*, Brief in Science (Mai 1968), S. 601.

51 Westing, A. H., und C. E. Westing, *Endangered Species and Habitats of Vietnam*, in: Environmental Conservation, Bd. 8, Nr. 1 (Frühjahr 1981), S. 59.

52 Westing, *Ecological Consequences*, S. 30.

53 Ehrenfeld, *Conserving Life on Earth*, S. 56 f.

54 UNESCO, *Tropical Forest Ecosystems*, S. 48.
55 Frankel, *Survey in Centres of Diversity*, S. 69 sowie Creech, John L., *Tactics of Exploration and Collection*, in: Frankel und Bennett, *Genetic Resources*, S. 226.
56 Bennett, Erna, *Plant Introduction and Genetic Conservation*, S. 82.
57 Frankel, *Survey in Centres of Diversity*, S. 69.
58 International Board for Plant Genetic Resources, Bericht der Arbeitsgruppe über die genetischen Ressourcen von *Coffea arabica*, Konferenz in Rom vom 11.–13. Dez. 1979 (Bericht erschien 1980), S. 2.
59 Harlan, *Genetics of Disaster*, S. 213.
60 Stakman, E.C., und J.J. Christensen, *Breeding Resistant Varieties*, S. 571.
61 International Board for Plant Resources, Bericht der Arbeitsgruppe über die genetischen Ressourcen von Bananen und Paradiesfeigen, Konferenz in Rom vom Juli 1977 (Bericht erschien 1978), S. 5.
62 Ebd., S. 1.
63 Withner, Carl L., *Threatened and Endangered Species of Orchids*, in: Prance und Elias, *Extinction is Forever*, S. 317.
64 Shand, Hope, *Vanilla and Biotechnology*, RAFI Communique, Jan. 1987, gelegentlich veröffentlichte Berichte des Rural Advancement Fund International.
65 ASSINSEL, *Feeding the 5000 Million* (siehe Kapitel «Genetische Erosion...», Anm. 27).
66 Ehrlich und Ehrlich, *Extinction*, S. 71.
67 Gentry, *Endangered Species of Ecuador and Peru*, S. 143.
68 Bericht der FAO/UNEP-Expertenkommission über die genetischen Ressourcen des Waldes, Konferenz vom 2.–4. Dez. in Rom (FAO, Rom, 1980), S. 33.
69 Ebd.
70 UNESCO, *Tropical Forest Ecosystems*, S. 48.
71 Ebd., S. 55.
72 Ehrlich und Ehrlich, *Extinction*, S. 91.
73 Myers, *Sinking Ark*, S. 258f.
74 UNESCO, *Tropical Forest Ecosystems*, S. 52.
75 Ebd., S. 55.
76 Myers, *Sinking Ark*, S. 259.
77 Prescott-Allen, Robert und Christine, *Protected Areas*, S. 5–16.
78 UNESCO, *Tropical Forest Ecosystems*, S. 437f.
79 Myers, *Sinking Ark*, S. 127.
80 Anonym, *Medicinal Plant Lost?*, in: SCRIP-WORLD Pharmaceutical News, 1. Okt. 1986, S. 22.
81 Quinlivan, T., *The Amazon Indians*, in: Ceres, Bd. 15, Nr. 2 (März/April 1982), S. 19.
82 Ehrlich und Ehrlich, *Extinction*, S. 239f.
83 Quinlivan, *The Amazon Indians*, S. 19.

84 Ehrlich und Ehrlich, *Extinction*, S. 239f.
85 Quinlivan, *The Amazon Indians*, S. 20.
86 Ehrlich und Ehrlich, *Extinction*, S. 240.
87 Barrett, Suzanne, *Conservation in Amazonia*, in: Biological Conservation, Bd. 18 (1980)
88 Myers, *Sinking Ark*, S. 222.
89 Brune, A., und G. H. Melchior, *Ecological and Genetical Factors Affecting Exploitation and Conservation of Forests in Brazil and Venezuela*, in: Burley und Styles, *Tropical Trees*. S. 208.
90 Barrett, *Conservation in Amazonia*, S. 225.
91 Myers, *Sinking Ark*, S. 228.
92 Kemp und Burley, *Depletion and Conservation of Forest Genetic Resources*, S. 180.
93 Frankel und Soule', *Conservation and Evolution*, S. 121f.
94 Harris, Richard, Lynn Maguire und Mark Shaffer, *Sample Sizes for Minimum Viable Population Estimation*, in: Conservation Biology, Bd. I, Nr. I (Mai 1987), S. 72ff.
95 Frankel und Soule', *Conservation and Evolution*, S. 123.
96 Newmark, William, *A Land-Bridge Island Perspective on Mammalian Extinctions in Western North American Parks*, in: Nature, Bd. 325 (29. Jan. 1987), S. 430.
97 Frankel und Soule', *Conservation and Evolution*, S. 117.

Der Siegeszug der Gen-Industrie

1 National Academy of Sciences, *Genetic Vulnerability of Major Crops*, S. 1.
2 FAO, *World List of Seed Sources*, Rom, 1982, S. 121f.
3 Kent, James W., *The Driving Force Behind the Restructuring of the Global Seed Industry*, in: Seed World, Juni 1986, S. 25.
4 Ebd.
5 Anonym, *ICI Likes Stauffer's Chemistry*, In: Businessweek, 22. Juni 1987, S. 54.
6 Aus einem vertraulichen Gespräch mit EG-Vertretern in Brüssel, Okt. 1981. Siehe auch James W. Kent, in: Seed World, Juni 1986, S. 26, hinsichtlich eines Vergleichs mit Pharmazeutika und petrochemischen Produkten.
7 FAO, *World List of Seed Sources*, S. iii.
8 Organization for Economic Cooperation and Development, *OECD Schemes for the Varietal Certification of Seeds Moving in International Trade – List of Cultivars Eligible for Certification*, Paris 1987, Anhang VI, S. 64–83.
9 FAO, *World List of Seed Sources*.
10 Aus einem Telefongespräch mit dem CGIAR-Sekretariat in Washington, D. C., Okt. 1987.

11 Smith, Marvanna, *Chronological Landmarks in American Agriculture*, U. S. Department of Agriculture, Mai 1979, S. 26.

12 Groosman, Ton, Anita Linnemann und Holke Wierema, *Technology Development and Changing Seed Supply Systems*, Forschungsbericht Nr. 27, Seminarprotokoll, 22.–23. Juni 1988, S. 17f., Instituut Voor Ontwikkelings-Vraagstukken, Universität Tilburg.

13 Williams, J. T., und B. V. Ford-Lloyd, *Beet in Turkey*, in: IBPGR Plant Genetic Resources Newsletter, Nr. 31 (Sept. 1975), S. 3.

14 Crisp, Peter, und Brian Ford-Lloyd, *A Different Approach to Vegetable Germplasm Collection*, in: IBPGR Plant Genetic Resources Newsletter, Nr. 48 (Dez. 1981), S. 11.

15 Frankel und Soule', *Conservation and Evolution*, S. 272.

16 National Academy of Sciences, *Genetic Vulnerability of Major Crops*, S. 1.

17 Walton, Declan J., Direktor der IAA, in einem internen FAO-Memo an L. E. Huguet, Direktor der FOR, 28. Febr. 1980.

18 Crittenden, Ann, *Gene Splicing and Agriculture*, in: New York Times, 5. Mai 1981, S. D2.

19 Palmer, Ingrid, *Science and Agricultural Production*, Genf: UNRISD, 1972, S. 6ff.

20 Aus Gesprächen mit Jerry van Kouverton von CUSO-Thailand, der im August 1986 in Thailand mit Reisbauern zusammenarbeitete.

21 Diskussionsbeiträge der Zuhörer bei einem Vortrag von Pat Mooney, organisiert von der Finnischen United Nations Association, März 1982.

22 Aus persönlichen Gesprächen mit Dr. Richaria, der zur Zeit der grünen Revolution Leiter der landwirtschaftlichen Forschung in Indien gewesen war, im Dez. 1987 in Batu Malang/Indonesien.

23 Aus einem Gespräch mit Dr. Melaku Worede vom Pflanzengenetischen Ressourcenzentrum in Äthiopien im Juni 1987 in Addis Abeba.

24 Aus einem Gedankenaustausch mit Dr. Martin Kenney, Ohio State University, Mai 1988.

25 Brief von Dr. M. H. Hahmoud, Landwirtschaftsministerium des Sudan, an Vic Althouse, kanad. Parlamentsmitglied, 5. Mai 1981.

26 Aus einem Gespräch mit Dr. Yilma Kabede im Juli 1986 in Addis Abeba. Dr. Kabede war einige Wochen zuvor mit Vertretern von Ciba-Geigy zusammengetroffen. Das Unternehmen deponierte jedoch Samenproben bei der äthiopischen Genbank.

27 Agricultural Institute of Kanada, *Plant Breeders' Rights*, 1979, S. 22.

28 Diese deutsche Zeitungsanzeige ist abgebildet in Mooney, Pat Roy, *The Law of the Seed: Another Development in Plant Genetic Resources*, in: Development Dialogue, 1983: 1–2, S. 127f.

29 de Ponti, O. M. B., Kommentar aus unveröffentlichter Schrift. Dieselben Bemerkungen machte er im Nov. 1980 in einem persönlichen Gespräch mit dem Autor während einer Diskussion in Wageningen.

30 Mirov, Kurt Rudolf, und Harry Maurer, *Webs of Power: International Cartels and the World Economy*, Boston: Houghton Mifflin, 1982, S. 121.

31 Kugel, Y., und G. W. Gruenburg, *International Payoffs*, Lexington: Lexington Press, 1977, S. 78.

32 Ebd.

33 Mirov, K. R., *Webs of Power*, S. 121.

34 Kongreß der Vereinigten Staaten, Office of Technology Assessment, *Pest Management Strategies in Crop Protection*, Washington, D. C.: Government Printing Office, Okt. 1979, S. 72.

35 Ebd.

36 Silvey, Valerie, *The Contribution of New Varieties to Increasing Cereal Yield in England and Wales*, National Institute of Agricultural Botany, Britannien, 1978, S. 277f.

37 Die Autoren sprachen mit Dr. Keith Doodson 1980 in dessen Büro während eines Besuchs in Cambridge/Britannien.

38 Wormell, Peter, *Are High Yields Necessary?*, in: Agri-Trade News (London, Mai 1981), S. 28.

39 Economic Commission for Europe (der UNO), *The Influence of Environmental Protection Measures on the Development of Pesticide Production and Consumption*, Bericht an den United Nations Economic and Social Council (1982), S. 83.

40 Cloppenburg, Jack R., *First the Seed: The Political Economy of Plant Biotechnology*, 1492–2000, New York: Cambridge University Press, 1988, S. 13.

41 Zitiert in Ryder, Edward J., *The Art and Science of Plant Breeding in the Modern World of Research Management*, in: Hort Science, Bd. 19, Nr. 6 (Dez. 1984), S. 810.

42 Erklärung, die der Vizepräsident von Ciba-Geigy Seeds, Byron Bealer, im Frühjahr 1977 in einer Diskussion in Winnipeg, Manitoba, über die Rechte von Pflanzenzüchtern abgab.

43 Office of Technology Assessment, *Genetic Technology – A New Frontier*, Westview Press, 1981, S. 204.

44 Kenney, Martin, *Biotechnology: The University-Industrial Complex*, New Haven: Yale University Press, 1986.

Die Entwicklung der Biotechnik

1 Anonym, *Tobacco Plant Glows with Firefly Gene Implant*, in: Applied Genetics News, Bd. 7, Nr. 5 (Dez. 1986), S. 10f.

2 Anonym, *Splice Anti-Freeze Gene Into Plant*, in: Biotechnology News (Juli/Aug. 1987), S. 21.

3 Reid, William J., *Biotechnology and Breeding Team Up in Agriculture*, in: Bio/Technology, Bd. 5, Nr. 9 (Sept. 1987), S. 903.

4 Sharp, W. R., *Opportunities for Biotechnology in the Development if New Edible Vegetable Oil Products*, in: Journal of the American Oil Chemistry Society, Bd. 63, Nr. 5 (Mai 1986), S. 598.

5 Anonym, *Japan Roundup*, in: Bio/Technology, Bd. 6, Nr. 11 (Nov. 1988), S. 1276.

6 Ratafia, Manny, und Terry Purinton, *World Agricultural Markets*, in: Bio/Technology, Bd. 6, Nr. 3 (März 1988), S. 281.

7 Jones, L. H., *Biotechnology in the Improvement of the Oil Palm*, in: P. K. Stumpf, J. B. Mudd und W. D. Nes (Hg.), *The Metabolism. Structure and Function of Plant Lipids*, New York: Plenum Press, 1987, S. 677.

8 Larson, Russell E., *Cocoa Raw Product-Production and Problems*, in: P. S. Dimick (Hg.), *Proceedings of the Symposium Cacao Biotechnology*, University Park: Penn State University, 1986, S. 7.

9 Siehe *Genetic Contributions to Yield Gains of Five Major Crop Plants*, hrsg. von W. R. Fehr, in: Crop Science Society of America, Special Publication Nr. 7, 1984.

10 Levin, Simon A., *Safety Standards for the Environmental Release of Genetically Engineered Organismus*, in: Tibtech, Nd. 6, Nr. 4 (April 1988), S. S49.

11 Ellstrand, Norman C., *Pollen as a Vehicle for the Escape of Engineered Genes?*, in: Tibtech, Bd. 6, Nr. 4 (April 1988), S. S31.

12 Ehrenfeld, David, *Commentary: Implementing the Transition to a Sustainable Agriculture: An Opportunity for Ecology*, in: Bulletin of the Ecological Society of America (1987), S. 7.

13 Ellstrand, *Pollen as a Vehicle*, S. S31.

14 Proceedings of the National Academy of Sciences, U. S. A., Bd. 82 (März 1985), S. 1406.

15 Jones, Dr. L. H., zitiert in: *Biotechnology: A Young Industry with Potential*, in: Journal of American Oil Chemist's Society, Bd. 64, Nr. 9 (Sept. 1987), S. 1230.

16 Peeters, John P., und Nick W. Galwey, *Germplasm Collections and Breeding Needs in Europe*, in: Economic Botany, Bd. 42, Nr. 4 (Okt.–Dez. 1988), S. 503 ff.

Ansätze zu einer globalen Konservierung

1 Auf der Grundlage von Aufzeichnungen T. T. Changs über die Konferenz von Beltsville und persönlichen Gesprächen mit Chang im Augsut 1986 am IRRI auf den Philippinen.

2 Die Verfasser erlangten ihre Informationen für diese Darstellung aus vielen Quellen, manche davon vertraulicher Art. Unter denen, die benannt werden können, befinden sich Erna Bennett, T. T. Chang und Oscar Brauer. Alle Informationen stammen aus persönlichen Gesprächen.

3 Plucknett, D. L., N. J. H. Smith, J. T. Williams und N. Murthi Anishetty, *Crop Germplasm Conservation and Developing Countries*, in: Science, Bd. 220 (8. April 1983), S. 163–67.

4 Aufzeichnungen der Verfasser von einer mündlichen Darstellung des Vorsitzenden des IBPGR vor dem FAO-Ausschuß für Landwirtschaft, März 1983.

5 Plucknett, *Crop Germplasm Conservation*. Der Stab des IBPGR hat sich seither durch eine Reihe von Zeitverträgen vergrößert.

6 Ebd. sowie Informationen aufgrund von Gesprächen mit Wissenschaftlern der betroffenen Länder, einschließlich Gesprächen mit Keimplasma-Spezialisten in Addis Abeba auf dem Ersten Internationalen PGRC/E-Symposium vom 13.–15. Okt. 1986.

7 Aus einem Gespräch mir Dr. Nigel Smith, Berater der CGIAR, das im Mai 1986 an der Universität von Kalifornien/Los Angeles stattfand.

8 Lyman, Judith M., *Progress and Planning for Germplasm Conservation of Major Food Crops*, in: IBPGR Plant Genetic Resources Newsletter, Nr. 60 (Dez. 1984), S. 3–21; sowie Technical Advisory Committee Secretariat, CGIAR, *Report on the Second External Program and Management Review of the International Board for Plant Genetic Resources (IBPGR) for the Consultative Group on International Agriculture Research Technical Advisory Committee*, 36. Konferenz, Rom, 11.–18. März 1985, AGR/TAC:IAR/85/I (vertraulich).

9 Technical Advisory Committee Secretariat, CGIAR, *Report of the Second External Program and Management Review of the International Board for Plant Genetic Resources*, S. 31, nur bezüglich der Zahlen für TAC/CGIAR.

10 Persönliches Gespräch mit Erna Bennett, Rom, 1981. Dies wird inzwischen weithin als Problem erkannt und hat zu Vorschlägen des IBPGR über ökogeographische Untersuchungen und multidisziplinäre Sammelexpeditionen geführt.

11 Crisp, Peter, und Brian Ford-Lloyd, *A Different Approach to Vegetable Germplasm Collection*, in: IBPGR Plant Genetic Resources Newsletter, Nr. 48 (Dez. 1981), S. 11.

12 Nature, 2. Dez. 1982.

13 IBPGR- Jahresbericht 1981, S. VII.

14 Aus einem Telefongespräch mit Dr. Roland Loiselle von der Genbank Ottawa am 1. Juni 1978.

15 Prescott-Allen, Robert und Christine, *In Situ Conservation of Crop Genetic Resources*. Entwurf eines Überblicks, AGP:IBPGR/81/10. Jan. 1981, S. 16, unter Bezugnahme auf Maissammlungen in Lateinamerika.

16 Bericht, IBPGR-Konferenz des Beratungsausschusses über die genetischen Ressourcen von *Phaseolus*, die vom 6.–7. Sept. 1976 am CIAT in Cali/Kolumbien stattfand (AGP:IBPGR/76/24), S. 3.

17 Ebd., S. 16, bezüglich anderer Bohnenbeispiele.

18 Prescott-Allen, *In Situ Conservation*, S. 16.

19 Dies scheint in den siebziger Jahren beim Maismaterial von CIMMYT der Fall gewesen zu sein.

20 *Interim Report on Working Group Convened by the Board to Advise on*

Action Needed on the Genetic Resources of Forage Plants, 12.–13. Mai 1979 (AGP:IBPGR/79/49), S. 4.

21 Bill Brown machte diese Äußerung am 18. Okt. 1984 auf einem Symposium, veranstaltet von Earthscan, an dem wir ebenfalls teilnahmen.

22 Bericht des TAC: Fünfjähriger Überblick des IBPGR, Rom 1980, AGP/TAC:IAR/80/2, Rev. I (vertraulich), S. 79; und persönliche Bemerkungen von Teammitgliedern.

23 Bericht des Landwirtschaftsministeriums der USA, National Agricultural Research and Extension Users Advisory Board (Okt. 1980), S. 6.

24 *The Department of Agriculture Can Minimize the Risk of Potential Crop Failures*, Bericht an den Kongreß vom Comptroller General, General Accounting Office, 10. April 1981 (CED-81-75), S. IV–V.

25 Ebd., S. III.

26 Crittenden, Ann, *US Seeks Seed Diversity as Crop Assurance*, in: New York Times, 21. Sept. 1981, S. AI.

27 Tao, K. L., Reisebericht, 12. April–3. Mai 1984, S. 1–2. Dies ist ein unnumerierter interner IBPGR-Stabsbericht.

28 Ebd., S. 3.

29 Regina Leader-Post, 2. Nov. 1986.

30 Crittenden, A., *Seed Diversity and Crop Assurance*.

31 Murata, Minoru, Eric Roos und Takami Tsutschija, *Chromosome Damage Induced by Artifical Aging in Barley. I. Germinability and Frequency of Aberrant Anaphases at First Mitosis*, in: Canadian Journal of Genetics and Cytology, Bd. 23, Nr. 2, 1981, S. 268.

32 Ebd., S. 267.

33 Ebd., S. 277.

34 Roos, Eric, *Genetic Shifts in Mixed Bean Populations. II. Effects of Regeneration*, in: Crop Science, Bd. 24, Nr. 4 (Juli–Aug. 1984), S. 715.

35 Der ursprünglich vertrauliche Entwurf stand im Jan. 1985 zur Verfügung, aber die endgültige Fassung wurde erst ein Jahr später freigegeben. Wir zitieren aus der vertraulichen Untersuchung.

36 Ebd., S. 7f.

37 Ebd., S. 8.

38 Ebd., S. 1.

39 Chapman, C. G. D., *Wheat Genetic Resources: A Review and Proposals for Future Action*, AGPG:IBPGR/85/10 (vertraulich), S. 1.

40 Lyman, Judith M., *Progress and Planning for Germplasm Conservation of Major Food Crops*, in: IBPGR Plant Genetic Resources Newsletter, Nr. 60, (Dez. 1984), AGP/PGR/60, S. 6.

41 Ebd., S. 6.

42 Williams, J. T., *Gene Banks and Clonal Repositories*, in: UPOV Newsletter, Nr. 25 (Febr. 1981), S. 6f., Nachdruck seiner Rede vor einem UPOV-Symposium über die Nutzung genetischer Ressourcen bei Pflanzen.

43 Dies ist unsere eigene Einschätzung aufgrund des Studiums von Sammelberichten des IBPGR.

44 IBPGR Ad Hoc Advisory Committee on Seed Storage, unveröffentlichter Bericht über die erste Konferenz, 10.–11. Sept. 1981, AGP:IBPGR/81/73, S. 8.

45 Bericht der IBPGR Working Group on Engineering, Design and Cost Aspects of Long-term Seed Storage Facilities, IBPGR, Rom, AGE:IBPGR/76/25. Dez. 1976, S. 6f.

46 IBPGR Neunte Ratsversammlung, *IBPGR Ad Hoc Advisory Committee on Seed Storage*, Prov. Agenda Nr. 9.1, Bericht von E. H. Roberts, AGP:IBPGR/81/73, keine Seitenangabe.

47 Hanley, Charles J., *Arctic Seeds*, in: Associated Press, 24. Sept. 1987.

48 Done, Kevin, *Permafrost Politics*, in: Financial Times, 10. Okt. 1986.

Die Politik der genetischen Ressourcenkontrolle

1 Buckley, James L., *Welcome and Introduction*, in: *Proceedings of the US Strategy Conference on Biological Diversity*, Washington, D. C., 16.–18. Nov. 1981, S. 10.

2 Murray, Dr. James R., *Biological Diversity and Genetic Engineering*, in: *Proceedings of the Strategy Conference*, S. 40–44, mit einigen Zitaten aus unveröffentlichten Teilen der vollständigen Rede.

3 Murray, *Biological Diversity and Genetic Engineering*, S. 40–44.

4 Vgl. auch Garbini, Giovanni, *The Ancient World*, New York: McGraw-Hill, 1966, S. 122f.

5 Smith, Nigel J. H., *Botanic Gardens and Germplasm Conservation*, Universität von Hawaii, Harold L. Lyon Arboretum, Vorlesung Nr. 14, 1986, S. 8.

6 Ebd.

7 Seedsmen's Digest, Leitartikel, 1985.

8 Lomni, Hely, *Is the Patent System Applicable to Biotechnological Inventions?* in: UPOV Newsletter, Nr. 54 (Mai 1988), S. 42f.

9 Consumer and Corporate Affairs Canada, *Working Paper on Patent Law Revision*, 1976, S. 10; darin wird Kaiser Zeno (480 v. Chr.) als entschiedener Gegner von Monopolen jeglicher Art angeführt – insbesondere der Monopole auf Kleider und Fische.

10 Ebd.

11 Brockway, Lucile H., *Science and Colonial Expansion: The Role of the British Botanical Gardens*, New York: Academic Press, 1979, S. 39.

12 Haughton, *Green Immigrants*, S. 76f.

13 Brockway, *Science and Colonial Expansion*, S. 112.

14 Brockway, Lucile H., *Plant Science and Colonial Expansion – The Botanical Chess Game*, in: Jack R. Kloppenburg (Hg.), *Seeds and Sovereignty*, Durham: Duke University Press, 1988, S. 49–64.

15 Wood, David, *Crop Germplasm: Common Heritage or Farmers' Heritage?*, in: Cloppenburg, *Seed and Sovereignty*, S. 274–288.

16 Sondahl, M. R., et al., *Coffee*, in: P. V. Ammirato et al. (Hg.), *Handbook of Plant Cell Culture, Bd. 3: Crop Species*, MacMillan, 1984, S. 566.

17 Brockway, *Science and Colonial Expansion*, S. 51.

18 Ebd., S. 52.

19 Brockway, *The Botanical Chess Game*, S. 55.

20 Brockway, *Science and Colonial Expansion*, S. 86f.

21 Smith, *Botanic Gardens and Germplasm Conservation*, S. 12.

22 Die Verfasser haben alle diese Orte besucht. Zusätzliche Informationen stammen von Brockway, *Science and Colonial Expansion*, und Smith, *Botanic Gardens and Germplasm Conservation*, Universität von Hawaii, Harold L. Lyon Arboretum, Vorlesung Nr. 14, 6. Feb. 1985.

23 Haughton, *Green Immigrants*, S. 418 – aber Vorsicht; wir finden dieses Geschichtswerk allzu romantisch und oft übertrieben.

24 Brockway, *Science and Colonial Expansion*, S. 2. Sie plädiert eher für das Jahr 1759. George III. hat als Kind in Kew gespielt.

25 Internationale landwirtschaftliche Forschungszentren (IARC) sind auf den Philippinen, in Indien, Syrien, Äthiopien, Kenia, Nigeria, Liberia, Peru, Kolumbien und Mexiko zu finden. MIRCEN existieren – unter anderem – in Argentinien, Brasilien, Kanada, Ägypten, Guatemala, Indien, Kenia, Senegal, Schweden, Großbritannien und in den USA.

26 Kirsop Barbara, *Tissue Culture Collections – Their Service to Biotechnology*, in: Trends in Biotechnology, Bd. 1, Nr. 1, 1983; siehe auch den Leitartikel, *Microbiological Research Centres*, in: Science, 25. Juli 1986, S. 401.

27 Dalrymple, Dana, *Development and Spread of High-Yielding Wheat Varieties in Developing Countries*, Washington, D. C.: I. S. Agency for International Development, 1986, S. 96.

28 Ebd.

29 Goodman, Major M., *Exotic Maize Germplasm: Status, Prospects and Breeding*, in: Iowa State Journal of Research, Bd. 59, Nr. 4 (Mai 1985), S. 501.

30 Ebd., S. 504.

31 Dalrymple, *High-Yielding Rice Varieties*, S. 115. Aus dem Text abgeleitete Zahlen.

32 Angaben über den Wert landwirtschaftlicher Produkte und USAID-Zuschüsse machte Dana Dalrymple von USAID im Sept. 1986 in einem persönlichen Gespräch mit Hope Shand von RAFI.

33 Dalrymple, Dana, *High-Yielding Rice Varieties*, S. 115f.

34 Bio/Technology, Bd. 5, Nr. 5 (Mai 1987), S. 426.

35 Dias, Clarence J., und Yas P. Ghai, *Plant Breeding and Plant Breeders Rights in the Third World: Perspectives and Policy Options*, International Development Research Centre (IDRC), Berichtsentwurf (April 1983), S. 19.

36 Der Stellvertretende Generaldirektor des IRRI im August 1986 in einem Dinner-Gespräch am IRRI, wobei er sich auf die Hybridreisforschung von OXY, Cargill und Ciba-Geigy in Asien bezog.

37 Aus: Diversity, Bd. 1, Nr. 3 (Nov./Dez. 1982), S. 9.

38 Jahresbericht 1987 des IBPGR. Die Daten sind Tabelle I (S. 29–32) und Tabelle II (S. 35) entnommen.

39 Zahlen errechnet auf der Basis von Donald L. Plucknett, Nigel J. H. Smith, J. T. Williams und N. Murthi Anishetty, *Gene Banks and the World's Food*, Princeton, N. J.: Princeton University Press, 1987, S. 110–141.

40 Prescott-Allen und Prescott-Allen, *The First Resource*, insbes. S. 198–203.

41 Wood, David, in einem Brief adressiert an «Genetic Resources Units: IARCs», Anhang des Briefes, 15. Sept. 1987.

42 Protokoll der 15. Sitzung des Treuhänderausschusses des IBPGR, 24.–26. Feb. 1988 in Rom (IBPGR/88/46), beschränkt auf Ausschußmitglieder, S. 5.

43 Zahlen stammen aus Berichten des IBPGR über Expeditionen, die vom Rat finanziert wurden. Die Kosten des Sammelns schwanken heftig je nach Spezies und Abgelegenheit des Zielorts. Aus Gesprächen mit informierten Wissenschaftlern haben die Verfasser geschlossen, daß dies die Durchschnittszahlen für die Mitte der achtziger Jahre sind.

44 Plucknett et al., *Crop Germplasm Conservation*.

45 Informationen aus dem Bericht des FAO-Ausschusses für Landwirtschaft, 1983, der «nur in Indien frei erhältlich» ist.

46 Aus Gesprächen mit Cenargen-Vertretern im Mai 1984 und anderen Diskussionen am Malaysischen Gummi-Forschungsinstitut im Juli 1985.

47 Bericht von FAO/COAG.

48 Aus dem Keimplasma-Verzeichnis über industrielle Nutzpflanzen, in dem die Gummisammlung von Firestone als «beschränkt zugänglich» bezeichnet wird.

49 Viele Regierungsvertreter von Brasilien, Malaysia, Indien, Indonesien und Nicaragua haben darauf hingewiesen. Daniel Querol, damals in Nicaragua, behauptet, daß sich Unilever Keimplasma teuer bezahlen ließ.

50 Plucknett et al., *Crop Germplasm Conservation*; sowie andere Kommunikationen zwischen Williams und dem IIRB (Handelsverband).

51 Aus einer Untersuchung von FAO/UNDP/IBPGR über europäische Genbanken, 1982.

52 Mitteilung der Kanadischen Genbank in Ottawa.

53 Aus einem Brief von Dr. Thomas Curren, Research Officier, Science and Technology Division, Research Branch, Bibliothek des Parlaments, an Vic Althouse, Mitglied des Kanadischen Parlaments, vom 29. Mai 1984.

54 Brief von T. W. Edminster, Administrator, Agricultural Research Service, US Landwirtschaftsministerium, an Mr. Richard H. Demuth, Vorsitzenden des IBPGR, vom 19. Jan. 1977.

55 Aus einem Telex der US Botschaft in Rom an das US State Department, datiert lediglich «September 1984» und von der US-Regierung als «14U530» registriert. Dieses Telex wurde zusammen mit vielen anderen

Dokumenten Jeremy Rifkin von der Foundation for Economic Trends mit Sitz in Washington, D. C., im Rahmen eines Prozesses überlassen.

56 Aus einem Telex der US-Botschaft in Den Haag/Niederlande, an das US State Department, datiert lediglich «Okt. 1984», von der US-Regierung im Rahmen des obenerwähnten Prozesses als «14U489» registriert. Das Fernschreiben enthält einen Brief von Dr. J. Hardon an die Botschaft.

57 Aus einer Mitteilung von Paul J. Fitzgerald, Agricultural Science Advisor, US-Landwirtschaftsministerium, vom 25. Juli 1986 an Dr. Henry Shands. Im Zuge des obenerwähnten Prozesses von der US-Regierung als Dokument Nr. «175345.2» registriert.

58 Memorandum von Dr. Henry L. Shands, datiert 12. Febr. 1987, und im obenerwähnten Prozeß als Dokument Nr. «178345.1» registriert.

59 Cloppenburg, Jack jr., und Daniel Kleinman, *The Common Bowl: Plant Genetic Interdependence in the World Economy*, AAAS, Philadelphia, 28. Mai 1986, S. 23 (unveröffentlicht). Die Zahlen wurden vom RAFI angeglichen.

Die Zukunft hat längst begonnen

1 Fowler, Cary, Eva Lachkovics, Pat Mooney und Hope Shand, *The Laws of Life: Another Development and the New Biotechnologies*, in: Development Dialogue, 1988, 1–2, S. 194–209. Eine vollständigere Erörterung biologischer Kriegführung und ausführlichere Quellenangaben sind in «On Mars and Microbes», einer Schrift von Mitarbeitern des Internationalen Fonds zur Förderung der Landwirtschaft (RAFI), zu finden.

2 Harris, Robert, und Jeremy Paxman, *A Higher Form of Killing*, New York: Hill and Wang, 1982, S. 103.

3 McDermott, Jeanne, *The Killing Winds: The Menace of Biological Warfare*, New York: Arbor House, 1987, S. 128 ff.

4 Douglass, Joseph, und Neil Livingstone, *America the Vulnerable: The Threat of Chemical/Biological Warfare*, Lexington: Lexington Books, 1987, S. 33.

5 Persönliches Gespräch im Juli 1985 in Addis Abeba.

6 Aus einem persönlichen Gespräch mir Dr. Yilma Kebede im Juli 1985 in Addis Abeba im Büro von Dr. Melaku Worede.

7 Krauss, Adolf, *Collection to Rescue Germplasm in the Drought Affected Areas of Ethiopia*, in: Plant Genetic Resources Center/Äthiopien – International Livestock Center for Africa, Germplasm Newsletter, Nr. 4 (Dez. 1983), S. 6.

8 Persönliches Gespräch mit Jan Rossiter, einem Vertreter der Weltbank, im Juli 1985. Rossiter plädiert nachdrücklich für das regionale Konzept, fand jedoch in Washington keine Unterstützung dafür.

9 FAO Seed Review, 1979–80, Saatgutverbesserungs- und -entwicklungsprogramm, FAO, Rom, 1981, S. 14.

10 Ebd., S. 15. In der Untersuchung sind sechs Kultursorten angeführt, vier davon werden als «sehr wichtig» bezeichnet.

11 Ebd. Es sind neun neue Kultursorten angeführt, aber eine wird als «sehr wichtig» bezeichnet.

12 Persönliches Gespräch im Juli 1985 in Addis Abeba.

13 Aus einem Gespräch mit dem Vorsitzenden des Bilateral Food Aid Committee (der Geberländer) im Febr. 1985 in Addis Abeba. Die Verfasser besuchten Äthiopien 1985 zweimal und danach 1986, 1987, 1988, 1989 und 1990 und sind persönliche Zeugen der Konservierungsbemühungen gewesen.

14 Aus einem Gespräch mit Daniel Querol im Okt. 1988 in Santiago/Chile.

15 Aus einem Telefongespräch mit Brian Tomlinson, Beauftragter für Zentralamerika des Auslandsdienstes der Kanadischen Universität in Ottawa im Jahr 1985. Über den Bombenzwischenfall wurde in der Weltpresse nicht berichtet, weil die kanadischen Entwicklungsbestimmungen die Unterstützung von Projekten verbieten, die mit Kriegshandlungen zusammenhängen. Tomlinson ersuchte den Internationalen Fonds zur Förderung der Landwirtschaft (RAFI) um Hilfe bei der Beschaffung alternativer Gemüsesamen.

16 Aus einem Gespräch mit Jean Christie, Executive Director, Inter Pres (einer gemeinnützigen kanadischen Entwicklungsgesellschaft mit Sitz in Ottawa), die 1986 mit den Verfassern die Ergebnisse eines Frauen-Workshops erörterte.

17 Whealy, Kent, und Arllys Adelman (Hg.), *Seed Saver's Exchange: The First Ten Years, 1975–1985*, Decorah: Seed Saver Publications, 1986, S. 3.

18 Fowler, Cary, *Report on Grass Roots Genetic Conservation Efforts*, Auftragsarbeit für das Office of Technology Assessment des US-Kongresses, 1985.

19 Whealy, Kent (Hg.), *The Garden Seed Inventory*, Decorah: Seed Saver Publications, 1985. *The Garden Seed Inventory* ist eine 448 Seiten starke Bestandsaufnahme von Samenkatalogen, die alle nichthybriden Gemüse- und Gartensamen enthält, die in den USA und Kanada noch erhältlich sind.

20 Ebd., S. 7f.

21 Pat Mooney wurde Aug./Sept. 1986 vom IRRI eingeladen, dort auf einem Ausbildungs-Workshop für Genbankdirektoren (veranstaltet vom IRRI) eine Reihe von Vorträgen sowie Referate vor dem Stab des IRRI zu halten. Mooney sprach frei, und seine Vorträge wurden unseres Wissens nicht aufgezeichnet. Sein Besuch ist im Jahresbericht 1986 des IRRI erwähnt.

22 Aus einem persönlichen Gespräch mit Daycha Siripat und Gerry van Koeverden am 3. Sept. 1986 in Bangkok und aus einer Schrift von Kenneth T. MacKay et al., *Rice-Fish Culture in North East Thailand*, IFOAM, August 1986.

23 Glass, Bentley, *Science and Ethical Values*, Chapel Hill: University of North Carolina Press, 1965.

Danksagung

Jedes Buch ist das Ergebnis eines vielschichtigen und langanhalten-
den Dialogs. Ohne die Mithilfe zahlreicher Freunde und Kollegen
wäre auch dieser Band nicht zustande gekommen. Unseren besonde-
ren Dank schulden wir Erna Bennett, Lynn Randels, Jack Harlan,
Natalie Hubbard, Marilyn McGregor, Hope Shand, Susie Crate, Lau-
rie Heise, Elaine Chiosso, Alice Ammerman, Eva Lachkovics, Ha-
rald Wosihnoj, Silvio Martins, José R. Manna de Deus, Beverly
Cross, Tracy Strowd, Tema Okun, Betty Bynum, Diane Childs, Ka-
thy Zaumseil, Sean Peers, Gary Nabhan, Jack Westoby, Bland Simp-
son, Anne Fitzgerald, Joy Bannerman, Adele Negro, Judge und Morgan Fowler, Alan und Laura Haney, Joel und Melba Goldsby.

Für vielfältige Unterstützung danken wir ferner Kent Whealy,
René Salazar, Tim Brodhead, Robert Morrison, Nelson Coyle,
Helmut Kuhn, Jean Christie, Jeremy Rifkin, Anwar Fazal, Martin
Abraham, Gay Wilentz, Ross Mountain, Lawrence Hills, Camila
Montecinos, Kristin McKendall, Didi Soetomo, Erna Whitolar, An-
drew Mushita, Vandana Shiva, Daniel Querol, Francisco Martinez,
Rüdiger Stegemann, Melaku Worede, den Kollegen von der FAO,
Gina Burkhardt, Jack Doyle, Henk Hobbelink, Dennis Lavalle, Sara
Arnold, Harris Gleckman, Allen Tallos, Julian Rosenman, Pac
Heinsley und dem Personal der University of North Carolina Memo-
rial Hospital, dem Rural Advancement Fund, der International Coa-
lition for Development Action, Kathryn Waller, dem CS Fund, Mary-
anne Mott, Herman Warsh, Marty Teitel, der Ruth Mott Foundation,
Inter Pares, Phil Stern und dem Stern Fund, der Jessie Smith Noyes
Foundation, der Right Livelihood Foundation, dem Canadian Council for International Cooperation, dem Saskatchewan Council for International Cooperation, Agnes Lindley, der Dag Hammarskjöld
Foundation, Sven Hamrell, Olle Nordberg, den Kollegen bei Geijers-
garden sowie Fran Collin von der Rodell-Collin Literary Agency.

Register